检察民事公益诉讼制度研究

Jiancha Minshi Gongyi Susong Zhidu Yanjiu

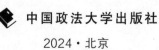

孟 穗◎著

中国政法大学出版社

2024 · 北京

图书在版编目（CIP）数据

检察民事公益诉讼制度研究 / 孟穗著. -- 北京 : 中国政法大学出版社, 2024. 11. -- ISBN 978-7-5764-1871-2

Ⅰ. D925.104

中国国家版本馆 CIP 数据核字第 20248QX004 号

出 版 者　中国政法大学出版社

地　　址　北京市海淀区西土城路 25 号

邮　　箱　fadapress@163.com

网　　址　http://www.cuplpress.com (网络实名：中国政法大学出版社)

电　　话　010-58908524(第六编辑部) 58908334(邮购部)

承　　印　保定市中画美凯印刷有限公司

开　　本　720mm×960mm　1/16

印　　张　15.125

字　　数　250 千字

版　　次　2024 年 12 月第 1 版

印　　次　2024 年 12 月第 1 次印刷

印　　数　1~700 册

定　　价　69.00 元

目 录

导 论

检察民事公益诉讼制度是在习近平新时代中国特色社会主义思想指导下的以法治思维和法治方式推进国家治理体系和治理能力现代化的重要制度设计，是新时代中国特色社会主义检察制度的有机组成部分。[1]检察民事公益诉讼制度是党中央和习近平总书记决策部署的重大改革举措，在党的十八届四中全会上，习近平总书记对“探索建立检察机关提起公益诉讼制度”作了深刻阐释和专门说明。党的二十大报告提出“完善公益诉讼制度”，进一步明确了公益诉讼制度在推进中国式现代化中的重要地位和作用。经过几年的努力，检察公益诉讼制度已从建立初期的高速发展阶段进入到了质量效益优先的高质量发展阶段。在这场检察理论与检察实务双向奔赴的时代进程中，[2]检察民事公益诉讼制度作为检察公益诉讼制度的重要组成部分，其基本理论的发展连同制度的改革一齐为公益司法保护的“中国方案”保驾护航。

一、研究背景

近些年来，环境污染、生产和销售不符合标准的食品药品、损毁英雄烈士名誉等一系列损害公共利益的行为不断出现，成为社会广泛关注的焦点。面对这些侵害公共利益的行为，除了加强行政机关的职权监管之外，确立民事公益诉讼制度是一种保护公共利益的有效方式。这些涉及公共利益受损的案件大都体现出侵权行为受害者人数众多且不确定，以及公共利益受损的分

〔1〕 参见蒋长顺：《公益诉讼检察：公益司法保护的“中国方案”》，载《检察日报》2023年2月22日，第4版。

〔2〕 参见闫晶晶：《公益诉讼检察迈向高质量发展阶段——专访最高人民检察院第八检察厅厅长胡卫列》，载《检察日报》2023年2月21日，第2版。

散性、潜在性和长期性等特征，很难通过传统民事诉讼得以有效解决。当公共利益严重受损，按现行法规定，我国公民个人无权提起相应的民事公益诉讼。按照传统的民事诉讼理论，原告必须与案件有直接的利害关系才能提起诉讼，这就使得没有主体能有资格提起以保护公共利益为目的的民事诉讼，从而使得受损的公共利益处于长期被侵害且无法得到有效救济的尴尬境地。

2012 年 8 月 31 日《民事诉讼法》[1]第二次修改，正式确立了民事公益诉讼制度。2015 年 7 月 1 日，全国开展为期两年的检察公益诉讼试点工作。最高人民法院、最高人民检察院陆续出台多部司法解释，至 2018 年最高人民法院、最高人民检察院颁布《最高人民法院、最高人民检察院关于检察公益诉讼案件适用法律若干问题的解释》（以下简称《检察公益诉讼解释》），正式确立了我国检察民事公益诉讼制度。2020 年 9 月 28 日最高人民检察院第十三届检察委员会第五十二次会议通过了《人民检察院公益诉讼办案规则》（以下简称《公益诉讼办案规则》），其中就公益诉讼的具体程序作出了明确的规定。除《民事诉讼法》中设立的检察机关在环境保护领域和食品药品安全领域可以提起民事公益诉讼外，截至目前我国通过单行法增加了 9 个检察民事公益诉讼案件新领域，这些单行法包括：2018 年出台的《英雄烈士保护法》，2020 年修订后的《未成年人保护法》，2021 年出台的《军人地位和权益保障法》《个人信息保护法》，2021 年修正后的《安全生产法》，2022 年出台的《反电信网络诈骗法》，2022 年修订后的《农产品质量安全法》《妇女权益保障法》，和 2022 年修正后的《反垄断法》。至此，我国检察公益诉讼形成了法定办案领域“4+9”格局，[2]我国检察民事公益诉讼制度形成了“基本法+单行法+司法解释”的制度模式。[3]

检察民事公益诉讼是近些年我国法学理论界与实务界关注的热点、重点和难点问题。综观民事公益诉讼的理论研究，以宏观角度研究的居多，而从程序角度入手，着重于具体可操作性制度构建的较少。当前，与民事公益诉

[1] 为了行文方便，本书中提及的我国法律规范文件均省略“中华人民共和国”字样，如《中华人民共和国民事诉讼法》简称为《民事诉讼法》。

[2] 参见李娜、郭琦：《公益之路，稳步走向宽广——2022 年检察公益诉讼大事记》，载《检察日报》2023 年 1 月 5 日，第 8 版。

[3] 参见柯阳友：《民事公益诉讼重要疑难问题研究》，法律出版社 2017 年版，第 2 页。

讼相关的理论研究体系还没有完全建立起来，民事公益诉讼制度还没有达到科学建构的程度。在此研究背景下，相较于传统民事诉讼理论的研究，有关检察民事公益诉讼的专项研究有待进一步深入。虽然检察民事公益诉讼制度在立法上得到了初步确立，在司法实践中蓬勃发展，但检察民事公益诉讼制度依然存在诸多有待改革和完善的问题。如何在承继传统民事诉讼理论的基础上，形成既能突破传统理论，又符合检察公益诉讼特点的检察民事公益诉讼理论，成为民事诉讼理论界不得不进一步思考和研究的课题。在此基础上，检察民事公益诉讼的具体程序规则与制度构建也亟需进一步改革和完善，以期形成一套符合中国实际的、兼具科学性和完整性的中国检察民事公益诉讼制度体系。

二、研究综述

（一）国内文献研究综述

通过对收集资料的分析和研究可知，我国学术界自2001年开始对检察民事公益诉讼展开研讨，并相继产生了大量相关的学术著作，期刊论文和博士、硕士学位论文。截至目前，本书以“检察民事公益诉讼”为“主题”在中国知网进行搜索，共获得1252篇期刊论文和738篇博士、硕士学位论文：1252篇期刊论文研究主题大多涉及环境公益诉讼、消费公益诉讼、原告资格、诉讼制度、惩罚性赔偿、刑事附带民事公益诉讼等，其中主要主题为“民事公益诉讼”的431篇，主要主题为“检察机关”的337篇。（如图1所示）博士学位论文8篇，研究时间集中在2011年至2020年，研究内容主要集中在环境民事公益诉讼（4篇）[1]、民事公益诉讼程序（1篇）[2]、民事公益诉讼立法（1篇）[3]和检察民事公益诉讼（2篇）[4]。硕士学位论文730篇，研究

[1] 参见关丽：《环境民事公益诉讼研究》，中国政法大学2011年博士学位论文；张旭东：《环境民事公益诉讼特别程序研究》，南京师范大学2017年博士学位论文；彭燕辉：《环保组织提起民事公益诉讼实证研究》，湖南大学2020年博士学位论文；邓少旭：《我国环境民事公益诉讼构造研究》，武汉大学2020年博士学位论文。

[2] 参见朱刚：《民事公益诉讼程序研究》，西南政法大学2019年博士学位论文。

[3] 参见李征：《民事公诉之立法研究》，重庆大学2014年博士学位论文。

[4] 参见梅傲寒：《检察机关提起民事公益诉讼研究》，中南财经政法大学2020年博士学位论文；张乾：《我国检察民事公益诉讼制度完善研究》，华东政法大学2020年博士学位论文。

时间主要集中在2017年至2022年，尤其以2021年119篇居多，研究内容涉及原告资格、制度完善、证明责任、惩罚性赔偿、诉前程序等方面，研究领域仍以环境民事公益诉讼为主。

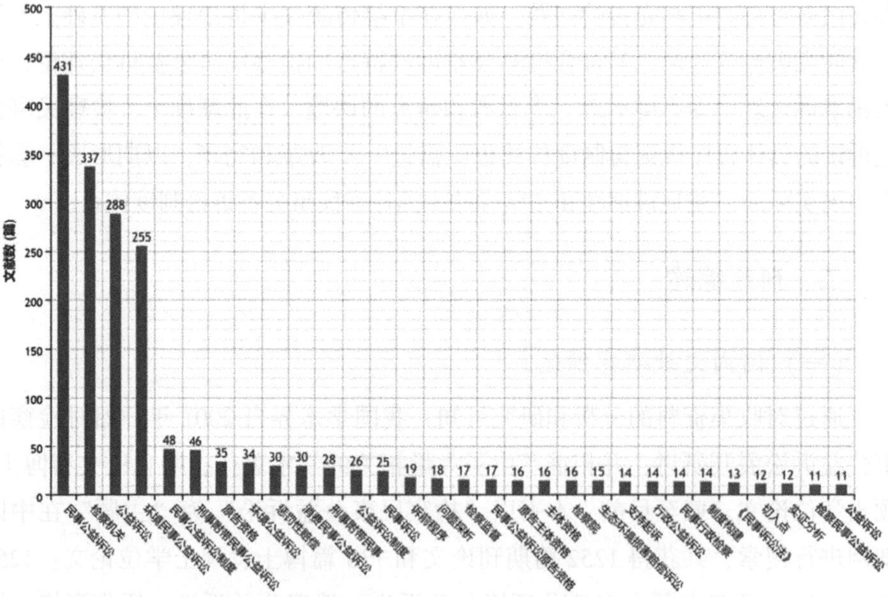

图1　中国知网检索主题为“检察民事公益诉讼”的可视化检索结果图〔1〕

在研究有关检察民事公益诉讼的期刊论文中，相关研究情况如下：

第一，关于检察民事公益诉讼的基本理论的研究主要有检察民事公益诉讼目的理论，代表作品包括刘辉的《检察公益诉讼的目的与构造》、段厚省的《环境民事公益诉讼基本理论思考》；检察民事诉权理论方面，代表作品主要有韩波的《论民事检察公益诉权的本质》、颜运秋的《公益诉讼诉权的宪政解释》、齐树洁的《诉权保障与公益诉讼制度的构建》和何文燕的《检察机关民事公诉权的法理分析》等；论及检察民事公益诉讼的诉讼请求的主要代表作品有汤维建等的《检察民事公益诉讼请求之确定》、颜运秋等的《公益诉讼

〔1〕在中国知网检索主题为“检察民事公益诉讼”获得该可视化检索结果图。检索日期2023年2月26日。

之诉、诉权与诉讼请求的特殊性探讨》、姚敏的《消费民事公益诉讼请求的类型化分析》和郑若颖、张和林的《论检察民事公益诉讼请求的精准化》等；有关检察民事公益诉讼之诉讼标的的研究代表作品主要有陈杭平的《诉讼标的理论的新范式——“相对化”与我国民事审判实务》和严仁群的《诉讼标的之本土路径》等；涉及环境民事公益诉讼基本理论的研究主要有张忠民的《论环境公益诉讼的审判对象》、张辉的《环境公益诉讼之“诉讼标的”辨析》和段厚省的《环境民事公益诉讼基本理论思考》等；论及检察民事公益诉讼之诉的利益的主要代表作品有肖建华和柯阳友的《论公益诉讼之诉的利益》、黄忠顺的《论诉的利益理论在公益诉讼制度中的运用——兼评〈关于检察公益诉讼案件适用法律若干问题的解释〉第19、21、24条》等；检察民事公益诉讼之既判力理论方面的代表作有颜运秋和冀天骄的《论民事公益诉讼既判力范围的扩张——以生态环境保护和食品药品安全消费维权为例》、安鹏等的《从既判力角度探析民事公益诉讼与私益诉讼的衔接》等。

第二，在整体研究方面，有关检察民事公益诉讼案件范围的代表作主要有肖建国的《民事公益诉讼的类型化分析》、庄永廉等的《深化研究积极稳妥拓展公益诉讼“等外”领域》、胡卫列的《当前公益诉讼检察工作需要把握的若干重点问题》、颜运秋的《中国特色公益诉讼案件范围拓展的理由与方法》和潘剑锋、牛正浩的《检察公益诉讼案件范围拓展研究》等；在各个领域的检察民事公益诉讼适用范围的研究上主要有张宁宇和田东平的《未成年人检察公益诉讼的特点及案件范围》、戴瑞君的《我国妇女权益公益诉讼刍议》、刘艺的《妇女权益保障领域检察公益诉讼机制的理论基础与实现路径》、袁博的《“后疫情时代”公共卫生检察公益诉讼的展开》和李薇菡、龙云的《文物和文化遗产保护检察公益诉讼办案机制初探》等；在检察民事公益诉讼适用范围之公共利益分析方面的研究主要有胡锦光和王锴的《论公共利益概念的界定》、王景斌的《论公共利益之界定——一个公法学基石性范畴的法理学分析》、颜运秋的《论法律中的公共利益》和倪斐的《公共利益的法律类型化研究——规范目的标准的提出与展开》等。

第三，在检察民事公益诉讼之诉前程序研究方面的主要代表作有肖建国的《检察机关提起民事公益诉讼应注意两个问题》、傅郁林的《我国民事检察权的权能与程序配置》、韩静茹的《公益诉讼领域民事检察权的运行现状及优化路径》、刘加良的《检察院提起民事公益诉讼诉前程序研究》、刘辉的《检察机关提起公益诉讼诉前程序研究》和陆军、杨学飞的《检察机关民事公益诉讼诉前程序实践检视》等。

第四，研究检察民事公益诉讼之诉讼程序的文献多集中在管辖制度、支持起诉制度、调解与和解制度等方面。整体研究检察民事公益诉讼制度的代表作品有张卫平的《民事公益诉讼原则的制度化及实施研究》、廖中洪的《检察机关提起民事诉讼若干问题研究》和蔡彦敏的《中国环境民事公益诉讼的检察担当》等；研究检察民事公益诉讼管辖的主要代表作有张嘉军、付翔宇的《检察民事公益诉讼管辖的困境及其未来走向》和张嘉军的《“结果型”检察民事公益诉讼地域管辖制度之建构》等；研究检察民事公益诉讼支持起诉制度的主要作品有汤维建和王德良的《论公益诉讼中的支持起诉》、肖建国和丁金钰的《检察机关支持起诉的制度功能与程序构造——以最高人民检察院第三十一批指导性案例为中心》和汤维建的《检察机关支持公益诉讼的制度体系——东莞市人民检察院支持东莞市环境科学学会诉袁某某等三人环境污染民事公益诉讼案评析》等；研究检察民事公益诉讼反诉制度的主要有刘澜平、向亮的《环境民事公益诉讼被告反诉问题探讨》；研究刑事附带民事公益诉讼制度的主要作品有卞建林和谢澍的《刑事附带民事公益诉讼的实践探索——东乌珠穆沁旗人民检察院诉王某某等三人非法狩猎案评析》、徐艳红的《建议完善刑事附带民事公益诉讼制度》、汤维建的《刑事附带民事公益诉讼研究》、毋爱斌的《检察院提起刑事附带民事公益诉讼诸问题》、刘加良的《刑事附带民事公益诉讼的困局与出路》和高星阁的《论刑事附带民事公益诉讼的程序实现》等。

第五，检察民事公益诉讼之证据改革研究主要集中于检察民事公益诉讼的证明责任、调查核实权、证据开示制度等方面。有关检察民事公益诉讼证明责任的代表作主要有毕玉谦的《民事公益诉讼中的证明责任问题》、汤维建的《公益诉讼的四大取证模式》、张卫平的《认识经验法则》和纪格非、陈嘉帝的《证据法视角下环境民事公益诉讼难题之破解》等；有关检察民事公益诉讼中检察院的调查核实权研究的主要代表作品有刘加良的《检察公益诉讼调查核实权的规则优化》、范卫国的《民事检察调查核实权运行机制研究》、储源和徐本鑫的《检察公益诉讼调查核实权的检视与完善》、徐本鑫的《公益诉讼检察调查核实权的法理解析与规范路径——兼评最高人民检察院办案规则相关规定的合理性》等；有关检察民事公益诉讼的证据开示制度的研究主要有时建中、袁晓磊的《我国反垄断民事诉讼证据开示制度的构建：理据与路径》等；有关检察民事公益诉讼的证据保全制度的研究代表作主要有占善刚的《证据保全程序参照适用保全程序质疑——〈中华人民共和国民事诉讼法〉第81条第3款检讨》、许少波的《证据保全制度的功能及其扩大化》、翁如强的《环境公益诉讼证据保全研究》和丁朋超的《试论我国民事诉前证据保全制度的完善》等。

第六，有关检察民事公益诉讼适用惩罚性赔偿制度的研究主要集中在环境民事公益诉讼领域。有关惩罚性赔偿制度在检察民事公益诉讼中适用的整体性研究主要有黄忠顺的《惩罚性赔偿请求权的程序法解读》和江帆、朱战威的《惩罚性赔偿：规范演进、社会机理与未来趋势》，苏伟康的《公害惩罚性赔偿及其请求权配置——兼论〈民法典〉第1232条的诉讼程序》等；研究惩罚性赔偿在环境公益诉讼中适用的主要有阙占文、黄笑翀的《论惩罚性赔偿在环境诉讼中的适用》，谢海波的《环境侵权惩罚性赔偿责任条款的构造性解释及其分析——以〈民法典〉第1232条规定为中心》，蔡守秋、张毅的《我国生态环境损害赔偿原则及其改进》，申进忠的《惩罚性赔偿在我国环境侵权中的适用》和王树义、龚雄艳的《环境侵权惩罚性赔偿争议问题研究》等；消费民事公益诉讼适用惩罚性赔偿问题的研究主要有杨雅妮、刘磊的《消费民事公益诉讼惩罚性赔偿的实践与反思——以776份判决书为基础的分析》，黄忠顺、刘宏林的《论检察机关提起惩罚性赔偿消费公益诉讼的谦抑性——基于990份惩罚性赔偿检察消费公益诉讼一审判决的分析》，黄忠顺的《惩罚性赔偿消费公益诉讼研究》，张嘉军的《消费民事公益诉讼惩罚性赔偿司法适用研究》，刘水林的《消费者公益诉讼中的惩罚性赔偿问题》和张旭东、颜文彩的《消费民事公益诉讼惩罚性赔偿制度研究》等。

检察民事公益诉讼的著作类研究文献中，检察民事公益诉讼基础理论方面的主要有江伟等的《民事诉权研究》、肖建华的《民事诉讼当事人研究》、柯阳友的《起诉权研究——以解决“起诉难”为中心》、汤维建的《民事检察法理研究》、韩静茹的《民事检察权研究》、潘申明的《比较法视野下的民事公益诉讼》、柯阳友的《民事公益诉讼重要疑难问题研究》、白彦的《民事公益诉讼理论问题研究》和颜运秋的《公益诉讼理念与实践研究》等。

检察公益诉讼制度和程序研究方面主要有颜运秋的《公益诉讼法律制度研究》、张艳蕊的《民事公益诉讼制度研究——兼论民事诉讼机能的扩大》、陶建国的《消费者公益诉讼研究》、李丽的《环境民事公益诉讼程序研究》、梅傲寒的《检察机关提起民事公益诉讼研究》和者荣娜的《检察机关提起公益诉讼研究》等。

此外，惩罚性赔偿制度研究主要有张晓梅的《中国惩罚性赔偿制度的反思与重构》、陈年冰的《中国惩罚性赔偿制度研究》和关淑芳的《惩罚性赔偿制度研究》等；检察民事公益诉讼之公共利益界定方面主要有倪斐的《公共利益法律化研究》、汤欣的《公共利益与私人诉讼》、阎学通《中国国家利益分析》和俞可平的《权利政治与公益政治》等。

我国学界对“公益诉讼”“检察公益诉讼”的关注和研究以检察公益诉讼“入法”和“检察民事公益诉讼改革试点”为分界，明显呈现出阶段性特点。检察公益诉讼入法之前，学者们争论的焦点集中在检察机关是否可以提出民事公益诉讼上。对于这一点，学界在《民事诉讼法（试行）》的起草上，对于检察院是否可以提出民事公益诉讼这一问题，曾有过不同意见。自20世纪90年代起，在司法实践上开始出现检察机关提起民事公益诉讼，针对这类新的诉讼形式，学界也开启了对检察机关民事公益诉讼原告资格的研究，主要形成了两种观点。支持检察机关可以作为民事公益诉讼主体的观点认为，无论是从维护公共利益的现实需要还是从检察机关的职能角色定位来看，都是合适的，因此检察机关应该具备民事公益诉讼的原告资格。从检察机关的性质和法律地位来看，检察机关是公共利益的代言人，对侵害公共利益的行为提起民事公益诉讼，有利于维护社会公共利益；从检察机关履行法律监督职能来看，提起民事公益诉讼符合其职能定位；再从历史发展上看，早在20世纪初，我国检察机关就被赋予了独立行使“民事保护公益陈述意见”和“为公益代表人实行特定事宜”的权力。而持反对观点的学者认为，赋予检察机关民事公益诉讼原告资格，既违背了民事诉讼的基本原理，又缺乏必要性和专业性。首先，将民事公益诉讼原告资格扩大至检察机关，有违诉讼平等、诉讼辩论和诉讼处分原则，同时打破了当事人平等对抗、法院居中裁判的民事诉讼基本结构，违反了基本的民事诉讼原理；其次，行政机关具备保护社会公共利益的职责和能力，检察民事公益诉讼的必要性遭受质疑；再次，从专业性来看，检察机关并不是社会公共利益维护领域的专门机关。

检察公益诉讼改革试点期间。2014 年 10 月 23 日，党的十八届四中全会通过的《中共中央关于全面推进依法治国若干重大问题的决定》明确提出，要探索建立检察机关提起公益诉讼制度。次年，最高人民检察院在生态环境和资源保护、国有资产保护、国有土地使用权出让、食品药品安全等领域开展提起公益诉讼试点工作。这一时期，由于《全国人民代表大会常务委员会关于授权最高人民检察院在部分地区开展公益诉讼试点工作的决定》已经明确赋予了试点地区检察机关的民事公益诉讼权，因而学界的研究重点就从检察机关的民事公益诉讼原告资格转向了检察民事公益诉讼制度的具体建构，主要包括受案范围、诉前程序、调查核实权、反诉、调解与和解等内容。

检察公益诉讼“入法”之后。2017 年 6 月在《民事诉讼法》第 55 条中增加的第 2 款正式确立了“检察机关提起公益诉讼制度”。随着检察公益诉讼顺利入法，学界对检察民事公益诉讼程序的研究逐渐进入深度研究时期。学者们的研究范围日渐广泛，开始对检察民事公益诉讼的适用范围进行区分类型和领域的研究，对检察机关民事公益诉讼诉讼实施权、民事公益诉讼判决的既判力以及刑事附带民事公益诉讼等进行研究。但涉及公益诉讼法理问题的文献很少，并且对于公益诉讼法理问题的分析也仅限于公共利益、起诉主体资格、诉讼请求等问题。这些文献中没有对检察民事公益诉讼的法学基础理论问题进行比较全面、深入的涉及与探讨。而在探讨检察民事公益诉讼制度的文献里，学者们大都用了相当多的笔墨介绍域外公益诉讼经验，而在探讨我国检察民事公益诉讼制度问题时大多限于针对实务问题的探讨。这不但没有关注最新的热点前沿问题，如检察民事公益诉讼适用范围之公共利益界定问题，也未从理论层面和制度完善路径上给出清晰明确的支持和指引，同时也没能关注最新的实践案例和理论争鸣。

（二）国外文献研究综述

在世界范围内，许多国家也通过民事公益诉讼来保护公共利益。从20世纪中叶至今，很多国家的理论界和实务界对此问题进行了广泛的探讨，并在许多国家的立法中予以了明确规定。经过对比和分析，我们可以发现，在不同国家中，对民事公益诉讼原告资格的判定并不一致。

美国是公益诉讼的起源地，其发展已有150余年的历史。公益诉讼自美国发端后，便在世界各国引起了广泛关注，并有大量的学术著作问世。在1964年的《民权法案》（Civil Rights Act of 1964）中，“为了保护公众的利益，公民或民间团体都可以对公众提出一项基于公众利益的法律程序”。另外，美国的《反欺骗政府法》（False Claims Act）、《联邦行政程序法》（Administrative Procedure Act）、《清洁空气法案》（Clean Air Act）都对公众起诉的原告资格做出了规范。[1]美国公益诉讼的最大特色在于对公民公共权力的普遍授予。[2]在美国，无论是在联邦一级，还是在各州一级，检察机关都是从属于行政机关的，联邦一级的行政机关提起的公益诉讼，都是由司法部门和检察人员共同进行的。英国是习惯法国家，1893年确立了公益诉讼制度，检察官拥有很大的权力，可以自己提出公益诉讼。在民事公益诉讼中，检察官可以以原告或被告的身份参加，同时，英国各地区也可以以自己的名义提出公益诉讼，而不需要向总检察长提出。[3]在英国，检察机关以刑事控告为主，而公益诉讼则主要由政府机构（一般为政府法律顾问）来具体实施。

法国是大陆法系国家的代表，其公益诉讼有着悠久的历史，拿破仑统治时期，《拿破仑法典》（Napolenic Code）就已经允许检察官作为公诉人参与公益诉讼。法国在1976年通过了《民事诉讼法典》（Code of Civil Procedure），将为维护公共利益而提起公益诉讼的职权赋予了检察官。在法国，检察机关可以根据法定程序或对公共秩序造成危害的情况，根据其职权范围提起民事

［1］ Ben McIntosh," Standing Alone: The Fight to Get Citizen Suits under the Clean Water Act into the Courts", 12 *Mo. Envtl. Law & Politics Review*, 2005, p. 171.

［2］ 参见蔡巍：《美国个人提起公益诉讼的程序和制度保障》，载《当代法学》2007年第4期。

［3］ 参见赵欣：《各国民事公益诉讼制度比较法研究》，载《前沿》2010年第6期。

公益诉讼。[1]德国的公益诉讼称为公益代表人之诉，对受案范围并无严格限制。德国对公益诉讼主体的要求较为苛刻，只有检察院和社会团体可以作为公益诉讼的主体。德国在借鉴法国的模式下，将检察机关参加民事公益诉讼的模式划分为“主诉”和“从诉”两种。德国民事诉讼法认为，一般情况下财产关系的诉讼只关乎私人利益，而人事诉讼更多的是牵涉到国家利益和社会公共利益，因此检察官在人事诉讼中可以代表国家进行参与。[2]

印度首次在亚洲引进了公益诉讼制度，将国际上先进的法律制度和本国特点有机结合。在印度的民事公益诉讼制度中，人权障方面的进步与变革体现明显，但同时印度最高法院的改革方式过于激进。[3]印度的公益诉讼有几个特点：一是诉讼模式的非对抗性；二是原告资格的扩大；三是书信管辖制度的建立；四是司法能动主义发挥的积极功效。[4]

通过对文献的收集，我们可以看出，各国的立法都已意识到，在维护社会公共利益的问题上，应赋予检察机关以提起民事公益诉讼的原告资格。各个国家的公益诉讼研究者在专业领域和研究侧重点上都有不同：一是在日本，对现代型诉讼进行研究的主要是民事诉讼法学者，他们把重点放在了公害诉讼这样的社会问题上；在美国，对公共诉讼进行研究的学者主要是宪法学者，他们主要关注的是种族歧视等宪法问题。二是日本的现代型诉讼学者虽然也关注到了“宪政”与“公权力”的关系，但是其对“私权力”的关注远远不及美国；美国学者尤其注意从宪政视角寻找对公众诉讼进行研究的途径。在一定意义上，日本和美国的“现代型诉讼”与“公共诉讼”之间存在着一定的区别，这与中国的“民事公益诉讼”和“行政公益诉讼”之间的区别存在着一定的相似之处。三是在中国，虽然目前国内对公益诉讼的关注主要集中在民法学界，但是，由于这一理论与制度是从国外引进的，因此，国内各学科的学者纷纷从多个角度，对比、借鉴域外各国的有关理论与制度，并在最

[1] 参见魏武：《法德检察制度》，中国检察出版社2008年版，第101页。

[2] 参见潘申明：《比较法视野下的民事公益诉讼》，法律出版社2011年版，第214~216页。

[3] 参见蒋小红：《通过公益诉讼推动社会变革——印度公益诉讼制度考察》，载《环球法律评论》2006年第3期。

[4] 参见吴卫星：《印度环境公益诉讼制度及其启示》，载《华东政法大学学报》2010年第5期。

近20多年取得了显著的成就。从目前已有的文献来看，学者们对中国公益诉讼的理论进行了最早的系统研究，并且对其所涉及的环境、消费、劳动和反垄断等特定的法律问题进行了较深入的探讨；另外，在宪法、行政和民法等方面，对此也进行了一些探讨。在我国，对公益诉讼的理论研究呈现出如下特征：一是在“统分结合”的构建方式下，各个方面的法律规范的完善程度，将直接关系到整个公益诉讼制度的总体水平与平衡发展。二是由于专业背景、话语体系、研究方法与观点的差异，使得我国的公益诉讼理论在很多问题上存在着长期的争论，难以达成共识，从而对其建设和发展产生了一定的影响；三是由于诸多原因，司法实务中缺乏可利用的样本，缺乏理论研究的本地化资源，致使理论研究中出现了“以言代言”“以洋非中”“自说自话”等问题，使理论结果很难反馈到法律制定与司法实践中。

我国的检察民事公益诉讼制度在一定程度上是一种创新。传统民事诉讼法的基础理论是研究源头，构成了我国检察民事公益诉讼基本理论的基本架构和理论坐标。日本的中村英郎、新堂幸司和谷口安平等，德国的罗森贝克、尧厄尼希、普维庭和穆泽拉克等，英美的博登海默、波斯纳、塞尔兹尼克和哈耶克等，他们的经典学术著作为本书的创作提供了思路。

三、研究方法

1. 实证研究法。利用中国裁判文书网、最高人民检察院官网、检察机关微信公众号等互联网媒体，对典型样本进行收集和总结，对环境污染、消费者权益保护、英雄烈士权益保护等领域检察民事公益诉讼的实际运行情况进行考察，获取研究素材、验证相关论断。

2. 规范分析法。《民事诉讼法》和单行法有关检察民事公益诉讼法律制度的规定较为笼统和抽象，较为具体的法律制度规定散见于不同司法部门的司法解释中。本书通过对既有法律规范和司法实践的分析与研究，审视检察民事公益诉讼制度的不足，并在此基础上，提出针对检察民事公益诉讼各项具体法律制度的建议。

3. 比较分析法。域内外有关民事公益诉讼制度的研究成果丰富，各国实践具有相当的共通性，对典型国家相关理论与制度成果的甄别与借鉴，对研究我国民事公益诉讼具有基础性意义；同时本书保持中国问题和中国方案的研究方向，从中国问题出发，落脚于中国问题的解决。

四、研究创新

1. 研究视角的创新。已有研究成果或研究“民事公益诉讼”主题缺乏对检察机关作为起诉主体特殊性的关注，或研究检察机关提起民事公益诉讼中的个别制度问题但并没有全局、整体、系统地将各制度之间的逻辑关系和有机联系考虑其中，或研究民事公益诉讼基本理论问题而没有以此为基础对民事公益诉讼制度给予更多关注。本书聚焦检察民事公益诉讼制度研究，以检察民事公益诉讼的基本理论问题为出发点，进行现行制度审视与分析；以基本理论为依据，从制度整体性和系统性的角度，深入分析了整个检察民事公益诉讼的各个基本制度中所存在的问题，把检察民事公益诉讼的各个具体制度看作是一个有机联系的整体，并以此为依据，对检察民事公益诉讼制度进行深入改革。

2. 研究内容的创新。以“检察民事公益诉讼的基础理论”为基础构建全书的架构，基本理论涵盖了检察民事公益诉讼的诉讼目的、诉权、诉讼请求、诉的利益、诉讼标的和既判力等理论问题。以检察民事公益诉讼的基本理论为出发点，完善具有中国特色的检察民事公益诉讼制度。关注“检察民事公益诉讼制度改革”的热点问题，不仅关注检察民事公益诉讼的诉前程序、诉讼程序、证据制度的改革，同时对目前理论界和实务界的前沿热点问题做出呼应，对检察民事公益诉讼适用范围拓展、惩罚性赔偿制度引入检察民事公益诉讼等问题进行分析论证与制度改革路径设计。

3. 学术观点的创新。在传统民事诉讼基础理论的基础上，结合我国检察机关的独特定位和检察民事公益诉讼的自有特征，阐释我国检察民事公益诉讼的基本理论。提出检察民事公益诉权是具有法律监督权和诉权的双重属性的特殊诉权；检察民事公益诉讼的诉讼请求具有受限性；对检察民事公益诉讼之诉讼标的应采取“相对化”的诉讼标的理论研究范式，认为我国检察民事公益诉讼之诉讼标的是“维护公共利益之诉的声明”；检察民事公益诉讼的诉的利益具有促进新的民事权利生成的程序功能；检察民事公益诉讼的既判力具有扩张性的既判力等。

在对检察民事公益诉讼制度改革问题上，建议分阶段设置制度侧重点。当前阶段，社会组织数量和力量均相对薄弱，检察民事公益诉讼制度的侧重点在于提起诉讼，应充分加强和发挥检察机关在维护公益方面进行司法救济的作用，同时重视检察民事公益诉讼制度对社会组织等其他适格主体诉讼能力的培育和提升作用；下一阶段，检察民事公益诉讼的侧重点应转向支持起诉制度，对于社会公益之损害应主要由其他适格主体提起诉讼，检察机关全面退回其应有的补充地位。

第一章

检察民事公益诉讼的基本理论

检察民事公益诉讼在我国日渐兴起并进入高质量发展阶段。检察民事公益诉讼制度的改革与完善应以检察民事公益诉讼基本理论为指引，成熟、完备的检察民事公益诉讼基本理论是立法与司法实践的基础。传统民事诉讼以私益性诉讼为基础，不能完全用以诠释检察民事公益诉讼的基本理论。[1]检察民事公益诉讼在给传统民事诉讼基本理论带来挑战的同时也给其发展带来新的机遇。传统民事诉讼基本理论是检察民事公益诉讼基本理论孕育和成长的土壤，根据我国检察民事公益诉讼的特点，对其诉讼目的、诉权、诉讼请求、诉讼标的、诉的利益和既判力等理论问题应有新的诠释。

一、检察民事公益诉讼之诉讼目的

民事诉讼目的理论是民事诉讼理论的基石，检察民事公益诉讼的基础理论应以其诉讼目的为基础进行研究。检察民事公益诉讼之诉讼目的是诉讼权利义务和相关程序性制度的逻辑起点。[2]检察民事公益诉讼的诉讼目的是保护公共利益，对公共利益的保护优先于对当事人程序利益的保护。在检察民事公益诉讼中，应动态掌握诉讼目的、立法与司法的统一。

（一）检察民事公益诉讼之诉讼目的的内涵

民事诉讼目的讨论民事诉讼为何存在或设立的问题，或民事诉讼要达到何种效果的问题，即讨论合法民事诉讼和合法民事裁判实现目的之问题。民事诉讼目的是民事诉讼立法论和解释论的指导理念。民事诉讼目的可以从当

〔1〕 参见段厚省：《环境民事公益诉讼基本理论思考》，载《中外法学》2016 年第 4 期。

〔2〕 参见刘辉：《检察公益诉讼的目的与构造》，载《法学论坛》2019 年第 5 期。

事人和国家两个角度进行解释，其既是当事人提起或参加民事诉讼的目的，又是国家设立民事诉讼制度的目的，包括保护民事主体的合法权益目的和维护私法秩序、形成公共政策目的等。[1]关于民事诉讼目的之理论，称为民事诉讼目的论，是民事诉讼理论的根基。民事诉讼目的论在民事诉讼基本理论中居于统领地位，决定着诉权论、诉讼构造论、诉讼标的论和既判力论等其他民事诉讼基本理论问题。[2]有关民事诉讼目的的主要学说有权利保护说、私法秩序维持说、纠纷解决说，以及后来出现的诉讼目的多元说、程序保障说和诉讼目的搁置说。

讨论民事诉讼目的属于价值探讨范畴，必须以当前法治国家的法律制度实情作为基础。[3]检察民事公益诉讼之诉讼目的，是指国家通过设立民事公益诉讼，以及授权人民检察院作为民事公益诉讼的起诉主体所希望实现的价值目标和诉讼结果。[4]检察民事公益诉讼的基本目标是对公共利益的保护与救济。传统民事诉讼制度主要以私益诉讼为基础建立，前述各种诉讼目的之学说亦是建立在私益诉讼基础上形成，显然不能用以诠释检察民事公益目的。

（二）检察民事公益诉讼之诉讼目的的价值取向

诉讼目的是民事诉讼理论的基础，是民事诉讼其他基础理论的统领，也是具体程序制度设计的指导理念。民事诉讼法的所有程序制度设计都应当是围绕实现民事诉讼目的的实现而进行。所以，检察民事公益诉讼的诉讼目的具有价值引领的作用，既是检察民事公益诉讼的指导理念，也是其实现目标。检察民事公益诉讼之诉讼目的理论应具有“立法方向标”和“程序规范解释方向标”两方面的价值。[5]公益诉讼制度是立法对现代型诉讼的回应，社会生活的不断变化使得社会关系也发生着变化，民事诉讼目也应作出相应调整。检察民事公益诉讼的立法应与其诉讼目的相一致，在正确的检察民事公益诉

---

〔1〕 参见邵明：《现代民事诉讼基础理论：以现代正当程序和现代诉讼观为研究视角》，法律出版社 2011 年版，第 13 页。

〔2〕 参见段厚省：《环境民事公益诉讼基本理论思考》，载《中外法学》2016 年第 4 期。

〔3〕 参见陈荣宗、林庆苗：《民事诉讼法》，三民书局 2020 年版，第 6 页。

〔4〕 参见刘辉：《检察公益诉讼的目的与构造》，载《法学论坛》2019 年第 5 期。

〔5〕 参见段厚省：《民事诉讼目的：理论、立法和实践的背离与统一》，载《上海交通大学学报（哲学社会科学版）》2007 年第 4 期。

讼之诉讼目的理论的指导下建立和不断完善检察民事公益诉讼程序和相关制度。由于受立法表述技术和表达能力所限，加之可能存在的立法漏洞，检察民事公益诉讼程序规则在立法中难免出现发生歧义、存在立法空白或相互矛盾的情形，此时需要法官在适用法律时围绕检察民事公益诉讼之诉讼目的对程序规则进行解释。当社会生活不断发生变化而立法无法及时跟上这种变化时，法官应根据检察民事公益诉讼之诉讼目的进行立法和程序规则解释，检察民事公益诉讼之诉讼目的理论与立法和实践之间应始终保持“动态统一”。

（三）检察民事公益诉讼之诉讼目的的设定

检察民事公益诉讼之诉讼目的，既是检察民事公益诉讼制度设立的出发点，同时也是相关制度运行的落脚点。〔1〕公共利益包括国家利益和社会公共利益，其最大的特点是权益归属主体的不特定性，由此带来了影响范围大、持续时间长和保护难度高等问题。随着我国经济社会的快速发展，在给国家、社会和民众带来福利的同时也带来了诸如环境污染、资源破坏、消费者权益受损、英雄烈士权益侵害和未成年人权益损害等一系列涉及公共利益的侵权案件，不仅严重影响人民群众的生命健康权益，同时对社会稳定、国家安全产生重大影响，全社会保护公益的需求日益强烈。在现代社会中，法治国家的立法机关、行政机关和司法机关都应当以维护公共利益为其根本。行政公益诉讼是对我国行政权主体缺位的补充，当行政机关消极履行其职权或超越法律规定进行履职时，司法机关为公共利益之救济提供行政公益诉讼途径显得必要和及时；而在民事公益诉讼中，重点是要动员法律规定的机关和相关社会团体来维护公共利益。检察机关引导、支持和建议符合条件的其他适格主体提起公益诉讼，并为其提供法律咨询、证据收集等专业支持和协助。当没有其他合适的主体提出民事公益诉讼时，检察机关可以根据自己的法律监督权，向人民法院提起民事公益诉讼以维护公共利益。与其他适合民事公益诉讼的主体相比，检察机关具有更强的独立性、更强的取证能力和更加专业化的队伍。建立检察民事公益诉讼制度，对于形成行政机关、社会组织和司法机关协同保护公益的格局起到了积极作用。

---

〔1〕张雪樵、万春主编：《公益诉讼检察业务》，中国检察出版社2022年版，第18页。

检察民事公益诉讼之诉讼目的的设定应符合我国当前立法与司法实践需求。不同领域的检察民事公益诉讼之诉讼目的应既体现其共性，又体现其个性，具体表现在以下三个方面：

其一，检察民事公益诉讼之诉讼目的应与制度现状相一致，兼顾国家设置审判权的目的、人民检察院行使诉权的目的和被告人的合法利益。国家设置审判权的目的在于维护国家法律秩序、维护当事人合法权益，这与检察民事公益诉讼制度的目标一致，均是通过国家审判权的行使实现对公共利益的维护和对法律秩序的捍卫。检察民事公益诉讼被告人由于人民检察院向法院提起民事公益诉讼而被动进入诉讼，但并不代表被告人侵权行为损害了公共利益，其合法权益就不应被维护。法院行使审判权通过诉讼的途径采用正当程序解决纠纷，维护诉讼中原被告双方的合法权益并定分止争。通过审判权的行使，经举证、质证等正当程序，检察民事公益诉讼的被告人承担应由其承担的法律责任，其合法权益同样应受到保护。通过对世界各国民事诉讼体制改革的观察来看，重视社会利益和当事人利益的统一已成为一种共同的趋势。[1]因此，检察民事公益诉讼之诉讼目的的设定应兼顾审判权设置目的、人民检察院行使诉权的目的和被告人的合法权益，但维护公共利益是检察民事公益诉讼的根本目的，在检察民事公益诉讼中公共利益优先于当事人程序利益，对当事人的程序表达权和程序处分权等程序性权利进行限制。[2]

其二，检察民事公益诉讼的立法与司法实践应体现检察民事公益诉讼之诉讼目的的理论成果。检察民事公益诉讼之诉讼目的理论、立法与实践应实现动态统一。当前，我国正处于检察民事公益诉讼制度建立的初期，相关的程序规则和制度正处于不断建设和相继完善之中，应将检察民事公益诉讼之诉讼目的规定于今后出台的检察民事公益诉讼法的总则当中，使各项具体制度和程序规则围绕检察民事公益诉讼之诉讼目的展开，统一指导理念，避免司法实践在不同的诉讼目的论影响下产生混乱。

其三，检察民事公益诉讼之诉讼目的的设定，不仅应关注其与其他救济

---

〔1〕 参见陈刚、翁晓斌：《论民事诉讼制度的目的》，载《南京大学法律评论》1997年第1期。

〔2〕 参见段厚省：《环境民事公益诉讼基本理论思考》，载《中外法学》2016年第4期。

方式的共性，也应体现其个性。以检察环境民事公益诉讼为例，与其他救济途径的一致目的是保护公共利益，其个性诉讼目的体现为对环境公共利益受损成本的公正配置。[1]检察环境民事公益诉讼的本质是通过诉讼的方式救济环境公共利益。检察环境民事公益诉讼的具体责任承担方式在客观上反映了检察环境民事公益诉讼的诉讼目的。《最高人民法院关于审理环境民事公益诉讼案件适用法律若干问题的解释》（2020 修正）[以下简称《环境民事公益诉讼解释》（2020 修正）] 第 18 条对检察机关环境民事公益诉讼中特定的责任承担途径规定有：停止侵害，排除妨碍，消除危险，修复生态环境，赔礼道歉和赔偿损失等。其中前五种责任承担方式的目的是消除环境公共利益损害，体现了与行政救济、行政公益诉讼等其他救济途径的共性，即保护环境公益；赔偿损失的责任承担方式，通过司法权的介入保障了环境公共利益损害无法完全修复时环境公益受损成本公平合理的配置，体现了检察环境民事公益诉讼之诉讼目的的个性。

二、检察民事公益诉讼之诉权

（一）检察民事公益诉讼之诉权的内涵

诉权是诉讼的起点，是“可以为诉”的权利，诉权理论是关于“诉讼起点”的理论。

诉权，是一种宪法权利，是国民平等享有的向法院请求通过审判权保护其合法权益的救济权利。[2]换言之，诉权是权利人将其与他人之间的实体权利纠纷指引到法院审判权面前的一种媒介。因此，当事人或公诉机关行使诉权的目的，是依据自己提出的主张说服法官而非对方当事人，从而获得法院公正的裁决。[3]诉权兼具程序性与实体性，是当事人向国家法院行使的请求权，属于宪法权利和基本人权的范畴。诉权理论是构建民事诉讼程序模式和

---

[1] 参见徐以祥、周骁然：《论环境民事公益诉讼目的及其解释适用——以“常州毒地”公益诉讼案一审判决为切入点》，载《中国人口·资源与环境》2017 年第 12 期。

[2] 参见江伟、肖建国主编：《民事诉讼法》（第八版），中国人民大学出版社 2018 年版，第 40 页。

[3] 参见颜运秋：《公益诉讼诉权的宪政解释》，载《河北法学》2007 年第 5 期。

分配民事诉讼权利义务的基础理论。

资产阶级革命带来的现代法治理论在诉讼领域的变革成果之一就是诉权理论。进入20世纪，诉权理论和立法迅速发展，呈现出三个显著特点，这就是诉权的社会化，诉权范围的扩展和诉讼在全球范围的发展趋势。[1]诉权的社会化表现在诉权主体的扩大，在一些域外国家，检察官、社会组织，甚至公民个人被赋予保护公益提起诉讼的权利。诉权的范围从传统民事诉权领域扩大至其他司法性诉权（刑事诉权、行政诉权）、立法性诉权和行政性诉权等。1948年的《世界人权宣言》成为诉权保护国际化的开端，开启了世界各国诉权保护的国际化趋势。许多国家为了应对社会变化所带来的现代型纠纷的激增，出于分散性利益保护的考虑，纷纷放宽了诉权理论中当事人适格的条件。[2]

传统诉权理论要求，与案件争议事实有直接利害关系的人才是诉权的适格主体。"诉的利益"在传统民事诉讼法学理论中，从广义角度来看，是指当事人适格；从狭义角度来看，则是指要求法院对诉讼权益的保护和纠纷的解决应具有必要性和实效性（实际上的效果）。现实存在的，并且是直接的个人利益，才是诉的利益。[3]各国解决现代型纠纷以实现公共利益保护的重要途径，就是赋予有关机关或社会主体以民事公益诉权并构建相应的公益诉讼程序制度。从我国诉权理论的历史发展来看，诉权虽也经历多种学说的发展，但究其功能定位而言，始终被定位在"消极性救济权"上。我国无论是理论界还是司法实务界对传统诉权理论中的主观要件——当事人适格理论历来主张"直接利害关系人原则"，法院对当事人适格的把握更是采取严格按照该原则进行限制的态度和做法。换言之，在我国除非权利在实体法上有明确规定，否则与案件不具有直接利害关系的人都不能成为当事人通过诉讼的方式救济权利。但诉权不应仅仅是实体权利的延伸，诉权的功能也不能仅仅停留在消极地启动司法程序保护受损的私人利益上。公共利益保护的现实需要和紧迫性，

---

[1] 参见颜运秋：《公益诉讼诉权的宪政解释》，载《河北法学》2007年第5期。

[2] 参见齐树洁：《诉权保障与公益诉讼制度的构建》，载《法治论丛（上海政法学院学报）》2005年第6期。

[3] 参见孟穗、柯阳友：《论检察机关环境民事公益诉讼适用惩罚性赔偿的正当性》，载《河北法学》2022年第7期。

要求诉权理论的发展和诉权功能的拓展。传统诉权理论已经严重阻碍了我国对公共利益的保护，其理论不足成为公益诉讼在我国发展的最大障碍。〔1〕

诉权，在理论上，根据其行使的目的之不同，可以分为私益诉权和公益诉权。私益诉权的目的在于保护公民、法人和组织的民事合法权益；而公益诉权的目的是对国家利益和社会公共利益的维护与救济。公益诉权，指的是当公共利益受到侵害或处于损害的风险中时，公民、社会团体、特定国家机关依法享有的要求法院通过裁判方式对公共利益进行救济的权利。学者们对公益诉权的本质有不同的主张。有学者认为，公益诉权的本质是对社会公共利益的保护，目的在于实现公平正义，体现的是宪法精神。〔2〕也有学者认为，公益诉权在本质上是一种民主管理权利，是一种享受社会公益权的主体以诉讼的方式直接对国家的社会事务进行管理的现实的宪法权利。〔3〕本书认为，检察民事公益诉讼之诉权的内涵是检察机关对于受损或处于受损风险中的公共利益，依法享有向人民法院请求通过裁判方式予以救济的权利。

（二）检察民事公益诉权的本质

在我国，检察民事公益诉讼是以人民检察院为起诉主体的民事公益诉讼。诉权是民事诉讼的起点，"无诉权即无诉讼"。检察民事公益诉讼的起点和理论基础是检察民事公益诉权。因此，关于检察民事公益诉权的定性是研究检察民事公益诉讼的前提。学界对检察民事公益诉权的性质有民事公诉权说、公诉权与民事诉权结合说、公益诉权说和民事诉权说等不同观点。民事公诉权说认为，检察民事公益诉讼权的实质是一种公诉权，它可以被理解为民事公诉权，其与刑事公诉权、行政公诉权并列，共同构成公诉权。民事公诉权为在我国具有法律依据和特定情况下国家可以成为民事主体提供了条件。〔4〕赋予检察机关民事公诉权具有必要性和可行性。〔5〕公诉权与民事诉权结合说

---

〔1〕　参见齐树洁：《诉权保障与公益诉讼制度的构建》，载《法治论丛（上海政法学院学报）》2005年第6期。

〔2〕　参见柯阳友：《起诉权研究——以解决"起诉难"为中心》，北京大学出版社2012年版，第170~172页。

〔3〕　参见颜运秋：《公益诉讼法律制度研究》，法律出版社2008年版，第78~124页。

〔4〕　参见何文燕：《检察机关民事公诉权的法理分析》，载《人民检察》2005年第18期。

〔5〕　参见邓思清：《论检察机关的民事公诉权》，载《法商研究》2004年第5期。

认为，检察民事公益诉权具有实体与程序的二元特性，具有权力和权利的二元属性，其本质是检察机关的公诉权和民事诉权的结合。经过法律特别授权的民事检察权介入到民事诉讼中，形成权力和权利相结合的检察民事公益诉权。[1]公益诉权说认为，检察民事公益诉权是一种具有特殊人权性质的公民权，是一种具有积极性权利和行动性权利特征的政治行动；[2]检察民事公益诉权是一种在表面上具有公权力特征的权利，其本质是权利。[3]民事诉权说认为，检察民事公益诉权是特殊的民事诉权，在本质上属于民事诉权。[4]

本书认为检察民事公益诉权在本质上是民事诉权，它是由法律监督权衍生而来的具有权利属性的诉权。检察机关出于维护和救济公共利益之目的向法院提起民事公益诉讼，其行使的带有公益性质的实体判决请求权在本质上与诉权并无差异，因此检察民事公益诉权也是具有权利属性的诉权。此时，我们不免会有法律监督权是公权力的一种，由它衍生而来的检察民事公益诉权为何又成为具有权利属性的诉权之疑问。这是因为，检察机关的法律监督权在其作为起诉主体的诉讼中，不仅可以表现为对侵权行为进行监督，还可以体现为对侵权人不正当放弃诉讼权利的监督，此时，法律监督权（力）转化为起诉权（利）。[5]

（三）检察民事公益诉权对传统诉权理论的突破与发展

进入现代社会，环境污染公害纠纷、消费者保护纠纷、反垄断纠纷等都在增长，这些纠纷涉及社会公共利益或多数人利益保护的问题。

现代型诉讼多为公害案件，往往涉及的受害人人数众多且人数不确定，利益受损的分散性极易导致实际受损人因为受损较小而诉讼成本高昂等原因

---

〔1〕参见江国华、张彬：《检察机关民事公益诉权：关于公权介入私法自治范畴的探微》，载《广东行政学院学报》2017年第1期。

〔2〕参见单锋：《公益诉权论》，载《河北法学》2007年第3期。

〔3〕参见刘子辉：《检察公益诉讼研究视角之公益诉权》，载《四川文理学院学报》2021年第3期。

〔4〕参见韩波：《论民事检察公益诉权的本质》，载《国家检察官学院学报》2020年第2期。

〔5〕参见韩大元主编：《中国检察制度宪法基础研究》，中国检察出版社2007年版，第258~273页。

放弃诉讼，而法人或社会组织又因为与受损利益不具有直接关系而没有起诉权，导致现代型纠纷的公害事件不仅涉及已经发生的损害，更关乎公共利益的潜在受损。受传统诉权理论的限制，上述现代型纠纷通常难以得到合理的解决。在这样的现实背景下，公益诉讼理论和制度应运而生。

在传统诉权理论中，诉权与实体权利相连结。实体权利是诉权的基础，表现为实体权利的请求权和程序权利的请求权。当今的时代，环境污染等各种公害事件时有发生，依据传统诉权难以通过诉讼途径维护和救济公共利益。于是，诉权与实体权利的关系被重新审视。社会生活的发展对传统诉权理论带来前所未有的冲击，致使诉权与实体权利相分离。诉权不再是建立在实体权利基础之上的权利，而是建立在利益基础之上，并且这种利益不要求必须“直接”。检察民事公益诉权正是在这样的现实需求和理论发展的背景下应运而生。检察民事公益诉权的诞生（衍生），是对传统诉权理论在诉讼价值追求、利益维护、权利保障和功能实现上的全面突破，为检察民事公益诉讼制度的建立奠定了理论基础。[1]在诉讼价值追求上，检察民事公益诉权不再拘泥于发挥国家司法权力的第三方作用，而是更加注重和推动国家管理体系和管理能力现代化；从利益保护的角度来看，传统诉权将对保护个人利益作为唯一追求，而检察民事公益诉权发展为对社会公共利益（整体利益）的维护；在利益保障上，传统诉权通过诉讼实现私法个体利益的保障，检察民事公益诉权通过诉讼方式实现社会公共利益的保障；在功能实现上，传统诉权实现私法个人的纠纷解决功能，检察民事公益诉权注重实现纠纷解决与政策形成兼顾的功能。

（四）检察民事公益诉权的特点

检察民事公益诉权结合检察权的法律监督权的源特质和追求公共利益维护的诉讼价值目标，在对传统诉权理论的突破中承继和发展，形成了自己的特点。

1. 检察民事公益诉权是一种程序性权利，是对当事人适格理论的扩张。检察民事公益诉权不再以实体权利为基础，而是运用诉讼担当理论，通过法

---

〔1〕 参见颜运秋等：《生态环境公益诉讼机制研究》，经济科学出版社 2019 年版，第 140 页。

律赋权的方式赋予相应主体以程序意义上的诉权主体资格，成为一种与实体权利相分离的程序性权利。当事人适格，也称为正当当事人，是指在某一诉讼中，可以以自己的身份作为原告或者被告，并且受到本案判决约束的当事人。[1]传统诉权理论中当事人适格的功能在于筛选并剔除不具有资格的当事人，避免利用诉讼实现不正当利益的滥诉，防止当事人滥用诉权而使对方当事人陷入没有必要的诉讼。检察民事公益诉权体现当事人适格的扩张，通过将当事人适格扩张至与受损利益没有直接利害关系的检察机关，将诉权的功能从传统的私益纠纷解决拓展到公益性纠纷的解决。

2. 检察民事公益诉权不要求诉权主体是直接的利害关系人，是对"诉的利益"的突破。诉的利益，是指原告向法院提出的裁判请求应具有本案判决的必要性和实效性。诉的利益，是诉讼要件，并以通过本案判决使争议得以实效性解决为内容，缺少了诉的利益的起诉通常被法院认为缺少诉讼要件而予以驳回。[2]依照传统诉权理论，作为诉权客观要件的"诉的利益"，要求原告的起诉应仅在与自己的权利有直接利害关系的范围内提出，由此公共利益被排除在"可诉范围"之外。如前所述，大量的现代型公害纠纷的出现，使得国家和社会公共利益有了通过诉讼途径加以维护的必要性，迫使诉讼保护权益和诉讼纠纷解决功能的扩大，同时催生了诉讼的政策形成功能。由此，"诉的利益"亟需扩大和发展，现实的需求迫使减少对诉的利益之限制，唯有理论的突破才可以使现代型诉讼具备诉的利益从而获得诉讼途径的救济。检察机关作为法定的国家法律监督机关，以国家代表人的身份提起民事公益诉讼具有正当性，此时应当认定检察机关存在着"诉的利益"，其以保护损害公共利益为由提出诉讼请求，具备要求法庭作出判决的必要性和实效性。

3. 检察民事公益诉权拓展了传统诉权的权利保护功能，还具有权利生成功能和产生公共政策的功能。依据传统诉权理论，当事人仅能就自己拥有的实体法上的权利受到损害后启动诉讼程序，并且仅能就实际发生的利益损害

[1] 参见江伟、肖建国主编：《民事诉讼法》（第八版），中国人民大学出版社 2018 年版，第 120 页。

[2] 参见［日］高桥宏志：《民事诉讼法制度与理论的深层分析》，林剑锋译，法律出版社 2003 年版，第 280~282 页。

主张权利。传统诉权理论这种仅从实体法上观点来判断是否“可诉”（诉的利益）的标准，反映了传统诉权的消极功能。现代型纠纷的产生要求诉权对是否“可诉”的判断标准应反映其积极功能。从诉权的积极功能出发，公益诉讼具有“可诉性”。对于实体法既定的权利属于可诉范围，对于诸如环境权、日照权等“形成中的权利”也应认为是“可诉”的“正当利益”。依据传统诉权理论，诉权保护的是现实存在的利益，而并非设想的或未来的利益。因此，依传统诉权理论仅从既定权利的角度来审查判断可诉性的话，这种“形成中的权利”将没有获得诉讼救济的资格和机会。例如在法国民事诉讼法的诉权理论中“预防性诉权”并非诉权的普通形态，而只是例外。预防性诉权是指，当事人行使诉权向法院提起的诉讼请求是为了预防将来发生的利益受到损害或具有争议。〔1〕检察民事公益诉权承认了诉权的积极功能，认可“既定权利”的同时也认可“形成中的权利”。此外，检察民事公益诉权的基本形态也包括“预防性诉权”，检察机关在民事公益诉讼中提出的利益主张包括实际发生的公益损害，也涵盖潜在的或未来的利益损失。检察民事公益诉权的作用既要救济社会公共利益的实际损害，也要实现对侵害公共利益的惩罚，以及实现对有侵害社会公共利益危险的预防。

三、检察民事公益诉讼之诉讼请求

（一）检察民事公益诉讼之诉讼请求的内涵

所谓诉讼请求，是以诉讼标的为基础，原告向法院提出的要求其审理和判决的具体实体请求。诉讼标的的实质是民事实体法律关系。诉讼请求与诉讼标的具有一致性，即共同体现当事人提起诉讼的目的，共同构成法院审理和判决的主要对象和范围。〔2〕诉讼请求与责任方式紧密相关，如同一枚硬币的两面，诉讼请求是从原告的角度出发，由原告基于其实体法上的请求权通过法院向被告人提出的具体权利主张；责任方式则是从被告角度出发，应由

〔1〕参见江伟、邵明、陈刚：《民事诉权研究》，法律出版社 2002 年版，第 215~225 页。

〔2〕参见邵明：《现代民事诉讼基础理论：以现代正当程序和现代诉讼观为研究视角》，法律出版社 2011 年版，第 171 页。

被告对自己的行为经法院审判决定所要承担的法律后果。[1]检察民事公益诉讼请求是指，由检察机关向人民法院提出的旨在保护公共利益的具体诉讼主张。[2]我国的检察民事公益诉讼主要因侵权行为人对公共利益的损害行为而发生，公共利益侵权人所要承担的民事责任通常是侵权责任。具体的诉讼请求及其范围是诉权之权能的体现，能够反映诉权权能的宽度和深度。

检察民事公益诉讼的核心是检察民事公益的诉讼请求，它是胜诉的基础。[3]检察民事公益诉讼请求是检察机关基于案件事实和证据材料提出的实体性要求，同时也是检察机关限定人民法院审判的范围和确认修复受损公共利益的依据。检察民事公益诉讼请求是起诉人和侵权人之间有关公益受损争议的内容和焦点。

（二）检察民事公益诉讼请求的特殊性

1. 民事公益诉讼请求的特殊性。民事公益诉讼与私益诉讼在起诉主体、诉的利益等方面的差异，导致其诉讼请求与私益诉讼的诉讼请求有着明显不同。首先，从诉讼目的角度而言，私益诉讼的诉讼请求围绕私人利益的维护与救济，而民事公益诉讼的诉讼目的是救济公共利益。民事公益诉讼的原告提出的具体诉讼请求应超越私益的界限，能体现保护公共利益的特殊要求。其次，私益诉讼与公益诉讼提出的具体诉讼请求所反映的诉讼功能不同。以环境侵权为例，普通环境侵权之诉（环境私益诉讼）一般不能提出具有公益诉讼功能追求的服务功能损失赔偿等诉讼请求。

2. 检察机关作为民事公益诉讼主体的特殊性。在检察民事公益诉讼中，主体呈现三分离状态，即享有实体权利的主体与提起诉讼的主体、诉讼受益的主体并非相一致。这使得检察民事公益诉讼的诉讼请求也呈现出特殊性，即有限的处分权和选择权。(1) 检察民事公益诉讼的诉讼请求在处分上受限。详言之，检察机关提起民事公益诉讼必须履行诉前公告程序，只有在其他适

〔1〕 参见柯阳友：《民事公益诉讼重要疑难问题研究》，法律出版社 2017 年版，第 79 页。

〔2〕 参见汤维建、王德良、任靖：《检察民事公益诉讼请求之确定》，载《人民检察》2021 年第 5 期。

〔3〕 参见颜运秋、罗卉、颜诚毅：《公益诉讼之诉、诉权与诉讼请求的特殊性探讨》，载《山西高等学校社会科学学报》2020 年第 9 期。

格主体均不提起民事公益诉讼时，才可以提起检察民事公益诉讼；（2）检察民事公益诉讼的诉讼请求范围受到限缩，如在检察民事公益诉讼提起前，案涉公共利益侵权行为已经受到行政处罚或刑事处罚，那么一般检察机关就没有再提起“停止侵害诉讼请求”的必要和意义。基于检察民事公益诉讼的补充性和终局性，若检察机关发现已经提出的诉讼请求并不能涵盖维护和救济公共利益的全部需求时，检察机关依然可以再次提起民事公益诉讼。

（三）检察民事公益诉讼请求的具体设计

检察民事公益诉讼之诉讼目的之实现起始于检察机关提出的诉讼请求。检察机关提出的诉讼请求对案件的判决具有指向性作用。[1]诉讼请求的设置关涉检察民事公益诉讼之诉讼目的能否实现及实现效果如何。检察机关提起诉讼请求的精准度，不仅直接影响公共利益的维护和救济，关乎当事人合法权益的维护，也影响着司法效率。[2]检察民事公益诉讼特有的预防功能和补救功能决定了它不能直接套用传统普通侵权诉讼的责任承担方式，应以实现检察民事公益诉讼法律效果为目标，设计出与之相匹配的法律责任承担方式。[3]根据公益诉讼请求的不同功能，可以将公益诉讼请求主要分为四种类型，即制止型诉讼请求、威慑型诉讼请求、补救型诉讼请求、制裁型诉讼请求。不同类型的诉讼请求对应具体不同的民事责任。制止型诉讼请求主要对应停止侵害民事责任，威慑型诉讼请求主要对应排除妨碍、消除危险等民事责任，补救型诉讼请求主要对应赔礼道歉、恢复原状、修复生态环境等民事责任，而惩罚性赔偿民事责任与制裁型诉讼请求相对应。检察民事公益诉讼案件的具体领域不同，应配置的具体诉讼请求亦不相同。以英雄烈士保护领域检察民事公益诉讼为例，其无法适用恢复原状诉讼请求和赔偿损失诉讼请求；但在检察环境民事公益诉讼中，这两种诉讼请求是主要的诉讼请求形式。[4]对检

---

［1］ 参见王敏、余贵忠：《环境民事公益诉讼的诉讼请求类型化实证研究》，载《荆楚学刊》2022 年第 2 期。

［2］ 参见郑若颖、张和林：《论检察民事公益诉讼请求的精准化》，载《华南师范大学学报（社会科学版）》2022 年第 6 期。

［3］ 参见张辉：《论环境民事公益诉讼的责任承担方式》，载《法学论坛》2014 年第 6 期。

［4］ 参见汤维建、王德良、任靖：《检察民事公益诉讼请求之确定》，载《人民检察》2021 年第 5 期。

察民事公益诉讼的不同案件领域，设置类型不同的具体诉讼请求，不仅体现检察民事公益诉讼对公共利益之维护和救济的逻辑性，也更能实现检察机关在不同领域对公共利益之维护和救济的实效性。

我国现有的法定检察民事公益诉讼领域有生态环境和资源保护领域、食品药品安全领域、英雄烈士保护领域、未成年人保护领域、军人地位和权益保障领域、安全生产领域、个人信息保护领域、反垄断领域、反电信网络诈骗领域、农产品质量安全领域和妇女权益保障领域。此外，还有不断探索的"等外"检察民事公益诉讼领域。其中，有关生态环境和资源保护领域以及食品药品领域的案件占多数，英雄烈士保护领域案件最为引人关注，我们以这三个领域的检察民事公益诉讼请求为探讨对象进行分析梳理。

根据《环境民事公益诉讼解释》（2020 修正）第 18 条规定，在生态环境领域民事公益诉讼中，检察机关可以提起制止型诉讼请求、补救型诉讼请求、威慑性诉讼请求等，具体包括"停止侵害、排除妨碍、消除危险、修复生态环境、赔偿损失、赔礼道歉等民事责任"。目前理论界对于检察环境民事公益诉讼请求的争议主要集中在检察机关可否请求损害赔偿和惩罚性赔偿上。检察环境民事公益诉讼和惩罚性赔偿均具有预防性，在检察环境民事公益诉讼中适用惩罚性赔偿可以产生预防性功能的叠加效能，使检察环境民事公益诉讼的预防性功能发挥最佳的效果。[1]

关于检察民事公益诉讼可否提出损害赔偿责任，学者们主要的争议点在于，检察机关作为未受侵权行为侵害的主体，能否代替受害主体提出损害赔偿的请求。有学者主张我国检察民事公益诉讼只能提起"非财产性责任"之诉讼请求，基于民事公益诉讼的预防保护与监督功能，同时为了避免财产性损害赔偿带来的证明责任困难和后续分配困难，在民事公益诉讼中起诉主体不能提出损害赔偿责任之诉讼请求。[2]也有学者认为，公权力机关作为民事公益诉讼的起诉主体时，可以提起损害赔偿责任之诉讼请求。原因在于国家公权力机关具有法定职责和权限，在证据收集、诉讼参与能力和专业素养方

[1] 参见张雪樵、万春主编：《公益诉讼检察业务》，中国检察出版社 2022 年版，第 360 页。

[2] 参见周翠：《民事公益诉讼的功能承担与程序设计》，载《北方法学》2014 年第 5 期。

面相比社会组织能力更强，其公信力和权威性也更高，因此主张作为公权力机关的检察机关可以在民事公益诉讼中提起损害赔偿请求。[1]还有学者认为，根据涉及的利益性质不同，损害赔偿可以分为私益损害赔偿和公益损害赔偿，公益损害赔偿则由公益诉讼起诉主体在公益诉讼中来主张。[2]

本书认为，这一问题涉及检察机关是否具有"诉的利益"。诉的利益是诉权的要件之一，在传统民事诉讼理论中，当事人与争议事实之间具有直接利害关系，通过诉讼解决纠纷的必要性和实效性是诉的利益的内容。现代型纠纷急剧增多，促使诉的利益理论不断发展。现代型诉讼，以公益诉讼为代表，直接冲破和发展了传统的诉的利益理论。在民事公益诉讼中，诉的利益不再是既定的实体法权利，而可以是"形成中的权利"、可以是"损害事实"；诉的利益也不再是直接利益，可以是将来利益、潜在利益；发展后的诉的利益与实体法权利解绑。民事公益诉讼中诉的利益具备了承认"形成中的权利"的功能和拓宽对当事人适格限制的功能。生态环境领域检察民事公益诉讼，即检察环境民事公益诉讼，包括对人损害的救济和对环境损害的救济，环境损害赔偿是其要旨和核心。恢复原状的生态环境修复费用请求，以及在生态环境修复期间服务功能损失的补偿性损害赔偿请求，都表现出了环境公益的实质，它们都是公益损害赔偿请求。[3]因此，应认为检察机关具备对公共利益维护之诉的利益，可以基于维护和救济公共利益提起民事公益诉讼，可以请求公益损害赔偿，只是公益损害赔偿金应用于公共利益的修复、维护和救济。

根据我国《民事诉讼法》第58条第2款规定，食品药品领域检察民事公益诉讼指的是在食品药品安全领域，对众多消费者合法权益造成了损害，对社会公共利益造成了严重影响的，由检察机关提起的民事公益诉讼案件。换言之，在关于消费者权益保护的民事公益诉讼中，根据我国现行立法，检察机关可以作为起诉主体的对侵害众多消费者合法权益的食品药品安全领域的

---

〔1〕 参见肖建国：《民事公益诉讼制度的具体适用》，载《人民法院报》2012年10月10日，第7版。

〔2〕 参见汤维建、王德良、任靖：《检察民事公益诉讼请求之确定》，载《人民检察》2021年第5期。

〔3〕 参见柯阳友：《民事公益诉讼重要疑难问题研究》，法律出版社2017年版，第123页。

案件提起诉讼。

在域外，最初的消费民事公益诉讼请求权类型是以纯粹公益型诉讼的不作为诉讼为限，后扩展到具有补偿性以及惩罚性的给付诉讼以各种形式在消费民事公益诉讼中出现。[1]归纳起来，消费民事公益诉讼请求权主要有三种类型：第一种是不作为诉讼，即请求侵权人为或者不为一定行为，如停止侵害、撤销不公平条款等；第二种是损害赔偿诉讼，即请求被告赔偿不特定消费者损失；第三种是不法利益收缴诉讼，即请求法院判令被告上缴由非法经营获取的非法利润。在上述三种诉讼类型中，不作为诉讼往往是消费民事公益诉讼追求的首要目标，是三种诉讼类型的核心。不作为诉讼的功能在于制止经营者的不当行为并预防未来之损害，为不特定的众多消费者提供有效的预防性救济；损害赔偿诉讼的价值与功效在于填补过去已经发生的损失；根除非法经营者的经济能力以防再犯是不法利益收缴诉讼的目的。[2]

我国《消费者权益保护法》并没有关于消费民事公益诉讼请求的规定，《最高人民法院关于审理消费民事公益诉讼案件适用法律若干问题的解释》（以下简称《消费民事公益诉讼解释》）（2020 修正）第 13 条规定，检察机关作为消费民事公益诉讼的起诉主体可以要求被告人承担“停止侵害、排除妨碍、消除危险、赔礼道歉等民事责任”。另据《公益诉讼办案规则》第 98 条规定，检察机关在食品药品安全领域消费民事公益诉讼中，除了可以提出“停止侵害、排除妨碍、消除危险、恢复原状、赔偿损失等诉讼请求”外，还可以提出“要求被告召回并依法处置相关食品药品以及承担相关费用和惩罚性赔偿等诉讼请求”。召回是消除危险诉讼请求的具体形态，在检察民事公益诉讼中，检察机关在提出上述诉讼请求的同时，可以向被告提出要求其将相关食品药品召回的具体诉讼请求，同时可以一并提出要求被告承担召回和依法处置费用的诉讼请求。[3]

---

〔1〕 参见颜卉：《检察机关在消费民事公益诉讼中提出惩罚性赔偿诉讼请求的规范化路径——（2017）粤 01 民初 383 号民事判决的启示》，载《兰州学刊》2018 年第 12 期。

〔2〕 参见柯阳友：《民事公益诉讼重要疑难问题研究》，法律出版社 2017 年版，第 118~119 页。

〔3〕 张雪樵、万春主编：《公益诉讼检察业务》，中国检察出版社 2022 年版，第 417~418 页。

在有关食品药品安全领域检察民事公益诉讼的诉讼请求问题中，争议最大的莫过于损害赔偿请求和惩罚性赔偿请求。有关损害赔偿请求的争论，我国学者主要有以下几种观点：第一种观点认为，我国消费民事公益诉讼应仅限定为不作为诉讼；〔1〕第二种观点认为，消费民事公益诉讼的原告不仅可以提起不作为诉讼，还可以组合提起其他诉讼请求，或损害赔偿诉讼，或不法利益收缴诉讼；〔2〕第三种观点认为，在消费民事公益诉讼中原告可以提出禁令请求、损害赔偿请求、惩罚性赔偿请求和不法利益收缴请求；〔3〕第四种观点认为，只要是消费私益诉讼可以在诉讼中提出的各种诉讼请求，消费民事公益诉讼的适格主体都可以在诉讼中提出；〔4〕第五种观点主张，消费民事公益诉讼的原告可以提出公益性诉讼请求，但不能要求财产性利益的赔偿损失；〔5〕第六种观点认为，在消费民事公益诉讼中，应该可以提起损害赔偿请求，具体内容有两种：公益性损害赔偿请求和同类集合性私益损害赔偿请求。〔6〕本书认为，《消费民事公益诉讼解释》（2020 修正）第 13 条列举的几类诉讼请求，虽然条文暂无"损害赔偿"的表述，但请求权列举之后的"等"字应包括损害赔偿诉讼请求和惩罚性赔偿诉讼请求。食品药品领域的检察民事公益诉讼关乎重要民生领域，更有必要在诉讼中提出损害赔偿请求和惩罚性赔偿请求。这一点可以在《公益诉讼办案规则》中找到明确的规定。惩罚性赔偿的制度价值和功能在于震慑已经实施了违法行为的生产经营者，同时也对潜在的违法者有警示和威慑作用，并通过对违法行为所导致的实际损失进行财产惩罚，使违法经营者无利可图甚至丧失继续违法的经济能力。检察机关在

〔1〕 参见吴景明等：《〈中华人民共和国消费者权益保护法〉修改建议——第三法域之理论视角》，中国法制出版社 2014 年版，第 338 页。

〔2〕 参见杜万华主编：《最高人民法院消费民事公益诉讼司法解释理解与适用》，人民法院出版社 2016 年版，第 244~246 页。

〔3〕 参见陶建国：《消费者公益诉讼研究》，人民出版社 2013 年版，第 336~344 页。

〔4〕 参见刘俊海：《完善司法解释制度 激活消费公益诉讼》，载《中国工商管理研究》2015 年第 8 期。

〔5〕 参见柯阳友：《民事公益诉讼重要疑难问题研究》，法律出版社 2017 年版，第 118~119 页。

〔6〕 参见姚敏：《消费民事公益诉讼请求的类型化分析》，载《国家检察官学院学报》2019 年第 3 期。

食药安全领域的民事公益诉讼案件中拥有公益起诉权，其目的在于确保食品和药品的安全流通，确保食品药品公共利益的有效维护和救济。因此，如果检察机关提出惩罚性赔偿的要求，不仅能够提高侵权的成本、降低违法收益，从而震慑和处罚公益侵权人，同时还可以及时有效地补偿消费者，从而实现救济公共利益和维护社会秩序的价值目标。有关该问题，本书“第六章检察民事公益诉讼之惩罚性赔偿制度”中的第三部分有详细论述。

根据我国《民法典》第185条和《英雄烈士保护法》第25条规定，侵害英雄烈士的姓名、肖像、名誉、荣誉等，对社会公共利益造成损害的，应当负民事责任，英雄烈士本人没有近亲属或者其近亲属明确表示不提起诉讼的，检察机关可以依法向人民法院提起民事公益诉讼。根据《民法典》第179条和第995条规定，民事责任的主要承担方式、人格权受到侵害后的具体民事责任，结合英雄烈士保护领域民事公益诉讼的司法实践，该领域检察民事公益诉讼案件的诉讼请求主要包括：停止侵害、赔礼道歉、消除影响、恢复名誉、赔偿损失等。检察机关在提起的该领域民事公益诉讼中，根据案情既可以单独适用某一种诉讼请求形态，也可以组合并用多种诉讼请求形态。[1]目前，理论界和实务界对于上述英雄烈士保护领域检察民事公益诉讼请求的具体形态并无争议，但需要注意以下几个问题：第一，当赔礼道歉、消除影响不足以救济受损的精神人格利益的情况下，检察机关才可以提出恢复名誉的诉讼请求；第二，检察机关不能提出精神损害赔偿，根据《最高人民法院关于确定民事侵权精神损害赔偿责任若干问题的解释》（2020修正）规定，只有英雄烈士近亲属才可以提起有关精神损害赔偿；第三，网络平台“明知”或“应知”他人利用其提供的网络服务实施侵害英雄烈士姓名、肖像、名誉、荣誉等行为而放任不管时，应承担连带责任；第四，网络平台接到被侵权人通知后，在被侵权人提供初步证据及真实身份信息的情况下，应采取措施删除平台侵权内容，否则应承担连带赔偿责任。

---

〔1〕 参见张雪樵、万春主编：《公益诉讼检察业务》，中国检察出版社2022年版，第442~446页。

四、检察民事公益诉讼之诉讼标的

（一）传统民事诉讼理论中的诉讼标的

诉讼标的，日本学者也称之为“诉讼物”或“诉讼上之请求”，在德国法上被称为“诉讼之目的”，奥地利民事诉讼法称之为“争议的客体”，通说是指当事人之间的争议并由法院裁判的对象。[1]诉讼标的是民事诉讼的“中轴”，民事诉讼必须首先明确诉讼中审理和判决的对象，民事诉讼以“诉讼标的”为核心生成、展开和终结。[2]原告起诉时如果缺少诉讼标的或者诉讼标的不明，法院就无法对就诉讼标的进行审理和作出相应裁判，原告必须在起诉时向法院明示特定的诉讼标的。诉讼标的不但是民事诉讼的中轴与核心，更是法院用以判定是否准许当事人再次提起诉讼的根据，同时也是法院判定有关诉之合并、诉之分离、诉之变更以及诉之追加等问题的根据。诉讼标的不但具有学理讨论层面的抽象性，而且在实用层面与立法论和解释论具有高度密切的相关性。[3]由于诉讼标的之中涉及诸多事实要素与规范要素，同时涉及权利根据和权利主张等因素错综复杂，因此学术界围绕诉讼标的的识别标准问题展开了激烈的争论，产生了诸多学说。概括总结起来，这些学说大体有旧实体法说、诉讼法说和新实体法说三种。[4]

旧实体法说，又被称为传统诉讼标的理论，认为诉讼标的是原告在诉讼中提出的基于实体法的权利主张，原告在起诉状中必须具体载明主张的实体法权利或法律关系。依据旧实体法说，识别诉讼标的之标准是依据实体法规定的权利，一个实体请求权成立一个诉讼标的，原告在实体法上享有几个请求权就有几个诉讼标的。[5]

---

〔1〕 参见［日］中村宗雄、中村英郎：《诉讼法学方法论——中村民事诉讼理论精要》，陈刚、段文波译，中国法制出版社 2009 年版，第 123 页。

〔2〕 参见［日］中村宗雄、中村英郎：《诉讼法学方法论——中村民事诉讼理论精要》，陈刚、段文波译，中国法制出版社 2009 年版，第 158 页。

〔3〕 参见邵明：《现代民事诉讼基础理论：以现代正当程序和现代诉讼观为研究视角》，法律出版社 2011 年版，第 162 页。

〔4〕 参见江伟、韩英波：《论诉讼标的》，载《法学家》1997 年第 2 期。

〔5〕 参见兼子一：《実体法と訴訟法》，日本有斐閣 1957 年版です，第 43 页。

诉讼法说，也被称为“新诉讼标的理论”，经历了从“二分肢说”到“一分肢说”的理论发展历程。二分肢说由德国学者尼基施（Niekisch）和罗森贝克（Rosenberg）所主张，后经日本学者小山升、三月章、新堂幸司等不断发展。该说认为，诉讼标的要素包含了两个方面，一个是事实理由，另一个是诉之声明，诉讼标的的内容可以通过原告所陈述的事实理由和诉之声明来确定。在研究的趋势上，尼基施更加强调案件事实在诉讼标的识别中的作用，而罗森贝克则更推崇诉之声明对诉讼标的识别的标准作用。[1]依据该学说理论，诉讼标的之识别取决于事实理由和诉之声明两要素的多寡，无论是事实理由或是诉之声明，两要素中其一为多数时，即认为有多个诉讼标的，发生诉之合并。两要素中其一发生变更或均发生变更时，产生诉之变更。只有当事实理由和诉之声明两要素完全相同时，才认为两个独立诉的诉讼标的相同。以给付之诉为例，诉讼标的之判断并非依据实体法上的请求权，而是给付所代表的经济利益。从这一视角来看，争议已经不属于权利之争，而属于实体法请求权所引发的经济利益之争。[2]

新实体法说。新实体法说与旧实体法说相对，主张对诉讼标的之识别回归实体法领域，以相同的事实关系为基础的多个实体法请求权竞合，被认为不是真实的请求权竞合，只是请求权基础竞合，应认定为一个请求权，因此认定为一个诉讼标的。而真正的请求权竞合是指以多个事实关系为基础，但给付相同的多个请求权，如基于原因关系上的请求权与票据关系的上请求权之间的竞合。[3]

我国民事诉讼法采纳旧实体法说，认为诉讼标的是民事权利或民事法律关系。换言之，我国民事诉讼法是以有争议的实体法律关系作为诉讼标的，实质上识别诉讼标的同一性的标准是实体法上的请求权。我国学者研究诉讼标的理论较晚，也未有激烈争论。通说认为，诉讼标的在民事诉讼中具有以下的意义：第一，当事人双方进行诉讼活动的基础与核心是诉讼标的；第二，

---

[1] 参见曹志勋：《德国诉讼标的诉讼法说的传承与发展》，载《交大法学》2022 年第 3 期。

[2] 参见三月章：《民事訴訟法》，日本弘文堂 1959 年版です，第 99~101 页。

[3] 参见陈荣宗、林庆苗：《民事诉讼法》，三民书局 2020 年版，第 312~314 页。

诉讼标的是辨别和判定诉之变更与诉之合并的重要依据；第三，法院的审理以诉讼标的为限，对诉讼标的终极处理是法院的判决；第四，既判力的客观范围由诉讼标的决定。[1]

我国学者认为，以实体法律关系作为诉讼标的之标准采取诉讼标的之旧实体法说，基于此标准识别确认之诉和变更之诉并不存在理论上和实务操作上的矛盾和难题，并不存在继续适用的障碍和改变现有适用理论学说的必要。[2]有学者对我国更适合采取诉讼标的之诉讼法说的观点并不赞同，认为学术界和实务界存在过高估计其对于纠纷一次性解决的功效之现象，我国并不具备采取诉讼标的之诉讼法说的客观现实条件。[3]也有学者试图跳出以上各种学说之拘囿，从崭新的视角围绕我国有关民事诉讼法的规范条文展开解释论探讨，主张建构一种贯通理论界与实务界、能够限制法官裁量权的“相对化”诉讼标的理论新范式。[4]

“相对化”诉讼标的理论是“一体化”诉讼标的理论的对称。所谓“一体化”诉讼标的理论，是指无论是旧实体法说、诉讼法说，还是新实体法说，在理论上都试图做到贯穿民事诉讼始终，试图成为法院受案范围、正当当事人、诉之合并与变更、诉讼系属和既判力客观范围等民事诉讼重要问题的判断标准。但令人遗憾的是，追求“一体化”的诉讼标的各学说仍然没有能够克服其自身的不足、达到构建体系性理论的预定目的，这也给司法实践带来了许多困难和混乱。大陆法系国家的民事诉讼理论研究，尤其是德国和日本的相关研究，均已在不同程度上挑战和冲破了“一体化”诉讼标的理论。“相对化”的诉讼标的理论在日本已逐渐占据主流地位。日本的民事诉讼学者们在关于诉讼标的不断的研究中也发现，诉讼标的理论研究的日益精致反而导致诉讼标的概念的局限性日益突出，“一体化”的诉讼标的理论不断受到冲

[1] 参见《民事诉讼法学》编写组编：《民事诉讼法学》（第三版），高等教育出版社 2022 年版，第 38~39 页。

[2] 参见张卫平：《诉讼架构与程式——民事诉讼的法理分析》，清华大学出版社 2000 年版，第 238~242 页。

[3] 参见严仁群：《诉讼标的之本土路径》，载《法学研究》2013 年第 3 期。

[4] 参见陈杭平：《诉讼标的理论的新范式——“相对化”与我国民事审判实务》，载《法学研究》2016 年第 4 期。

击，在具体涉及诉讼标的的不同领域，诉讼标的理论之效用有逐渐“相对化”的趋势。诉讼标的仍然处于“一种标准”的地位，但是它已经不是一种绝对的标准。[1]美国的诉讼标的理论，则由于其立法运动的失败，彻底被推向了实用主义一边，诉讼标的理论在美国本土的发展更有利于解决实际问题，并由此产生了新的诉讼标的理论。依据美国法的新诉讼标的理论主张，诉讼原因的变更只能以诉状中记载的事实关系发生了本质变化为判断，除此之外均不能构成诉讼原因的变更。[2]新诉讼标的理论在对诉讼标的识别方面突破了实体法的绑定，于是，即使把案件作为一个诉讼标的处理也不会出现请求权竞合的问题，解决了大陆法系民事诉讼法学界长达百年的有关请求权竞合的困扰，只要诉讼请求不再要求经过法律评价，只要诉讼请求从要件事实变为一个纯粹的生活事实即可。[3]

（二）检察民事公益诉讼之诉讼标的理论主张

前述有关诉讼标的之诸学说，均是建立在私益诉讼的基础上进行的理论研究，无法套用到以保护公共利益为核心和目的的民事公益诉讼上。但不可否认的是，民事公益诉讼在性质上仍然是民事诉讼，但是一种特殊的民事诉讼，因此传统民事诉讼（私益诉讼）的各相关基础理论，包括诉讼标的理论，均对包括检察民事公益诉讼在内的民事公益诉讼具有不可低估的理论上的指导和借鉴意义。

我国学者对检察民事公益诉讼的诉讼目的有不同的认识和主张。有学者认为，民事公益诉讼的诉讼标的（审判对象）是原告所代表的具有普遍性的公共利益与被告所代表的私益之间的纷争，应同时将原告资格和被告民事责任作为诉讼标的。该学者关于诉讼标的之主张基本可以理解为纠纷说。[4]但该学者只是指出了确定公益诉讼标的的路径，而并没有明确指出公益诉讼的

---

〔1〕参见［日］高桥宏志：《民事诉讼法制度与理论的深层分析》，林剑锋译，法律出版社2003年版，第51~54页。

〔2〕See Missouri, Kansas and Texas Ry. Co. V. Wulf, 226U. S. 570 (1913).

〔3〕参见段文波：《美国民事诉讼标的内涵的变迁——以诉讼方式的发展为主线》，载《学海》2009年第2期。

〔4〕参见张忠民：《论环境公益诉讼的审判对象》，载《法律科学（西北政法大学学报）》2015年第4期。

诉讼标的，因此并没有从理论上解决公益诉讼之诉讼标的识别问题。也有学者认为，我国民事诉讼相关立法及司法解释对公益诉讼标的语焉不详，确定公益诉讼之诉讼标的的途径有二：一是可以通过实体法对公共利益作权利化描述，二是依据诉讼实施权理论，经司法解释规定，通过法定诉讼担当的方式把民事公益诉讼实施权赋予民事公益诉讼提起主体。[1]另有学者主张，在民事公益诉讼中，实体法上的权利不再是原告适格和其行使诉权的基础，传统诉讼标的理论无法有效解释和指导民事公益诉讼，应打破传统"一体化"诉讼标的理论，转而从"相对化"诉讼标的理论视角寻求民事公益诉讼标的的判断与识别。[2]还有学者认为，我国民事私益诉讼标的采用旧实体法说，而民事公益诉讼采用诉讼说中的"一分肢说"理论，即当事人的诉之声明即为本案诉讼标的。[3]这点可以从我国环境民事公益诉讼的相关司法解释中得到判断和印证。

《最高人民法院关于适用〈中华人民共和国民事诉讼法〉的解释》（以下简称《民诉法解释》）（2022修正）第282条是关于民事公益诉讼受理条件的规定。检察机关提起民事公益诉讼，不再要求"事实"和"理由"等要素，只要"有具体的诉讼请求"即可。同时，《环境民事公益诉讼解释》（2020修正）第28条也规定，只要原告有证据证明其主张的损害事实为前案审理时未发现的即可（诉之声明），并不因此构成重复起诉问题。

（三）检察民事公益诉讼之诉讼标的识别

民事公益诉讼冲击了以私益为基础的私益诉讼标的理论根基，动摇了"一体化"诉讼标的理论。在民事公益诉讼中，原告提出诉讼主张的基础不再是实体法上的权利，检察机关在检察民事公益诉讼中提出诉讼请求基础也不是实体权利。检察民事公益诉讼中的原告和被告之间并没有实体法律关系，而是只有程序法律关系。检察机关向法院提起诉讼请求的目的在于维护公共利益而并非检察机关自身利益，并且也不因公益诉讼的提起有任何获利的可

---

〔1〕 参见冀宗儒：《论公益诉讼的诉讼标的》，载《甘肃理论学刊》2013年第6期。

〔2〕 参见张辉：《环境公益诉讼之"诉讼标的"辨析》，载《甘肃政法大学学报》2022年第4期。

〔3〕 参见段厚省：《环境民事公益诉讼基本理论思考》，载《中外法学》2016年第4期。

能。因此，将检察民事公益诉讼的诉讼标的概念界定为原被告双方之间的实体争议，并以此成为法院审理的对象，就会因民事公益诉讼中原被告之间缺乏实体法律关系，而变成无根之木、无源之水。因此，检察民事公益诉讼之诉讼标的的识别，应以传统民事诉讼理论为出发点，以检察民事公益诉讼之诉讼目的为基础。

检察民事公益诉讼的诉讼标的的认定要与公益诉讼活动的正当性和合法性相一致，同时应符合及时维护公共利益的要求。检察民事公益诉讼之诉讼标的确定，应与公益诉讼的诉权、诉的利益、诉讼请求和既判力等理论有机统一，不可割裂；应该将检察民事公益诉讼看作一个动态的过程，在诉讼过程中对具体案件的诉讼标的进行确定。同时，基于检察民事公益诉讼的诉讼目的，从公共利益维护的角度，国家审判权设置目的和检察民事公益诉讼制度设立目的是终极统一的，国家利益和公共利益也是高度统一的，在检察民事公益诉讼中不能忽视人民法院的主导作用。〔1〕

本书认为，采取"相对化"的诉讼标的理论研究范式，借鉴传统民事诉讼理论诉讼标的"一分肢说"的观点，确定我国检察民事公益诉讼的诉讼标的为"维护公共利益之诉的声明"是符合理论发展趋势和司法实践需求的。"相对化"的诉讼标的理论研究范式，不再将诉讼标的形态的唯一性及其功能的一贯性作为其刻意追求的目标，不再将诉讼标的理论作为民事诉讼理论的"脊柱"，诉讼标的等于既判力客观范围的既定公式也已动摇。〔2〕首先，"相对化"诉讼标的理论将检察机关的民事公益诉权与实体权利相分离，不再将诉讼标的之判断与识别绑定在实体法的权利上；其次，"相对化"诉讼标的理论不再追求诉讼标的概念形态的单一性，而是更加注重不同领域的具体案件对诉讼标的功能的实现需求；最后，依据"相对化"诉讼标的理论，只要检察机关向法院诉请的民事公益纠纷是基于被告的一个行为或事实，无论检察机关是否基于相同法律关系而提出相同的诉讼请求，都应认定只存在一个诉

〔1〕参见江伟、韩英波：《论诉讼标的》，载《法学家》1997年第2期。

〔2〕参见新堂幸司：《訴訟標的概念の機能》，载新堂幸司：《訴訟標的の競合効果》，日本有斐阁1991年版，第113页；参见［日］山本克己：《"第二次世界大战"后日本民事诉讼法学的诉讼标的论争》，史明洲译，载《清华法学》2019年第6期。

讼标的。因此，借鉴诉讼标的“一分肢说”观点，主张诉的声明是判断、识别诉讼标的之唯一标准。在检察民事公益诉讼之诉讼标的识别问题上，应认定检察机关向法院提出“维护公共利益之诉的声明”就是本案的诉讼标的。

五、检察民事公益诉讼之诉的利益

（一）传统民事诉讼理论中诉的利益之概念和功能

诉的利益是大陆法系民事诉讼法学理论中极其重要的概念和理论。诉的利益是民事诉讼要件之一，也是诉权的客观要件，往往是法院作出实体判决的重要前提。诉的利益是指，在民事权益遭受侵害或者纠纷尚未解决的情况下，有通过民事诉讼的方式对权利进行救济或解决纠纷的必要性和实效性。诉的利益在于强调纠纷解决的必要性和实效性，当原告对此作出肯定的判断时，就可以通过诉讼的途径解决纠纷。[1]

日本学者山木户克己认为，当原告所声称的实际利益处于风险或不安定状态时，诉讼的利益才会出现。这种“风险和不安定”是由对原告实体权利的侵害行为或争议的状态引起的。诉的利益的涵义包括权利保护资格和权利保护利益。[2]若具体案件不在法院民事诉讼的主观范围之内，那么当事人对该案件提出的起诉就不具有权利保护资格，诉的利益问题也就无从谈起。权利保护利益即狭义的“诉的利益”。在法国，依据其民事诉讼法学理论，诉的利益往往具有以下特征：一是，诉的利益是一种实体法上的正当利益；二是，诉的利益指的是当事人提出要求时已有的利益，而不是假设或未来的利益，“预防性诉权”只是一个例外；三是，诉的利益是直接的个人利益，不能以自己的名义对涉及他人的利益向法院提起诉讼。[3]我国学者认为，诉的利益作为诉权要件，在内涵包括权利保护资格和权利保护利益的基础上，具有以下四个特征：一是，诉的利益是民事实体法和民事程序法共同之规定，既是合

〔1〕 参见［日］高桥宏志：《民事诉讼法制度与理论的深层分析》，林剑锋译，法律出版社2003年版，第282页。

〔2〕 参见［日］伊藤真：《民事诉讼法》（第四版补订版），曹云吉译，北京大学出版社2019年版，第166页。

〔3〕 参见江伟、邵明、陈刚：《民事诉权研究》，法律出版社2002年版，第216~218页。

法的民事实体权利，也同时是合法的民事程序权利；二是，诉的利益既是主观利益也是客观利益；三是，诉的利益不但是一种既得的民事实体权利，在特定情况下也是一种期待的民事实体权利；四是，诉的利益是权利人具有的直接的实体利益。[1]

传统民事诉讼理论之诉的利益仅体现其消极功能，随着20世纪以后民事纠纷和民事诉讼领域发生的重大变化，诉的利益逐渐发展出积极功能。

诉的利益之消极功能。传统民事诉讼理论中的诉的利益及其本质均体现其消极功能，即民事主体的私人利益受损或存在私人利益争议状态时，诉请法院予以查明真相、居中裁判，法院通过审查起诉人的资格筛选进入诉讼的当事人，再依据法定的实体权利和诉讼程序进行权利义务之判决。国家通过“诉的利益”的设置和筛选，实现对民事主体已经发生的私人利益损害或争议的诉讼解决。诉的利益的消极功能及其程序意义体现为：第一，诉的利益是联结民事实体法和程序法的纽带，当事人拥有实体上的权利，经法院判断具备诉的利益才可以通过诉讼的方式维护权利和解决纠纷，没有诉的利益就没有诉讼的救济（无权利则无救济）；第二，诉的利益是民事诉讼的客观要件，缺少诉的利益就无法形成诉讼；第三，诉的利益是当事人具有的法律利益，是原告请求法院通过诉讼方式救济的权益，同时也是被告反诉的依据，目的在于防止当事人滥诉。[2]但对于未提起的分散性利益的损害、将来利益之损害，国家并不积极适用民事诉讼予以干预和预防。同时由于传统民事诉讼理论对诉的利益之限定，国家审判机关也“爱莫能助”。

20世纪以来，随着世界人口的不断增加、工业的极速发展，世界人民在获得工业带来的福利的同时，随之而来的是日益严重的环境问题、食品安全问题等涉及公共利益损害和分散性利益损害，导致了现代型纠纷和诉讼激增。但与此同时，传统民事诉讼理论对诉的利益的限制，使得只有那些符合既有法定实体权利、实际发生的直接相关的个人利益才可以进入民事诉讼，从而

[1] 参见王福华：《两大法系中诉之利益理论的程序价值》，载《法律科学（西北政法大学学报）》2000年第5期。

[2] 参见王福华：《两大法系中诉之利益理论的程序价值》，载《法律科学（西北政法大学学报）》2000年第5期。

获得维护和救济；依据传统民事诉讼理论，现代型纠纷往往无法通过诉讼途径获得救济。诉的利益之功能亟需扩大以满足国家和民事主体不断增长的新的利益和新的要求。通过减少对诉的利益的限制，诉的利益功能从消极功能扩大至积极功能，使新型诉讼具备诉的利益以获得诉讼救济。对于诉的利益的判断不能仅从实体法上权利的有无进行判断，实体性权利与程序性权利相分离，只要有“事实上的损害”就可以认定具有诉的利益，从而肯定其程序性权利。扩大了的诉的利益之范围，不但可以保护法律既定的实体权利，也可以保护“形成中的权利”；不但可以保护现实的利益损害，也可以保护将来的利益损害；不但可以保护直接的个人利益，也可以保护间接的利益。诉的利益的积极功能，充实和扩大了民事诉讼保护权益和解决纠纷的功能，同时也对民事诉讼的公共政策实现功能和公共秩序维护功能具有促成作用。在现代法治社会中，民事诉讼已经逐步成为国家治理、社会治理和法律治理的重要构成，具有了公共政策形成、公共资源分配、社会公共秩序维护的功能。[1]具体而言，诉的利益之积极功能主要表现为如下几个方面：第一，有助于民事主体裁判请求权的充分实现；第二，有助于缩小法官恣意不受理案件的限度，有效减少法官以实体权利于法无据等理由不予受理的情形，缓解我国当事人“起诉难、案件受理难”的境况；第三，促进“动态权利”（形成中的权利）的生成，诉的利益不再只关注“固态权利”（法律既定权利），保护范围扩大至公益诉讼。[2]由此，诉的利益的理论发展及其积极功能的拓展，承认了公益诉讼具有诉的利益。

（二）民事公益诉讼对“诉的利益”理论之突破与发展

1. 传统诉权理论的诉的利益。在传统民事诉讼诉权理论中，诉的利益是诉权的要件，诉的利益是实体权利，是“既定权利”，是直接的个人利益。这种直接的实体的个人既定权利，使得法院容易识别法律规定的个人享有的实体法上的权利，在保护个人法定实体权利的同时有效避免了当事人滥用诉权的行为。但随着20世纪以来世界各国涌现了大量的民事公益案件，这些由现

［1］参见邵明：《现代民事诉讼基础理论：以现代正当程序和现代诉讼观为研究视角》，法律出版社2011年版，第40~41页。

［2］参见廖永安：《论诉的利益》，载《法学家》2005年第6期。

代型纠纷或称政策形成型纠纷引起的民事公益诉讼给传统民事诉权理论带来前所未有的冲击，诉的利益作为法院进行裁判的前提，不再是维护权益的“利器”，而逐渐成为维护公共利益的“障碍”。以传统涉及公共利益的诸如以损害公共利益的合同无效案件及人事诉讼案件为基础，大幅增长的是涉及公共利益的现代型民事纠纷案件，主要有公害案件、消费者权益保护案件、社会福利案件和反垄断案件等。[1]我国自改革开放以来，尤其是进入20世纪90年代以后，随着我国经济社会的发展，环境公害、社会福利、产品侵权、消费者保护等诸多领域的纠纷也都涉及公共利益问题。[2]这些公害案件涉及的公共利益，往往具有分散性、隐蔽性和潜在性的特点，公民往往会由于受到的损害太小，诉讼成本太高，而不愿进行诉讼，又或者公民个人由于难以完成权利受损的证明责任而败诉，又或者公民个人仅能在诉讼中主张实际的损害赔偿而面对潜在的利益损害危险通常无能为力。与此同时，依据传统民事诉权理论，其他机关、组织或其他公民，因为与公共利益没有“诉的利益”，而不具有向法院提起诉讼的资格，于是大量涉及公共利益的问题得不到诉讼救济，“公地悲剧”在所难免。

2. 在突破中发展的诉的利益理论。挑战与机遇往往并存，现代型纠纷在给传统民事诉权之诉的利益理论带来冲击的同时，也为突破传统诉的利益理论创造了条件，诉的利益范围扩大和功能拓展迎来了前所未有的机会。民事公益诉讼对传统诉的利益理论之突破和发展体现在以下几个方面：第一，诉的利益不再局限于直接的个人利益，而是拓展至间接利益；第二，诉的利益不再局限于一种既定利益（现实存在的利益），而是可以包括将来之利益，将来的法律关系也被认为具有需要法院予以确认的必要；第三，诉的利益与实体权利相分离，当事人向法院主张的利益不再局限于实体利益，而是只要具有“事实上的损害”就可以被认为具有需要通过诉讼途径解决的程序性利益。[3]由此，民事公益诉讼催动发展了诉的利益，法院对于是否具有诉的利

[1] 参见邵明：《现代民事诉讼基础理论：以现代正当程序和现代诉讼观为研究视角》，法律出版社2011年版，第41~42页。

[2] 参见徐卉：《通向社会正义之路：公益诉讼理论研究》，法律出版社2009年版，第302~313页。

[3] 参见江伟、邵明、陈刚：《民事诉权研究》，法律出版社2002年版，第215~225页。

益之判断，不再单纯依据既定法律规定，而是由法官在诉讼程序中发现。换言之，法院不再仅从“既定的权利”角度确认诉的利益，诉的利益也可以由“形成中的权利”来确认，诉的利益之范围得以拓展，公共利益被认定具有诉的利益，从而获得法院通过诉讼的方式予以救济。

诉的利益是民事实体法与程序法的连接点，诉的利益经理论发展，在程序功能上具有了促进新的民事权利生成的重大意义。[1]诉的利益之理论突破与发展，推动诉讼对当事人权利的救济范围由制定法的“固态权利”发展为紧随社会发展而变化的“动态权利”。[2]法官对于诉的利益的衡量与判定应从多层面综合考虑后加以判定，[3]通过对诉的利益的综合考量与评判，不仅发挥了赋予当事人通过诉讼对其合法权利进行救济的作用，也起到了降低当事人滥诉风险的效果。[4]

（三）民事公益诉讼中诉的利益之具体功能

诉的利益由最初具有的对私人直接相关的实体权利的消极保护功能，逐渐发展到对“损害事实”和“形成中的权利”的积极保护功能。在民事公益诉讼中诉的利益具有以下具体功能：[5]

1. 承认“形成中的权利”，拓展权利保障范围。在诉的利益之功能发展上，无论是英美法系国家，还是大陆法系国家，对诉的利益均依据不同基础肯定了其拥有生成权利的功能。英美法系国家根据“救济先于权利”原则，为不断增加的、包括环境公共利益纠纷在内的公害案件提供司法救济，美国法院率先将救济的前提从之前的“法律权利”转变为“事实上的损害”。由此，法律上的权利不再是美国法院为当事人提供司法救济的必要条件，而以是否具有“事实上的损害”为要件。“事实上的损害”涵盖各种经济利益和非经济利益的损害及危险。大陆法系国家奉行“权利法定”原则，法律上规

〔1〕参见王福华：《两大法系中诉之利益理论的程序价值》，载《法律科学（西北政法大学学报）》2000年第5期。

〔2〕参见肖建华、柯阳友：《论公益诉讼之诉的利益》，载《河北学刊》2011年第2期。

〔3〕参见廖永安：《论诉的利益》，载《法学家》2005年第6期。

〔4〕参见孟穗、柯阳友：《论检察机关环境民事公益诉讼适用惩罚性赔偿的正当性》，载《河北法学》2022年第7期。

〔5〕参见肖建华、柯阳友：《论公益诉讼之诉的利益》，载《河北学刊》2011年第2期。

定的权利才是法院提供司法救济的出发点，司法救济的实质是保护法定利益，司法裁判的作出也是以制定法为依据。然而不可避免的是，制定法在周延性、完整性和预判性上具有天然的缺陷。面对经济飞速发展的社会不断产生的新的权利，制定法上的法定权利往往无法涵盖，司法救济通常“爱莫能助”。为了解决以公益诉讼为代表的大量新型纠纷，诉的利益将“形成中的权利”纳入其中，承认“形成中的权利”，使得法院在提供司法救济时无需再被有无法定实体权利牵绊，扩大了司法对权利保障的范围。

2. 放宽了对当事人适格的限制，解绑了实体处分权对当事人资格的束缚。诉权的主观要件与客观要件分别为当事人适格和诉的利益，两者不可或缺、互为表里。依据传统民事诉讼理论，当事人适格的判定是从实体法角度予以考虑，当事人的资格被严格绑定在实体处分权上。只有具有诉的利益的当事人才会被法院视作正当当事人或认定为当事人适格，才有进行诉讼的必要性和实效性。这种当事人资格与实体权利的严格绑定，无法满足现代社会纠纷解决的需要，给公共利益的司法保护与救济带来了障碍。诉的利益是当事人适格的基础，随着诉的利益理论的发展，不再要求向法院提起诉讼的当事人具有实体法上的权利，“事实上的损害”成为判定当事人起诉资格的标准。换言之，发展了的诉的利益之理论放宽了对当事人适格的限制，民事公益诉讼的起诉人无需与案涉利益具有直接的关联性。

（四）检察民事公益诉讼中诉的利益之判断

无论是从诉的利益的消极功能还是其积极功能的角度考量，诉的利益之判断都尤为重要。从诉的利益的消极功能审视，法院对诉的利益的否定意味着法院不进行实体审判。从诉的利益的积极功能考虑，法院对诉的利益的肯定则意味着法院接受当事人的诉讼并进行审理。[1]诉的利益的目标是权衡就具体诉讼请求做出该案件判决的必要性与实效性。

诉的利益之判断核心是协调参与诉讼的各方主体（原告、被告和法院）的利害关系，并在此基础上对解决诉讼纠纷之必要性和实效性作出判定。因

〔1〕 参见刘敏：《诉权保障研究——宪法与民事诉讼法视角的考察》，中国人民公安大学出版社 2014 年版，第 89 页。

此，法院和当事人双方在诉讼中的各自立场（对立的立场）势必映射到诉的利益的判断问题上来。对于参与诉讼的各方主体而言，诉的利益的判断关乎原告能否通过本案判决救济其实体权利的问题，关乎被告可否通过获得驳回原告请求的判决来取得自己实体利益的安定的问题，关乎法院能否通过裁量、是否进入本案审判来获得包括当事人在内的国民对诉讼制度给予的正当期待和对司法的信赖。[1]具体而言，原告向法院提起诉讼的目的在于保护其实体法权利或解决其争议纠纷，于是能否获得法院允许的诉讼途径以进行救济，以及能否获得法院裁判保护成为其诉的利益。发展后的诉的利益理论已经肯定了当事人"形成中的权利"，因此对当事人在民法上既有的权利应认定具有诉的利益，法院可根据社会发展与当事人利益保护的现实需求以及公共利益的考量，对法定权利以外的当事人的合法利益或公共利益予以认定具有诉的利益。被告是由于原告的起诉而被动参与诉讼的，被告的重要利益在于是否能尽早地摆脱于己不利的诉讼，甚至获得自己实体权利的既有安定（保持诉讼前的利益状态）之利益。法院的利益在于两个方面：一方面是案件进入审判是对法院的负担和纠纷解决制度（诉讼）效率的降低，如果案件不进入诉讼程序，既是对法院负担的减轻又是对诉讼效率的提升；另一方面，法院如果不当地否定诉的利益而将案件拒之于诉讼大门之外，将面临的风险和代价是毁损宪法对司法制度保障、国民诉讼权利的期待，以及国民对诉讼制度的期待和对司法的信赖。诉的利益判断的核心内容是对参与诉讼的各方主体存在的复杂利害关系及其各自立场的调整和协调。法院对诉的利益的判断，应处理、协调好原告与法院之间、被告与法院之间以及原告与被告之间的关系。[2]

在检察民公益诉讼中，诉的利益已经超越了其传统理论中对实体权利的绑定，转而成为正当权利的损害与诉讼救济之间的纽带。检察民事公益诉讼的过程，从利益角度审视，其实是一场各种利益之间的博弈，原告与被告之间、原告与法院之间、被告与法院之间，都在诉讼过程中为谋求自身的利益

〔1〕［日］新堂幸司：《新民事诉讼法》，林剑锋译，法律出版社 2008 年版，第 187～188 页。

〔2〕参见廖永安：《论诉的利益》，载《法学家》2005 年第 6 期。

而进行竞争。检察民事公益诉讼中诉的利益的判断依然是国家（法院）立场、作为原告的检察机关所代表的公益立场和被告立场的协调，是多方面综合考量的结果。总体而言，检察民事公益诉讼中诉的利益之判断，应以作为原告的检察机关所代表的公共利益之保护为核心认定要素，同时兼顾国家利益和被告人合法权益。

“利益”是抽象的，也往往是边界不清晰的，因此对诉的利益之判断，需要法官依据其自由裁量权，在综合考虑和仔细衡量的基础上作出判定。〔1〕在检察民事公益诉讼中对诉的利益之判断问题上，法院应格外注意被告所代表的利益及其与法院之间的关系之协调，尤其是企业法人作为被告之利益。直观来看，企业法人作为被告在诉讼中仅代表企业自身利益，但深刻剖析企业与政府或国家之间的潜在利益，会发现企业往往涉及地方财政税收、社会就业、营商投资等国家利益。如此看来，企业利益与国家利益关系密切，往往无法完全割裂来看。从上述角度而言，被告企业所代表的利益中可能涉及国家利益。法院对诉的利益之判断，在协调参与诉讼的各个主体之间的关系上，应尤为重视原告检察机关与被告（社会公共利益与国家利益）之间的利益冲突问题。法院对检察民事公益诉讼中诉的利益进行判断时，也应对国家利益与社会公共利益之间的冲突给予格外谨慎的综合考量，〔2〕具体而言：第一，法院在对检察民事公益诉讼中诉的利益之判断上，应遵循“社会公共利益优先”原则。第二，在维护和救济公共利益的同时兼顾国家利益之维护。国家利益之维护的终极目的是对社会公共利益的保护，国家利益的保护与公共利益的保护在价值终点上具有一致性，都是为了给社会大众创造更加安定、和谐和可持续发展的生存环境和物质条件。第三，企业追求经济利益最大化极易导致公民个人利益与社会公共利益受损。在检察民事公益诉讼中，被告多为企业，企业的首要价值目标是追求经济利益的最大化。因此企业在追逐经济利益最大化的过程中，可能会损害公民个人利益和社会公共利益。而社会公共利益的损害通常又不可逆（例如某些环境污染和自然资源的毁坏），因此

〔1〕参见廖永安：《论诉的利益》，载《法学家》2005 年第 6 期。

〔2〕参见柯阳友：《民事公益诉讼重要疑难问题研究》，法律出版社 2017 年版，第 136~139 页。

有必要加强对公共利益的保护。因此，法院在对诉的利益之判断问题上，应当将保护社会公共利益作为优先目的。

六、检察民事公益诉讼之既判力

在民事诉讼的基础理论中，诉讼目的是民事诉讼的“基石”，诉权是民事诉讼的“起点”，而既判力则是民事诉讼的“终点”。民事公益诉讼既判力问题不但是民事公益诉讼制度设计的重点与难点，同时也是司法实践中常常出现的难题。[1]民事公益诉讼与传统民事私益诉讼在诉讼目的上的显著不同，导致二者在诉权、诉讼标的、诉的利益、诉讼请求和既判力等问题上有着与各自目的相适应的不同的理论构建。在既判力理论层面，民事公益诉讼与私益诉讼既有共通性，又具有一定的特殊性。民事公益诉讼的基础理论建构体现出对传统民事诉讼理论基础理论的发展。检察民事公益诉讼的既判力理论应与其诉讼目的相适应，在既判力的时间范围、既判力的客观范围和既判力的主观范围等问题上突破了传统民事私益诉讼既判力理论。

（一）既判力的概念和范围

既判力是罗马法的产物，它的实质与基础是罗马法上的一事不再审原则与诉权消耗理论。“既判力”是日本学者对德国民事诉讼法中对应术语的日语翻译，后被我国学者所采用。依据大陆法系民事诉讼理论，既判力是赋予法院作出确定判决的判断的拘束力或共有性。根据既判力要求，对法院作出的确定判决，不允许当事人在判决之后提出与判决事项相矛盾的主张，不允许法院作出相矛盾的判断。[2]具有法律效力的判决，同时具有形式上和实质上的确定力，实质上的法律效力即为既判力。[3]

既判力的消极作用，也称既判力的消极效果，是指为限制当事人对诉讼

---

〔1〕 参见柯阳友：《起诉权研究——以解决“起诉难”为中心》，北京大学出版社 2012 年版，第 202 页。

〔2〕 参见［日］高桥宏志：《民事诉讼法制度与理论的深层分析》，林剑锋译，法律出版社 2003 年版，第 477 页。

〔3〕 参见《民事诉讼法学》编写组编：《民事诉讼法学》（第三版），高等教育出版社 2022 年版，第 52 页。

制度的滥用，禁止当事人和法院对已经发生法律效力的判决事项再行提起诉讼或重复审判，可归纳为“禁止反覆”；既判力的积极作用，也称既判力的积极效果，是指当事人和法院须遵从既定判决所确定的权利义务或法律关系，不能做出与之相矛盾的裁决，可以总结成“禁止矛盾”。〔1〕

既判力与民事实体权利关系密切关，判断既判力的前提是具体时间点的具体实体权利关系。〔2〕在传统民事私益诉讼基础理论中，对既判力的时间范围从广义上理解，应包括既判力的发生时间、标准时及其持续时间。〔3〕既判力的发生时间通常是指判决确定之时，即判决不得上诉之时或判决生效之时；既判力的标准时，是指判决产生既判力的时间点，通常是案件最后辩论终结之时；〔4〕既判力的持续时间是发生到消失的时间，既判力消失的时间是通过法定途径撤销确定判决的时间，法定途径通常是再审程序、异议之诉等诉讼程序。狭义的既判力时间范围是指既判力的标准时，以该标准时为界限，此前或此后的实体权利是否存在或消灭，都不属于既判力确定的内容，通常情况下既判力的时间范围止于事实审言词辩论终结之时。〔5〕换言之，在既判力标准时之前发生的争议，均经当事人起诉、法庭正当程序审理和法院终局裁判的判断，因此对后诉产生拘束力；在既判力标准时之后发生的争议，因未经当事人起诉、未经法庭正当程序审判和法庭终局裁判的判断，所以不具有既判力。〔6〕

既判力的主观范围，是指涉及到哪些主体。既判力的主观范围原则上对诉讼中相对的当事人产生，而不及于与诉讼标的无关的案外人，体现既判力的相对性。但是，在某些特殊情况下，既判力也可以扩展到案外人（当事人

〔1〕 参见邵明：《现代民事诉讼基础理论：以现代正当程序和现代诉讼观为研究视角》，法律出版社 2011 年版，第 222 页。

〔2〕［日］新堂幸司：《新民事诉讼法》，林剑锋译，法律出版社 2008 年版，第 479 页。

〔3〕 参见邵明：《现代民事诉讼基础理论：以现代正当程序和现代诉讼观为研究视角》，法律出版社 2011 年版，第 233 页。

〔4〕 参见江伟、肖建国主编：《民事诉讼法》（第八版），中国人民大学出版社 2018 年版，第 327 页。

〔5〕 参见［日］新堂幸司：《新民事诉讼法》，林剑锋译，法律出版社 2008 年版，第 479 页。

〔6〕 参见段厚省：《环境民事公益诉讼基本理论思考》，载《中外法学》2016 年第 4 期。

以外的第三人），包括当事人实体法律关系的承继人、占有诉讼标的物的人、为他人利益代为诉讼的人，以及形成判决的案外人。[1]既判力的主观范围体现既判力的相对性原则，既判力通常仅及于与本案诉讼标的相关的当事人，出于对第三人诉讼程序权利的保障，既判力一般不及于不参加诉讼的案外人。

既判力的客观范围，是指生效判决主文中产生既判力的针对诉讼标的所作的判定。既判力的客观范围与诉讼标的密切相连，既判力的客观范围是生效判决所确定的诉讼标的。大陆法系的既判力仅针对确定判决中的判决主文，判决理由通常被排除在既判力的客观范围之外。但是，由于判决理由是确定诉讼标的的先决条件，因此，如果判决理由不具有既判力，那么当事人就可以针对前诉判决理由中涉及的判断事项提起其他诉讼。这就有可能产生对同一个判断事项的冲突判决，从而此推翻前诉判决所确定的诉讼标的，这实际上就否定了诉讼标的的既判力。随着诉讼标的理论的发展，随之发生变化的还有既判力的客观范围。传统诉讼标的理论中的既判力客观范围仅限于判决主文；新诉讼标的理论中的既判力的客观范围有扩张之势。[2]由于既判力的客体作用只局限在判决书的主体部分而造成了以上的冲突，所以在理论上形成了三种不同的看法：一是"既判力客观范围扩张理论"，主张既判力的客观范围包括判决理由；二是"争点效理论"，认为既判力不及于判决理由，但判决理由具有争点效力，拒绝在后诉中对前诉判决理由所涉事项作出相矛盾的主张；最后是"诚信拘束力说"，认为当事人双方均应遵守诚实信用原则，前诉判决理由所涉判断事项不得提出后诉再行争辩。[3]

民事公益诉讼相较于民事私益诉讼在基础理论的构建上具有自己的特点，民事公益诉讼既判力范围的扩张不仅使得与公益诉讼相关联的私益诉讼权利

[1] 参见《民事诉讼法学》编写组编：《民事诉讼法学》（第三版），高等教育出版社 2022 年版，第 54 页；江伟、肖建国主编：《民事诉讼法》（第八版），中国人民大学出版社 2018 年版，第 327~328 页。

[2] 参见江伟：《探索与构建——民事诉讼法学研究》（上卷），中国人民大学出版社 2008 年版，第 340~359 页。

[3] 参见《民事诉讼法学》编写组编：《民事诉讼法学》（第三版），高等教育出版社 2022 年版，第 53 页；江伟、肖建国主编：《民事诉讼法》（第八版），中国人民大学出版社 2018 年版，第 327 页。

得以有效保障，同时也有利于司法效率的提升和司法安定的实现。[1]我国现行《民事诉讼法》并没有关于公益诉讼既判力（裁判效力）的相关规定，《民诉法解释》（2022 修正）也未对民事公益诉讼生效裁判对后诉案件的效力作出规定，仅在第 289 条对重复起诉的效力进行了规定。民事公益诉讼案件的既判力问题在《环境民事公益诉讼解释》（2020 修正）、《消费民事公益诉讼解释》（2020 修正）中均有所规定，都体现出既判力的扩张。检察民事公益诉讼既判力扩张不仅更有利于有效实现公共利益之维护和救济，同时能有效促进检察民事公益诉讼与私益诉讼的衔接。[2]检察民事公益诉讼的既判力范围包括时间范围、主观范围和客观范围。

（二）检察民事公益诉讼既判力的时间范围

一般认为从重要性角度而言，相对于私益的保护，应更优先保护公益。检察民事公益诉讼既判力的时间范围应较民事私益诉讼的既判力时间范围有所突破和拓展。根据《环境民事公益诉讼解释》（2020 修正）第 28 条规定，环境民事公益诉讼案件的判决生效后，检察机关对同一污染环境、破坏生态行为另行起诉的，法院应当受理的情形有三种：第一种情形是检察机关的起诉被裁定驳回的；第二种情形是检察机关撤诉被裁定准许的；第三种情况是有证据表明，在上一个案件中没有发现该损害。按照传统既判力理论关于既判力时间范围的限定，前诉言词辩论审理结束前已经发生的损害事实，若在前诉判决作出后再行起诉的受既判力时间限制，不允后诉再行提起。原因在于，损害事实发生在前诉言词辩论终结前，原告有机会在前诉通过诉讼程序解决，但因原告未能发现或未提起，则视作原告放弃其实体权利和程序权利。很明显，检察机关在环境民事公益诉讼中，既判力的时间范围已经突破了传统既判力理论中对时间范围的限制，公共利益的保护应优先于私人利益的保护。

---

[1] 参见颜运秋、冀天骄：《论民事公益诉讼既判力范围的扩张——以生态环境保护和食品药品安全消费维权为例》，载《常州大学学报（社会科学版）》2019 年第 2 期。

[2] 参见安鹏、王宁海、廖静文：《从既判力角度探析民事公益诉讼与私益诉讼的衔接》，载《中国检察官》2020 年第 7 期。

（三）检察民事公益诉讼既判力的主观范围

检察民事公益诉讼既判力的主观范围有以下三个方面特点：首先，检察民事公益诉讼既判力的主体范围已经突破传统民事诉讼既判力只及于与案件诉讼标的有实体法律关系的当事人的主观范围的限制。根据我国《民诉法解释》（2022 修正）第 289 条、285 条，以及《环境民事公益诉讼解释》（2020 修正）第 10 条、《消费民事公益诉讼解释》（2020 修正）第 7 条的规定，既判力的主观范围已经扩张至有权提起民事公益诉讼的其他机关和社会组织。其次，从《环境民事公益诉讼解释》（2020 修正）第 28 条有关检察机关对同一污染环境、破坏生态行为另行起诉的，法院应当受理的三种情形中不难发现，第三种情形并没有将主体限定为前诉原告人。原条文表述为“环境民事公益诉讼案件的裁判生效后，有证据证明存在前案审理时未发现的损害，有权提起诉讼的机关和社会组织另行起诉的，人民法院应予受理”。这表明，只要是在前诉中没有参与诉讼，但具备起诉主体资格的主体，都可以另行起诉。检察民事公益诉讼既判力的主体范围，不再局限于前诉当事人的制约。最后，检察民事公益诉讼既判力的主观范围向私益诉讼原告单向扩张。[1]根据《环境民事公益诉讼解释》（2020 修正）第 30 条和《消费民事公益诉讼解释》（2020 修正）第 16 条的规定，在环境民事公益诉讼或消费民事公益诉讼中，已经被裁判所认定的事实，在基于同样的侵权行为或损害事实而提起的后诉私益诉讼中，原告、被告都不需要承担举证责任，但当事人对此有异议，且有足以否定的证据的除外。生效裁判的既判力之所以能够有效地扩大，是因为前一项诉讼已经充分保障了当事人的诉讼权利，由于后诉私益诉讼中的原告并未参与前一项民事公益诉讼，因此，如果后诉中的被告提出了对自己有利的要求，则不能被支持，因为被告仍然需要对自己的利益进行证明。与此相对应的是，如果前诉作出了对私益诉讼有利的判决，应该允许其本诉中直接主张适用。理由是被告在前诉中其各项程序性权利已被保障，因此既判力是有理由进行扩张的。

---

〔1〕 参见柯阳友：《起诉权研究——以解决“起诉难”为中心》，北京大学出版社 2012 年版，第 214~216 页。

（四）检察民事公益诉讼既判力的客观范围

以传统民事诉讼既判力的客观范围为基础，由于民事公益诉讼所保护的公共利益是不可分割的，所以对于在前诉终局判决主文内的事项，不允许当事人再行起诉，也不允许法院再以此进行审理和裁判。在环境民事公益诉讼的既判力问题上，我们在德国、日本等国家对其既判力扩展到判决理由的研究基础上，根据环境民事公益诉讼与环境私益诉讼在事实认定和法律适用上的相似性，打破了传统的既判力的客观性仅限于已生效判决所涉内容的局限，将前诉生效判决的既判力的客观性范围扩展到判决理由所涉事项。根据我国《环境民事公益诉讼解释》（2020 修正）第 30 条第 2 款的规定，后诉私益诉讼之原告主张适用前诉环境民事公益诉讼生效裁判就被告是否存在法律规定的不承担责任或者减轻责任的情形、行为与损害之间是否存在因果关系、被告承担责任的大小等争议焦点，可认定这些前诉民事公益诉讼判决理由所判断事项具有既判力，直接予以适用。根据《消费者民事公益诉讼》（2020 修正）第 16 条的规定，后诉私益诉讼原告人主张前诉民事公益诉讼生效裁判认定经营者存在不法行为的，认定前诉该判决理由判定事项对后诉具有拘束力，可直接予以认定。有学者认为，对于判决援引问题可采用“争点效”理论，在具体援引前诉民事公益诉讼判决所认定的事项时应具备如下条件：一是被援引的争议问题在前诉民事公益诉讼中属于重要问题，争议事项与前诉判决结论具有重要关联性；二是在前诉民事公益诉讼中当事人的程序性权利已得到充分的保障；三是主张援引前诉民事公益诉讼判决事项的是当事人而非法院。〔1〕

〔1〕 参见陶建国：《消费者公益诉讼研究》，人民出版社 2013 年版，第 360~361 页。

第二章

检察民事公益诉讼适用范围拓展

对公益诉讼案件范围的认定，是社会团体和检察机关提出公益诉讼、法院受理公益诉讼的前提条件，是构建公益诉讼制度体系的关键，涉及诉讼法、实体法等诸多方面。

现有的公益诉讼案件范围，无论是从立法还是司法角度分析，都有狭窄之嫌。〔1〕通过提起或参与民事诉讼，检察机关履行其法律监督权。〔2〕检察机关在国家和社会治理中扮演至关重要的角色，应注重回答新题、难题，逐渐将公益诉讼范围拓展至专业性、技术性更强，影响范围更广，关乎国家持续性发展的核心利益和重大社会公共利益；在社会组织力量缺位，监管易于失序，政府失灵风险较高的关键场域，从深层次、宏观角度做好新时代公益诉讼检察工作。〔3〕检察机关具有公共利益代表和国家法律监督机关的双重身份，由其提起公益诉讼以维护和救济国家利益和社会公共利益，是我国司法实践探索首创，〔4〕也是党的十八大以来，我国社会主义法治体系建设、国家治理体系和国家治理能力体系现代化的重要成果。

一、我国检察民事公益诉讼适用范围拓展考察

自党的十八届四中全会以来，公益诉讼检察工作作为一项全新的检察职

〔1〕 参见颜运秋：《中国特色公益诉讼案件范围拓展的理由与方法》，载《深圳社会科学》2021 年第 1 期。

〔2〕 参见肖建国：《民事公益诉讼的类型化分析》，载《西南政法大学学报》2007 年第 1 期。

〔3〕 参见潘剑锋、牛正浩：《检察公益诉讼案件范围拓展研究》，载《湘潭大学学报（哲学社会科学版）》2021 年第 4 期。

〔4〕 参见张雪樵：《检察公益诉讼比较研究》，载《国家检察官学院学报》2019 年第 1 期。

能，从顶层设计到实践落地，从试点探索到全面推开，逐渐形成一套公益保护的“中国方案”。经过几年的实践和检验，检察公益诉讼制度已成为具有鲜明中国特色的社会主义诉讼制度。〔1〕公益诉讼案件范围拓展是完善国家和社会治理之需，更是“民有所呼，检有所应”的客观需要。在党的十九届四中全会上，“拓展公益诉讼案件范围”被提出，这对新时代的公益诉讼检察工作又提出了新的更高的要求。最高人民检察院积极贯彻党的十九届四中全会精神，明确提出将“等外”领域探索原则从“稳妥、积极”调整为“积极、稳妥”，强调不仅要把法律明确赋权的领域的案件办好，还要以高度的责任心，积极稳妥地办理人民群众重点关注的其他领域的公益诉讼案件，为健全完善立法提供实践依据。

拓展公益诉讼案件范围有着鲜明的时代背景。〔2〕2015 年，最高人民检察院发布《检察机关提起公益诉讼改革试点方案》（以下简称《试点方案》），确定检察民事公益诉讼案件范围为环境保护领域和食药安全领域侵害众多消费者合法权益等损害社会公共利益的案件。在经历了两年的检察民事公益诉讼试点工作后，2017 年的《民事诉讼法》正式确立了我国检察民事公益诉讼制度。为呼应民事诉讼法中有关公益诉讼的规定，《消费者权益保护法》《环境保护法》分别在 2013 年、2014 年通过修法增设了公益诉讼规定。检察民事公益诉讼确立后，检察机关又在“等外”进行了一系列实践探索，在英雄烈士保护、未成年人权益保护、安全生产、军人地位和权益保护公益诉讼方面取得实质性突破。2018 年制定的《英雄烈士保护法》、2020 年修订的《未成年人保护法》、2021 年修正的《安全生产法》、2021 年 6 月和 8 月分别颁布的《军人地位和权益保障法》和《个人信息保护法》等明确规定了英雄烈士保护、未成年人保护、安全生产、军人地位和权益保护、个人信息保护等领域的检察民事公益诉讼制度。2021 年 7 月 1 日起施行的《公益诉讼办案规则》，在第四章“民事公益诉讼”第 85 条中也规定了人民检察院应当立案的民事公

〔1〕 参见童建明、孙谦、万春主编：《中国特色社会主义检察制度》，中国检察出版社 2021 年版，第 373 页。

〔2〕 参见庄永廉等：《深化研究积极稳妥拓展公益诉讼“等外”领域》，载《人民检察》2020 年第 1 期。

益诉讼案件。2021 年全年，全国检察机关共立案办理公益诉讼案件近 17 万件，立案办理新领域案件约 4.5 万件，较上年同期增长近七成。[1]

截至目前，检察民事公益诉讼法定办案领域包括《民事诉讼法》确立的环保领域和食药安全领域侵害众多消费者合法权益的民事公益诉讼案件，以及单行法授权确立的包括英雄烈士保护领域、未成年人保护领域、军人地位和权益保障领域、安全生产领域、个人信息保护领域和妇女权益保障领域等民事公益诉讼案件。我国检察机关在公益诉讼案件办理上实现了层级、领域和重要民生领域的“三个全覆盖”。因此，我们应研究如何在现有格局的基础上，对检察民事公益诉讼案件范围在“等内”领域进一步细化，同时不断拓展其“等外”领域，不断将“等外”领域纳入法定“等内”领域，实现“等外”领域实践探索向法定“等内”领域的良性“输送”。

（一）法定领域中检察民事公益诉讼的拓展

1.《民事诉讼法》明确列举的检察民事公益诉讼领域。诉讼法明确列举的检察民事公益诉讼领域有环保领域和食药安全领域。我国于 2017 年 6 月第三次修正了《民事诉讼法》，在第 55 条中增设了“民事公益诉讼条款”，并经 2021 年 12 月第四次修正规定于第 58 条。该条款明确规定当法律规定的机关和有关组织不提起有关民事公益诉讼的情况下，人民检察院有权提起民事公益诉讼。2021 年，全国共办理食品药品安全领域公益诉讼案件 3 万件，比 2020 年增长了 10%。[2]

2.《民法典》和单行法授权的公益诉讼领域。《民法典》和单行法授权的领域包括英雄烈士权益保护领域、未成年人保护领域、安全生产领域、个人信息保护领域和军人地位权益保护领域等。

第一，英雄烈士权益保护领域。本领域的检察民事公益诉讼案件，指的是由检察机关提起的对英雄烈士的姓名、肖像、名誉、荣誉进行的民事公益

[1] 参见最高人民检察院：《2021 年全国检察机关主要办案数据》，载最高人民检察院官网，https://www.spp.gov.cn/xwfbh/wsfbt/202203/t20220308_547904.shtml#1，最后访问时间：2022 年 10 月 18 日。

[2] 参见张军：《最高人民检察院工作报告——2022 年 3 月 8 日在第十三届全国人民代表大会第五次会议上》，载最高人民检察院官网，https://www.spp.gov.cn/spp/gzbg/202203/t20220315_549267.shtml，最后访问时间：2022 年 11 月 14 日。

诉讼案件。[1]为贯彻实施《民法典》，2020年12月最高人民法院、最高人民检察院审议通过对《检察公益诉讼解释》进行修正，并于2021年1月1日正式实施。此次修正的主要内容是，根据《民法典》的规定，在检察机关提起民事公益诉讼的案件范围中，新增了“侵害英雄烈士等的姓名、肖像、名誉、荣誉”领域，并根据该领域案件的特点，在诉前公告的基础上，新增了一种向英雄烈士等的近亲属征求意见的诉前履职方式。2021年全国共办理英雄烈士权益保护领域民事公益诉讼46件。[2]

《民法典》第185条规定：“侵害英雄烈士等的姓名、肖像、名誉、荣誉，损害社会公共利益的，应当承担民事责任。”此条文在《英雄烈士保护法》第25条规定的基础上，采用增加“等的”二字的方式，适当扩大了英雄烈士保护民事公益诉讼的对象范围，包括为了人民利益英勇斗争而牺牲，堪为楷模的人，以及在保卫国家和国家建设中作出巨大贡献、建立卓越功勋，已经故去的人。

尽管民法的有关条文并未对公益诉讼的检察制度进行直接的规定，但英雄烈士保护领域民事公益诉讼仅有检察机关可以提起，《民法典》第185条的规定可为检察机关提出民事公益诉讼提供实体法根据。以《民法典》为基础，扩大民事公益诉讼适用范围至英雄烈士保护领域，符合党的十九届四中全会有关“拓展公益诉讼案件范围”的部署要求。[3]

自2018年4月全国人民代表大会常务委员会（以下简称“全国人大常委会”）通过《英雄烈士保护法》至2019年9月，在维护英雄烈士权益方面，全国各地检察机关共立案受理75件公益诉讼案件。对于其中53件符合起诉

---

[1] 英雄烈士保护领域公益诉讼案件，主要包括害英雄烈士姓名、肖像、名誉、荣誉的民事公益诉讼案件和英雄烈士纪念设施保护行政公益诉讼案件。参见张雪樵、万春主编：《公益诉讼检察业务》，中国检察出版社2022年版，第32页。

[2] 参见张军：《最高人民检察院工作报告——2022年3月8日在第十三届全国人民代表大会第五次会议上》，载最高人民检察院官网，https://www.spp.gov.cn/spp/gzbg/202203/t20220315_549267.shtml，最后访问时间：2022年11月14日。

[3] 参见最高人民检察院：《两高修订〈关于检察公益诉讼案件适用法律若干问题的解释〉》，载最高人民检察院官网，https://www.spp.gov.cn/spp/xwfbh/wsfbt/202012/t20201230_504430.shtml#1，最后访问时间：2022年9月26日。

条件的案件，通过征询英雄烈士近亲属意见，在其明确表示不起诉的情况下，检察机关依法提起民事公益诉讼案件25件。针对对英雄烈士纪念碑的保护工作不力等问题，全国各地的检察机关共向相关部门提出了581份建议，全部得到了解决。[1]2018年6月，江苏省淮安市中级人民法院判决了淮安市人民检察院针对被告在群里污蔑消防员烈士名誉提出的维护英雄烈士权益的民事公益诉讼，经过法院的公开审理，支持了原告提出的诉讼请求，判决被告在新闻媒介上进行道歉和消除有关不良影响。[2]最高人民检察院将该案作为指导性案例公开发布，弘扬社会主义核心价值观。2019年3月，30位消防员在四川凉山发生的森林大火中英勇殉职，正当全国上下为救火英雄牺牲而悲痛时，却有少数网民公开发表侮辱烈士言论，造成较为恶劣的社会影响。此后浙江、福建、湖北、四川等地的检察部门相继提出了7件公益诉讼，以法律手段维护了英雄烈士尊严。

2019年9月，河北省保定市人民检察院向霍某提出了侵害烈士名誉的民事公益诉讼，起诉针对2019年4月其在自己的微信上发表了诽谤凉山灭火烈士的不当言论和诋毁凉山烈士形象的侵权行为。法院判决，被告应在国家新闻媒介上进行公开致歉，并消除不良影响。被告人霍某于2019年9月26日在《检察日报》上刊登了一封道歉信，对凉山烈士家属和整个社会表示歉意。通过这起维护烈士名誉、荣誉的检察民事公益诉讼案件的提起和审判，全社会意识到互联网并不是“法外之地”，英雄烈士寄托着我国社会全体人民的社会主义核心价值观，不容任何人以任何方式诋毁。该案入选2019年“河北省十大法治事件”。[3]

第二，未成年人保护领域。2020年4月最高人民检察院印发的《最高人民检察院关于加强新时代未成年人检察工作的意见》（以下简称《未成年人检

---

〔1〕 参见张军：《用法律捍卫英烈尊严》，载最高人民检察院官网，https://www.spp.gov.cn/spp/zdgz/201910/t20191023_435514.shtml，最后访问时间：2022年11月14日。

〔2〕 参见赵大为：《全国首例英烈保护公益诉讼案宣判：被告公开赔礼道歉》，载中国法院网，https://www.chinacourt.org/prticle/detail/2018/06/id/33367931.shtml，最后访问时间：2022年10月22日。

〔3〕 参见崔丛丛：《河北检察：当好公共利益“守护人”》，载澎湃新闻网，https://www.thepaper.cn/newsDetail_forward_8626652，最后访问时间：2022年9月18日。

察意见》）指出，在食品药品安全、商品质量、烟草和酒类销售、媒体宣传和网络资讯传播等领域，损害众多未成年人合法权益的，检察机关应根据实际情况“积极、稳妥”地进行公益诉讼工作。2020年10月17日全国人大常委会对《未成年人保护法》进行了第二次修订。修订后的《未成年人保护法》在第106条规定，人民检察院有权对涉及公共利益的、侵犯未成年合法权益的案件提起民事公益诉讼。自此，未成年人保护成为检察民事公益诉讼的法定办案领域。检察民事公益诉讼对未成年人保护的本质在于以公益诉讼的方式来维护未成年人的合法权益。需要注意的是，并非所有侵害未成年人合法权益的案件都可以通过公益诉讼的方式来维护，检察民事公益诉讼对未成年人合法权益保护的前提是“涉及公共利益”。如果对未成年人的损害仅限于家庭内部，那么就不符合损害公众利益的特点，因此不宜通过公益诉讼方式来解决。但笔者主张，应以“未成年人利益最大化”为原则，从“未成年人利益最大化”角度来具体把握公共利益的判定。社会发展阶段不同，利益保护需求亦不相同，因此私人利益存在上升为公共利益的空间和可能性。（关于私人利益上升为公共利益的论述在本书“公共利益与私人利益”部分有述，不再重复。）例如，可以考虑将现阶段具有代表性、兼具突发性和现实紧迫性的案件，并难以通过现有法律体系使得未成年人合法权益得到有力保护，这样的“私益”就可以上升为“公益”，将这部分涉及未成年人保护的“私益诉讼”纳入“公益诉讼”，通过检察民事公益诉讼的救济方式有效实现对未成年人合法权益的保护，如未成年人文身下的健康权案件和某些监护权案件。[1]具体而言，检察民事公益诉讼保护未成年人案件包括：涉及损害不特定未成年人权益的案件、公共环境中对未成年人存在安全隐患或不利影响情形的案件、法律法规专门规定对未成年人保护的情形。[2]在未成年人检察民事公益诉讼的司法实践中，基层检察机关围绕校园周边安全，如酒吧、宾馆等娱乐场所违法雇佣、接待未成人，文身治理、网络环境安全等领域积极开

〔1〕参见曹梦男：《未成年人保护民事公益诉讼问题研究》，2022年河南大学硕士学位论文，第34页。

〔2〕参见张宁宇、田东平：《未成年人检察公益诉讼的特点及案件范围》，载《中国检察官》2020年第12期。

展探索。〔1〕

监护侵权领域的民事公益诉讼案件占比高，而面对纷繁复杂、社会关系各异的具体个案，国家监护介入家庭内部监护的边界何在，尤其在办案中遭受家庭内部抚育私权阻力的情况下，又困囿于法律无列举式法定授权，使其介入运用公益诉讼手段存在较大争议。与司法实践欣欣向荣的现状形成鲜明对比的是，各地规范性文件和实施细则均对未成年人公益诉讼缺少针对性设计，多是通过兜底性条款作出限缩性规定。最高人民检察院公益诉讼检察厅要求涉及未成人保护的新领域案件立案前必须层报至省级院批准，未成年人刑事检察部门虽按照上述规定做了调整变通，但未成年人刑事检察干警办案多通过与公益诉讼部门联合开展，检察机关内部各业务部门之间、上下级部门之间意见常有分歧，受案范围始终未明确，导致该立案的不敢、不会、不能立案。

第三，安全生产领域。早在2016年的《中共中央、国务院关于推进安全生产领域改革发展的意见》中，就有探索设立安全生产民事公益诉讼的明确规定。在最高人民检察院2021年发布的9起安全生产领域公益诉讼典型案例中，以“安徽省蚌埠市禹会区人民检察院诉安徽省裕翔矿业商贸有限责任公司违规采矿民事公益诉讼案”为例，在该案的办理过程中，蚌埠市、禹会区两级检察机关启动一体化办案机制，市、区上下级两院联合查明基本案情，又配合国土资源、应急管理部门和禹会区等部门对事故现场进行调查取证和鉴定评估。由禹会区人民政府委托某省地质环境监测总站对造成塌陷的原因及隐患、危险区和影响区的范围、治理措施及其成本进行了调查和评估。检察机关提起民事公益诉讼，请求判决违规采矿公司消除危险、恢复原状。由于庭审中，违规采矿公司主动申请了调解，2020年10月10日，禹会区人民法院依法作出了法院调解，要求在2021年7月30日之前，该违法的矿业公司必须将危险消除，将其恢复原状，并通过验收。如果在规定的时间内，没有按时完成或者没有通过验收，那么就需要承担所有治理修复费用。其后，随着2021年第三次修正后的《安全生产法》的正式实施，“安全生产”正式成

〔1〕参见梁曦、张洋：《未成年人检察公益诉讼的制度建构》，载《中国检察官》2022年第17期。

为检察民事公益诉讼的法定领域。[1]

2021年9月，江苏省高邮市人民检察院在对接该市应急管理部门过程中发现，毗邻居民区的某知名水产公司在生产过程中使用老旧液氨制冷设备。这是新修正的《安全生产法》自2021年9月1日运行以来，该院获得的第一例安全生产领域公益诉讼案件线索。该案成为全省首例安全生产领域民事公益诉讼案。[2]

第四，个人信息保护领域。个人信息保护检察民事公益诉讼制度，是极具特点的个人信息保护制度的中国创新。《民法典》第111条确立了个人信息安全的法益，使得我国个人信息保护有了实体法的依据。不仅如此，《民法典》也把个人信息纳入人格权保护范围，规定于分则中独立的人格权编中。紧接着，2021年11月1日施行的《个人信息保护法》在第70条明确规定，人民检察院对违反本法规定处理个人信息、侵害众多个人权益的行为可以向人民法院提起诉讼。尽管在条文表述中没有提及“民事公益诉讼”，但通过文意理解，学界通常把它作为我国《个人信息保护法》确立个人信息保护检察民事公益诉讼机制的规范。[3]自此，我国保护公民个人信息权益、维护数字时代信息管理秩序的新时代到来了。2021年，我国检察机关在个人信息保护领域方面共办理了2000余件公益诉讼案件，比2020年办理的同类案件数量增长了近3倍。[4]

在个人信息的检察民事公益诉讼中，学术界和司法实务界对于某些责任承担方式存在争议。通常认为，侵害个人信息社会公共利益需要承担的责任

---

〔1〕 参见最高人民检察院：《最高检、应急管理部联合发布安全生产领域公益诉讼典型案例》，载最高人民检察院官网，https://www.spp.gov.cn/spp/xwfbh/wsfbt/202103/t20210323_513617.shtml#1，最后访问时间：2022年8月12日。

〔2〕 参见管莹、杨湘君、陈宏明：《明明存在重大隐患　还坚持带“病”生产——江苏：三级检察机关联动办理全省首例安全生产领域民事公益诉讼案》，载《检察日报》2022年8月12日，第4版。

〔3〕 杨万明主编：《最高人民法院审理使用人脸识别技术处理个人信息案件司法解释理解与适用》，人民法院出版社2021年版，第204页。

〔4〕 参见张军：《最高人民检察院工作报告——2022年3月8日在第十三届全国人民代表大会第五次会议上》，载最高人民检察院官网，https://www.spp.gov.cn/spp/gzbg/202203/t20220315_549267.shtml，最后访问时间：2022年11月14日。

方式有赔礼道歉、赔偿损失、要求删除非法持有的个人信息；而对于以行为填补公共利益损害、要求被告作出合法合规经营承诺和惩罚性赔偿等责任方式尚未达成一致，需要理论的进一步探讨和实践上的进一步探索。此外，在风险损害问题上仍存在争议，即是否可以将适用于食品安全民事公益诉讼的"风险即损害"规则适用于个人信息保护检察民事公益诉讼，该规则适用的正当性尚需进一步论证。[1]提起个人信息保护检察民事公益诉讼，须同时满足个人信息的非法处理和损害对象为众多个信息权利两个条件。从保护个人信息的民事公益之诉与保护个人信息的私益之诉关系看，个人信息保护检察民事公益诉讼的提起并不影响当事人提起有关私益诉讼。除此之外，在个人信息保护的检察民事公益诉讼的启动程序中，也不将个人信息保护私益诉讼作为前置程序。[2]

2021年1月，《民法典》实施后我国第一起"个人信息侵害民事公益诉讼"作出公开判决。杭州互联网法庭对检察机关提起的孙某侵犯不特定多数人个人信息民事公益诉讼案进行了审理和判决，判决由孙某赔偿侵害社会公共利益3.4万元，并登报向社会公众赔礼道歉。判决将被告支付的损害赔偿款用作信息安全保护和个人信息保护等事项的公益专项资金。[3]2022年7月，吉林省首例公民个人信息保护民事公益诉讼案件当庭宣判。辽源市中级人民法院公开审理了辽源市人民检察院诉被告范某、李某侵犯公民个人信息民事公益诉讼一案，并当庭予以宣判，判决二被告人支付损害赔偿金13974元，并在省级媒体公开赔礼道歉。[4]

第五，军人地位和权益保护领域。2020年4月《关于加强军地检察机关

[1] 参见张建文：《个人信息保护民事公益诉讼的规范解读与司法实践》，载《郑州大学学报（哲学社会科学版）》2022年第3期。

[2] 参见张新宝、赖成宇：《个人信息保护公益诉讼制度的理解与适用》，载《国家检察官学院学报》2021年第5期。

[3] 参见范跃红、朱兰兰：《活学活用 检察亮"典"｜民法典实施后首例个人信息保护民事公益诉讼案当庭宣判》，载最高人民检察院官网，https://www.spp.gov.cn/spp/zdgz/202101/t20210117_506683.shtml，最后访问时间：2022年8月28日。

[4] 参见吉林省高级人民法院：《全省首例公民个人信息保护民事公益诉讼案件当庭宣判》，载吉林法院网，https://jlfy.e-court.gov.cn/article/detail/2022/071/id/6808178.shtml，最后访问时间：2022年7月30日。

公益诉讼协作工作的意见》（以下简称《军地公益诉讼意见》）由最高人民检察院、中央军委政法委员会联合印发。军队检察机关和地方检察机关充分协作，不仅发挥了保护国防利益的功能，也体现了对军事利益的保护，有效维护了英雄烈士名誉荣誉、军用设施安全以及军人军属合法权益。检察民事公益诉讼真正成为涉军维权的法治盾牌。《军人地位和权益保障法》于2021年6月10日由第十三届全国人大常委会第二十九次会议通过，自2021年8月1日开始实施。据该法第62条规定，检察机关可以针对侵害军人合法权益、严重影响军人履职导致社会公益受损的行为提起民事公益诉讼。这既是对检察公益诉讼制度的肯定，也是对检察公益诉讼法定领域的一种扩展，更有利于保护好军人地位、权益以及相关公共利益。〔1〕国防、军事利益既是国家利益，也是社会公益，是军事检察机关和地方检察机关共同的职责所在。军地协作凝聚共识合力，共同打通涉军公益诉讼检察工作中的难点、堵点、痛点，较好形成检察公益诉讼多元驱动的良好格局。〔2〕截至2022年8月1日，军地检察机关已办理公益诉讼案件600余起。〔3〕需要注意的是，对军人荣誉、名誉和其他相关合法权益的侵害，兼具公益诉讼和私益诉讼的特征，基于《英雄烈士保护法》对英雄烈士近亲属诉权优先性的认可，相关检察民事公益诉讼的提起应定位于补充性的司法救济途径。〔4〕2021年我国共办理国防和军事领域公益诉讼案件325件，案件数量比2020年增长了近120%。〔5〕

（二）检察民事公益诉讼在“等外”领域的继续拓展

积极回应人民群众新期待，探索拓展公益诉讼适用范围。在2019年的两

〔1〕 参见吴怡：《对军人地位和权益保障法第62条的理解与适用》，载《检察日报》2021年7月29日，第7版。

〔2〕 参见谭燕：《公益诉讼：涉军维权的法治盾牌》，载光明网，https://m.gmw.cn/baijia/2021-10/27/35265402.html，最后访问时间：2022年10月4日。

〔3〕 参见张昊：《能动履职为强军事业提供坚实司法保障——最高检举行依法维护国防利益和军人军属合法权益新闻发布会》，载《法治日报》2022年8月1日，第3版。

〔4〕 参见吴怡：《对军人地位和权益保障法第62条的理解与适用》，载《检察日报》2021年7月29日，第7版。

〔5〕 参见张军：《最高人民检察院工作报告——2022年3月8日在第十三届全国人民代表大会第五次会议上》，载最高人民检察院官网，https://www.spp.gov.cn/spp/gzbg/202203/t20220315_549267.shtml，最后访问时间：2022年11月14日。

会上，许多代表都提出了公共利益的侵害问题，这一问题涉及的范围很广，而且危害很大，因此，我们要求检察机关扩大工作范围，加大工作力度。经过认真研判，最高人民检察院提出“稳妥、积极”拓展公益诉讼适用范围的原则，在办理好法定领域案件的基础上努力尝试案件领域的拓展工作。立案前，应将拓展的案件领域层报至省级人民检察院进行审核，确有必要时报请最高人民检察院，将办案重点放在公众关注度高的、有损公益领域的案件上，特别是安全生产领域、妇女儿童权益保护领域等。北京市海淀区人民检察院就一些商家向未成年人销售香烟的行为，分别向市场监督管理局和烟草专卖局发送了一份检察建议，用以督促和监督。有关部门迅速展开了长达一个月的专项行动。浙江省宁波市海曙区人民检察院就一段时间以来，骚扰电话大量出现，严重干扰了“120”等特殊号码的业务，通过对公众进行问卷调查，收集了有关方面的证据，并在此基础上，听取了有关方面的专家和学者的意见，对电信主管部门提出了一份有说服力的检察建议，以促使其依法履行监督责任。〔1〕

检察民事公益诉讼的案件范围，不仅要在“等内”领域进一步细化，还要在“等外”领域进行积极拓展。新领域案件的拓展应本着检察民事公益诉讼的制度初心，同时也要符合以维护公共利益进行的诉讼争议不大、严重损害公共利益或危害性高、社会关注度高、其他诉讼途径缺乏适格主体和暂无更好途径进行救济等几个标准。〔2〕

2022 年 1 月，全国检察长会议提出，要积极、稳妥重点办理文物和文化遗产保护领域和妇女权益保障领域等公益诉讼案件。〔3〕2021 年 6 月，《中共中央关于加强新时代检察机关法律监督工作的意见》发布，其中在第三部分明确提出“全面提升法律监督质量和效果，维护司法公正”。该意见同时指

〔1〕参见张军：《最高人民检察院关于开展公益诉讼检察工作情况的报告——2019 年 10 月 23 日在第十三届全国人民代表大会常务委员会第十四次会议上》，载中国人大网，http://www.npc.gov.cn/npc/c2/c30834/201910/t20191023_309564.html，最后访问时间：2022 年 10 月 16 日。

〔2〕参见胡卫列：《当前公益诉讼检察工作需要把握的若干重点问题》，载《人民检察》2021 年第 2 期。

〔3〕参见闫晶晶：《积极稳妥拓展公益诉讼案件范围》，载最高人民检察院官网，https://www.spp.gov.cn/spp/zdgz/202202/t20220221_545179.shtml，最后访问时间：2022 年 9 月 13 日。

出，在公益诉讼法定“4+5”案件范围之外，要积极稳妥拓展的公益诉讼案件领域还有公共卫生、妇女及残疾人权益保护、文物和文化遗产保护等领域的公益损害案件，同时建议应该对实践经验进行总结、对相关的立法进行完善。2021 年，最高检指导各地继续积极、稳妥深化公益诉讼新领域实践探索，将重点放在了公共安全领域、个人信息保护领域、文物和文化遗产保护领域、特定群体权益保障检察公益诉讼领域等。2022 年修正后的《反垄断法》，其中专门增设了检察公益诉讼相关条款。据此，新修正的《反垄断法》授权检察机关提起反垄断民事公益诉讼。最高人民检察院印发的《关于贯彻执行〈中华人民共和国反垄断法〉积极稳妥开展反垄断领域公益诉讼检察工作的通知》中明确指出，重点关注互联网、公共事业、医药等民生保障领域，精准开展反垄断公益诉讼检察工作；对于承担一定公共管理职能和重要社会责任的互联网企业，可以探索以民事公益诉讼检察建议方式督促其整改。〔1〕

到 2020 年 11 月，全国已经有 23 个省级人大常委会出台了《关于加强检察机关公益诉讼工作的决定》，公益诉讼案件范围拓展到众多领域，具体包括妇女权益保护、公共卫生、文物和文化遗产保护、残疾人、老年人、损害民族情感、涉农扶贫、消防安全、道路交通安全、应急救援、反不正当竞争、知识产权、教育和就业歧视等领域。〔2〕2022 年陆续颁布的《反垄断法》（2022 修正）、《反电信网络诈骗法》《农产品质量安全法》（2022 修订）和《妇女权益保障法》（2022 修订），实现了在 2022 年一年之内通过单行法授权的方式将反垄断、反电信网络诈骗、农产品质量安全和妇女权益保障四个领域的民事公益诉讼案件纳入法定领域。截至目前，我国已形成检察公益诉讼法定领域“4+9”的格局。本书就其中妇女权益保护领域、公共卫生领域、文物和文化遗产保护领域等广泛引起社会重视的重点领域，从检察公益诉讼案件范围拓展角度进行论述。

1. 检察民事公益诉讼在妇女权益保护领域的探索。如前所述，经法律授

---

〔1〕 参见最高人民检察院：《最高检印发〈通知〉要求充分认识反垄断法增设检察公益诉讼条款的重要意义　积极稳妥开展反垄断领域公益诉讼》，载最高人民检察院官网，https://www.spp.gov.cn/xwfbh/wsfbh/202208/t20220801_569635.shtml，最后访问时间：2022 年 9 月 18 日。

〔2〕 参见汤维建：《拓展公益诉讼的案件范围势在必行》，载《团结》2021 第 3 期。

权的公益诉讼经过几年的不断探索和积累，储备了较为丰富的实践经验和一定的制度基础。[1]这为妇女权益检察民事公益诉讼的开展奠定了良好的基础。近年来，为积极响应、落实党的十九届四中全会精神，在妇女权益检察公益诉讼制度的建立上，最高人民检察院联合全国妇女联合会不断探索、创新。2019 年 12 月最高人民检察院、中华全国妇女联合会联合下发《关于建立共同推动保护妇女儿童权益工作合作机制的通知》，规定在国家机关、事业单位的招聘过程中出现的性别歧视，以及利用大众传媒等手段抹黑和伤害女性的行为，检察机关可以提出检察建议，并根据情况提起有关民事公益诉讼。《中共中央关于加强新时代检察机关法律监督工作的意见》于 2021 年 6 月发布，其中明确提出，要在保护妇女权益方面，积极、稳健地开展公益诉讼，并对其进行全面总结，不断完善有关立法。2022 年 10 月 30 日，《妇女权益保障法》于中华人民共和国第十三届人大常委会第三十七次会议修订通过，并于 2023 年 1 月 1 日起正式实施。

明确妇女权益检察民事公益诉讼的受案范围，对妇女权益检察民事公益诉讼制度至关重要。但截至目前，妇女权益公益诉讼的案件范围及具体案件类型还未在《妇女权益保障法》和有关妇女劳动权益、妇女财产权益和各地方性法规规章中规定。有学者主张，以《妇女权益保障法》及其他有关保障妇女权益的法规为依据，结合近几年最高人民法院、最高人民检察院和地方各级人民检察院的司法实践探索，妇女权益检察民事公益诉讼应将妇女人格权、发展权和平等权等权益纳入具体案件范围。也有学者持不完全相同观点，认为结合《民事诉讼法》第 58 条第 2 款及公益诉讼相关法律规定，妇女权益保障领域内的检察民事公益诉讼应当重点保障妇女劳动和社会保障权益受到损害的情形。[2]

本书认为，检察民事公益诉讼对妇女权益保障，在妇女人格权、发展权和平等权等领域均有拓展空间。在妇女人格权保障方面，检察机关提起相关民事公益诉讼的制度空间在于：我国《民法典》《妇女权益保障法》等法律

[1] 参见戴瑞君：《我国妇女权益公益诉讼刍议》，载《内蒙古社会科学》2022 年第 5 期。

[2] 参见刘艺：《妇女权益保障领域检察公益诉讼机制的理论基础与实现路径》，载《重庆大学学报（社会科学版）》2022 年第 2 期。

法规明确禁止违背妇女意愿对其实施性骚扰，同时也明确规定用人单位对妇女性骚扰行为有义务采取预防和制止的措施。在单位有怠于履行其职能的行为出现的时候，检察机关可以依法对怠于履职的单位发出社会治理类检察建议，或者是行政执法检察建议。如果相关单位在收到检察建议后，依然不能履行自己的职责，或者在检察机关提起行政公益诉讼后，依然长期存在侵害妇女人格权的情况，当侵害众多妇女权益且影响范围较大时，检察机关有权提起民事公益诉讼。检察机关以提起民事公益诉讼的救济方式介入妇女人格权保障需要满足两个前提条件，一是侵害行为对妇女人格权的侵害对象是不特定多数妇女，或者侵害对象虽为特定妇女群体，但社会反响强烈、极易引发社会矛盾的；二是法律规定的有关机关及其他适格主体没有提起妇女权益公益诉讼，或者没有明确的被侵权人。检察民事公益诉讼要符合以下特点：侵害具有“社会效应”，侵权行为符合“公益救济”标准，以及遵循“救济顺位”原则。妇女发展权包括妇女受教育权、平等就业权和政治参与权。当检察机关发现有关单位在预防和制止侵害妇女发展权方面存在怠于履职的情况，并就此发出相关检察建议，但未提出行政公益诉讼，或在提出行政公益诉讼之后，仍有侵犯妇女发展权的行为，且侵害对象为众多妇女影响较大时，检察机关可以提起相关检察民事公益诉讼。在妇女平等权保障方面，对妇女平等权的侵害多体现在对女性的性别歧视和不平等待遇上。在劳动和社会保障方面，有关单位在人员招聘、职务晋升、职级评定等方面存在性别歧视行为并侵害众多妇女权益时，检察机关可以提起民事公益诉讼。妇女在劳动和社会保障生活中，在招聘、晋升、专业技术评定等方面遭受性别歧视或与男性相比明显不公平待遇时，检察机关同前理享有提起民事公益诉讼的制度空间。

关于妇女权益检察民事公益诉讼的立法方面，2021 年 12 月的《妇女权益保障法（修订草案）》及 2022 年 4 月公布的《妇女权益保障法（修订草案二次审议稿）》中将妇女权益保障公益诉讼案件范围列举为：农村妇女土地权、妇女平等就业权、相关单位未采取合理措施预防和制止性骚扰、利用传媒和其它手段对女性的人格进行贬低或损害，以及其他严重侵害妇女权益的行为。

从目前的妇女权益检察民事公益诉讼司法实践反馈来看，问题主要集中表现在办案线索不足、线索相对滞后、办案线索的甄选过于依赖其他部门，以及办案人员专业能力不足等方面。[1]

2. 检察民事公益诉讼在公共卫生领域的探索。公共卫生体系的强大，不仅在于“事后之治”，更在于“事先防患”。有序拓展我国公共卫生领域检察民事公益诉讼案件范围，是构筑我国强大的公共卫生体系的有力支撑，也是可持续地加强我国公共卫生体系的必然选择。[2]检察机关作为我国重要的监督机关，参与社会生活治理具有必要性和重要性，公共卫生领域检察民事公益诉讼是必不可少的。[3]公共卫生领域检察民事公益诉讼的案件范围在司法实践中不断拓展。在办案领域的“等内”细化方面，检察机关不断突破既有办案领域，逐渐向“直播带货”“微商”等新形态发展。不仅如此，检察机关从最初的民事公益诉讼法定办案领域向“等外”积极探索、推进，开始探索办理各类专科诊所行医证、医用口罩等医疗废弃物处置等领域的民事公益诉讼。[4]检察机关对于公共卫生相关领域民事公益诉讼案件的办理时间，也由从最初的损害发生后提前到损害发生前的趋势，预防性公益诉讼崭露头角。我们有理由相信，随着后疫情时代的不断延伸，公共卫生检察民事公益诉讼在“等内”的深度和“等外”的广度上都将大有作为。

本书认为，应参考《民事诉讼法》《突发公共卫生事件应急条例》《疫苗管理法》等相关法律法规，并结合公共利益的界定，综合判定公共卫生领域检察民事公益诉讼的适用范围。根据我国现行《突发公共卫生事件应急条例》（以下简称《公共卫生事件条例》）第2条规定，“突发公共卫生事件”是指突然发生，导致或者可能导致严重危害社会公共健康的重大传染病暴发、群体性不明原因疾病、重大食品和职业中毒以及其他对公共卫生有重大危害的事件。而公共利益的核心要旨，如前所述，是“涉及不特定多数人的利益”，

---

〔1〕 参见黄丁文：《妇女权益保护检察公益诉讼实践路径》，载《中国检察官》2022年第6期。

〔2〕 参见袁博：《“后疫情时代”公共卫生检察公益诉讼的展开》，载《中国检察官》2020年第17期。

〔3〕 参见唐守东、刘一晓：《后疫情时代公共卫生安全检察公益诉讼的实践反思》，载《中国检察官》2022年第9期。

〔4〕 参见刘晨霞、于静：《医疗器械管理使用应纳入检察公益诉讼范围——以制售假冒伪劣医用口罩为视角》，载《中国检察官》2020年第9期。

显然《公共卫生事件条例》中所列举的“职业中毒”并不符合公共利益的判定。根据2019年12月施行的《疫苗管理法》规定，疫苗管理、供应和接种被作为公共卫生安全事业予以保护和规范。所以，在目前阶段，我国检察机关提起的公共卫生领域民事公益诉讼案件的范围应该将会导致或可能会导致严重危害的重大传染病、食品药品安全、公共环境卫生、疫苗接种以及其他严重影响公众健康的案件纳入其中。

3. 检察民事公益诉讼在文物和文化遗产保护领域的探索。截至2020年11月，全国已有23个省级人大常委会作出专项决定，其中有17个专项决定将文物和文化遗产保护确定为一个新领域，并将其列入检察民事公益诉讼的适用范围。〔1〕2020年12月，最高人民检察院发布10起“文物和文化遗产保护”公益诉讼典型案例，其中包括“新疆维吾尔自治区某市人民检察院诉9名违法行为人盗掘古墓葬刑事附带民事公益诉讼案”。在该案中，检察机关认为违法行为人在刑事责任的承担上构成盗掘古墓葬罪，在民事公益诉讼责任上应承担对文物造成的实际损害责任，要求违法行为人具体承担文物修复责任并公开赔礼道歉。同年9月9日，该市人民法院公开开庭审理了本案，并在其后的判决书中，对9名犯罪嫌疑人的刑事控告及民事公益诉讼要求予以了全部的支持。〔2〕

在传统诉讼中，严重破坏文化和文物遗产的案件通常是通过刑事诉讼的方式追究行为人的刑事责任，而没有从民事侵权责任角度进行追究。这是因为传统的民事侵权责任仅限于对侵犯私人利益行为的追究，而公益诉讼制度的兴起，开启了追究行为人侵犯公共利益之民事责任的新篇章。文化和文物遗产作为国家历史的精神和物质遗存，是具有艺术、科研和历史等价值的资源，具有不可替代性和不可再生性。若文物之上承载的并非私人利益，则具有无明确的被侵权人之特征，包括可移动文物和不可移动文物。文化和文物遗产跟生态环境所具有的法益相同，均为社会公共利益，一旦行为人造成文

〔1〕 参见胡卫列、宁中平：《准确把握公益诉讼职能定位　为文物和文化遗产保护贡献检察力量》，载《检察日报》2020年9月17日，第5版。

〔2〕 参见最高人民检察院：《检察公益诉讼新领域重点：文物和文化遗产保护　最高检发布10起文物和文化遗产保护公益诉讼典型案例》，载最高人民检察院官网，https://www.spp.gov.cn/spp/xwfbh/wsfbt/202012/t20201202_487926.shtml#1，最后访问时间：2021年9月28日。

化的侵害或文物的灭失、毁损，也应该承担相应的民事责任。对于侵害该类社会公共利益的行为，应当通过民事公益诉讼的方式追究侵权行为人的民事责任。在无法律规定的其他主体就该行为提起民事公益诉讼时，如果还存在对公共利益的损害，检察院可以对其提出民事公益诉讼以实现通过司法途径对社会公共利益的维护与救济，从而达到民事责任层面对文化和文物遗产的保护。因此，正如上面提到的指导性案例，文化和文物遗产民事公益诉讼案件多由检察机关在办理有关刑事案件时，以刑事附带民事公益诉讼方式向人民法院提起。

2020 年 9 月 23 日，重庆大足区人民检察院向该区人民法院提起刑事附带民事公益诉讼，提请判处被告人刑事责任同时，判令被告人连带承担保护修复工程费用，并在省级媒体上公开致歉。同年 10 月，重庆市大足区人民法院对该案件进行了公开审理，并作出了对检察机关提出的全部诉讼请求予以支持的判决。《2021 年重庆市检察机关公益诉讼白皮书》将该案作为典型案例纳入其中。[1]同样，重庆市黔江区 2020 年末发生一起重大古墓盗掘案，黔江区人民检察院也提出了刑事附带民事诉讼。经过庭审，法院作出被告共同赔偿文物保护和修复费用、并在省级媒体上向公众公开赔礼道歉的判决。[2]

2022 年 8 月 30 日，全国首例可移动文物保护检察民事公益诉讼案在江西九江市中级人民法院公开开庭审理宣判。经审理查明，2020 年 10 月末，被告人在自家承包的山地中拾捡到一件青铜编甬钟，经自行网络查询得知该青铜器很可能为一组青铜编钟后，携带工具再次返回山地中进行挖掘，共挖出青铜编钟 8 件，其中 3 件因挖掘受损。该被告人因倒卖文物曾被司法机关追究刑事责任，审理法院判处其有期徒刑 2 年 5 个月，并处罚金人民币 2 万元。此次检察机关是针对其倒卖文物行为的民事责任单独提起的民事公益诉讼。审理法院认为，文物是一种不可再生的、不可替代的，并且具有历史、科学和艺术价值的资源。被告人私自挖掘该可移动文物，并人为造成该文物损毁，经法

[1] 参见李薇菡、龙云：《文物和文化遗产保护检察公益诉讼办案机制初探》，载《中国检察官》2021 年第 24 期。

[2] 参见陈诚、冯驿驭：《文化遗产检察官的“法与路”——解码文物和文化遗产保护领域公益诉讼》，载《当代党员》2022 年第 10 期。

院审理，认定被告人的行为构成对社会公共利益的损害。最终九江市中级人民法院依照《民法典》《文物保护法》《民事诉讼法》的有关规定，依法作出被告人承担文物修复及专家评估费用，并在国家媒体上公开致歉的一审判决。[1]

检察民事公益诉讼在“等内”领域需要不断细化，形成标准化、制度化诉讼。例如现代城市生活中，伴随着共享单车在城市中的日益普及，在使用中经常会遇到押金难以退回，共享单车收取禁行、经停费用等问题，均可以在消费者权益保护检察民事公益诉讼的案件领域中予以细化规定。同时，检察民事公益诉讼案件适用范围在“等外”方面还要继续拓展，不断积极探索公共交通安全、网络治理、扶贫、证券和消防等领域等民事公益诉讼。[2]

二、检察民事公益诉讼适用范围之公共利益分析

对公共利益定义界定不明，是目前学术界和司法实务界在公益诉讼案件范围上产生分歧的关键所在。公益诉讼受案范围明确的前提是公共利益的界定清晰。清晰界定公共利益，也是公益诉讼检察制度良好运行的根本条件。检察行政公益诉讼和检察民事公益诉讼的区别在于所维护的法律规范性质不同、提起诉讼的被告不同，两者所保护的法益亦不相同。检察民事公益诉讼，重点在于维护民事法律规范，诉讼的被告人是民事主体，所保护的是受损的社会公共利益。

检察民事公益诉讼应明确所要保护的公共利益的内涵和外延，特别是对其所要保护的公共利益与大多数人利益之间的边界进行界定，避免出现公共利益无限扩大、履职范围无限扩大、法律规定随意突破的情况。[3]

（一）公共利益的概念界定

无论是在公法上，还是在私法上，公共利益都是不确定的法律概念。由于

---

[1] 参见江西政法网：《全国首例可移动文物保护民事公益诉讼案开庭！》，载中国长安网，https://www.chinapeace.gov.cn/chinapeace/c100050/2022-08/31/com.tent.12666190.shtml，最后访问时间：2022年9月8日。

[2] 参见孙立智、曾学斌：《检察公益诉讼受案范围拓展探讨》，载《广西警察学院学报》2021年第3期。

[3] 参见庄永廉等：《深化研究积极稳妥拓展公益诉讼“等外”领域》，载《人民检察》2020年第1期。

公共利益概念在法律上的不确定性，引发我国在立法、行政执法和司法实践层面均出现难以界定公共利益的问题。公共利益法律化是法学研究领域和法律规范拟定过程中普遍存在的重要命题。各个法领域都将公共利益作为重要的法益追求，因此都必须面对将公共利益视作不确定法律概念的难题。公共利益作为一个重要的法律概念，不仅在宪法、行政法、经济法、知识产权法等领域中难以清晰界定，在诉讼法领域，尤其是在近年兴起的公益诉讼领域中，其不确定性也引发了立法和司法实践中的诸多困境。[1]因此，在民事公益诉讼的理论研究和制度设计中，“公共利益的界定是一个必须要面对的难题”。[2]

1. 国外学者对公共利益的概念界定。究竟何为公共利益，西方学者提出的众多代表观点，大体可归纳为五种，即个人利益综合说、政治组织社会需求说、抽象秩序说、价值判断说和普遍利益说。[3]第一，个人利益综合说以边沁（Benthem）的观点为代表，将共同利益视为构成社会共同体成员利益的总和。因此，社会公共利益即为社会中全体成员个人利益的相加。国家目的是最大程度实现和促进公共利益。第二，政治组织社会需求说以庞德（Pound）的观点为代表，认为利益应该受到法律秩序的保护，它可以被划分成个人利益、社会利益和公共利益三种类型。在这些内容中，公共利益是指与政治组织的社会生活相关，并以政治组织的名义提出的主张、要求和愿望。第三，抽象秩序说以哈耶克（Hayek）的观点为代表，认为自由社会中公共利益的概念是抽象的秩序，由抽象的法律规则目的所构成。公共利益的目的在于作为帮助社会成员追求个人目的之工具，而非实现某种已知且特定之结果。第四，价值判断说以美国学者丹尼尔·贝尔（Daniel Bell）为代表，认为应从公共的“善”的角度为切入点，从个体与社会之间的联系出发来定义公共利益。社会的“善”相对于个人的“善”而言更具有优先性，因而在利益保护上应以公共利益之保护为先。[4]第五，普遍利益说认为公共利益是应当认可

---

〔1〕参见倪斐：《公共利益法律化研究》，人民出版社2018年版，第31~32页。

〔2〕柯阳友：《民事公益诉讼重要疑难问题研究》，法律出版社2017年版，第7页。

〔3〕参见柯阳友：《民事公益诉讼重要疑难问题研究》，法律出版社2017年版，7~8页。

〔4〕参见［美］丹尼尔·贝尔：《社群主义及其批评者》，李琨译，生活·读书·新知三联书店2002年版，第56页。转引自白彦：《民事公益诉讼理论问题研究》，北京大学出版社2016年版，第8~9页。

且应当保护的公众普遍利益。

2. 国内学者对公共利益的概念界定。国外学者对公共利益的概念众说纷纭，国内学者针对这一概念的界定亦是莫衷一是。有学者认为，公共利益应包括作为核心的国家利益、不特定多数人的利益和需要特殊保护的利益。〔1〕有学者主张，公共利益是由国家利益和社会利益共同组成，在这些利益中，国家利益具体包括了宪法秩序、法治利益和国有资产等利益，而社会利益具体包括了社会部分或全部成员所共同享有的利益。〔2〕也有经济学学者从新经济学理论的角度认为，公共利益可以用社会福利函数的形式来表现，根据社会安排、可供选择的事务、成员利益及其偏好等因素进行排序，以此作为一种秩序来确定所追求的公共利益。〔3〕依据目前国内通说，国家利益、不特定多数人的利益和需要特殊保护的利益均包括在公共利益之内。〔4〕关于公共利益与国家利益之间的界限与关系问题，有学者则认为国家利益既包含国际政治范围内的国家利益，同时也包含国内政治范围上的国家利益。国际政治范围内的国家利益表现为民族国家利益，国内政治意义上的国家利益则表现为政府代表的全国性利益。〔5〕国家利益不仅在形式上表现为社会公共利益，而且在实质上也包含了社会公共利益的内容。〔6〕也有学者认为，虽然国家利益是以公共利益为表现形式，但二者并不能等同。〔7〕国家利益以维护统治阶级的政治统治为目的，并以国家安全、外交、军事和意识形态等利益为主。〔8〕还有学者主张“公共利益包括国家利益和社会公共利益”，并认为其可作为检察公益诉讼案件范围拓展的判断标准。〔9〕“国家和社会公共利益仍处于受侵害状态”

〔1〕参见韩波：《公益诉讼制度的力量组合》，载《当代法学》2013年第1期。

〔2〕参见颜运秋：《公益诉讼法律制度研究》，法律出版社2008年版，第26~28页。

〔3〕参见樊纲：《渐进改革的政治经济学分析》，上海远东出版社1996年版，第76页。

〔4〕参见张卫平：《民事公益诉讼原则的制度化及实施研究》，载《清华法学》2013年第4期。

〔5〕参见阎学通：《中国国家利益分析》，天津人民出版社1997年版，第4页。

〔6〕参见俞可平：《权利政治与公益政治》，社会科学文献出版社2003年版，第133页。

〔7〕参见王景斌：《论公共利益之界定——一个公法学基石性范畴的法理学分析》，载《法制与社会发展》2005年第1期。

〔8〕参见胡锦光、王锴：《论公共利益概念的界定》，载《法学论坛》2005年第1期。

〔9〕潘剑锋、牛正浩：《检察公益诉讼案件范围拓展研究》，载《湘潭大学学报（哲学社会科学版）》2021年第4期。

之表述更符合民事公益诉讼中对“公共利益受损”的理解。[1]

3. 现行立法规范对检察机关所保护之公共利益之界定。2018 年 3 月，最高人民法院和最高人民检察院联合发布《检察公益诉讼解释》。2021 年 6 月 29 日最高人民检察院公布了《公益诉讼办案规则》，并于 2021 年 7 月 1 日起正式施行。《检察公益诉讼解释》（2020 修正）和《公益诉讼办案规则》中均对检察公益诉讼所保护的“公益”有明确的表述。根据《检察公益诉讼解释》（2020 修正）第 2 条和第 4 条的规定，检察公益诉讼的主要任务是“维护国家利益和社会公共利益”。《公益诉讼办案规则》第 2 条明确指出检察机关办理公益诉讼、履行检察职责，是以对国家利益和社会公共利益加强保护为目的。2017 年 9 月 11 日，习近平总书记在给第二十二届国际检察官联合会年会的贺信中指出“检察官作为公共利益的代表，肩负着重要责任”。人民检察院正是通过办理公益诉讼案件来有力维护国家利益和社会公共利益。[2]公益诉讼检察制度，既是国家治理体系的重要组成部分，又是国家治理体系的重要保障，对推进国家治理体系和治理能力现代化意义重大。公益诉讼检察制度是人民检察院依法独立行使检察权的表现，其目的是维护社会公平正义和宪法、法律权威，是保障国家利益和社会公共利益不被非法侵犯的最终的制度防御。[3]对国家治理体系和治理能力现代化的促进功能是公益诉讼区别于刑事诉讼、民事诉讼和行政诉讼三大传统诉讼的重要标志。我国检察民事公益诉讼所保护的“公益”（公共利益），并不和法律所保护的“私益”相对立，两者之间是融合统一的关系。与此同时，公共利益之概念也不仅仅限于“不特定多数人”，而是涵盖“多数人利益”。以此为基础，检察民事公益诉讼保护受损的公共利益。

因此，中外学术界从不同学科、不同时代背景、不同价值观及不同角度

---

[1] 林莉红：《检察机关提起民事公益诉讼之制度空间再探——兼与行政公益诉讼范围比较》，载《行政法学研究》2022 年第 2 期。

[2] 参见最高人民检察院第八检察厅编：《〈人民检察院公益诉讼办案规则〉理解与适用》，中国检察出版社 2022 年版，第 26 页。

[3] 参见最高人民法院环境资源审判庭编著：《最高人民法院　最高人民检察院检察公益诉讼司法解释理解与适用》，人民法院出版社 2021 年版，第 48 页；童建明、孙谦、万春主编：《中国特色社会主义检察制度》，中国检察出版社 2021 年版，第 373 页。

出发，对公共利益进行了不同的定义，我国现行法律规则也对公共利益有较为明确的表述，揭示了“民事公益诉讼”与公共利益之间的关系。正如前所言，由于公共利益所具有的不确定性、模糊性、复杂性及丰富性等特点，使得准确、清晰且无争议的界定这一概念成为公认的难题。本书认为，国家利益、社会公共利益和需要特殊保护的利益均应属于公共利益的范畴。公共利益的保护以保护被侵害的国家利益为核心，以保护不特定多数人的利益，即社会公共利益为重要内容，兼顾保护老弱病残幼等特殊群体之需要特殊保护的利益。而检察民事公益诉讼所保护的正是“受损的社会公共利益和需要特殊保护的利益”。

（二）公共利益与相关利益的界分

公共利益与国家利益、社会利益、私人利益以及多数人利益之间有着千丝万缕的联系，彼此之间极易混同。但同时，公共利益与这些相关利益的概念在内涵和外延上又有明显的不同。

1. 国家利益。在我国，国家利益与公共利益之间的界限较为模糊，导致实务界、学术界及公民往往将二者混淆使用。但本质上看，两者的区别是十分明显的。有学者认为，国家利益具体包含了两个方面，第一个是民族国家利益，与之相对应的是在国际政治范畴中的国家利益；第二个是全国性利益，与此相应的是在国内的政治层面上的国家利益。[1]国家利益与公共利益并不等同。[2]本书认为，对于国家利益的理解不应局限于国内居民的利益，还应考虑其外部环境。因此，国家利益指的是国家为了满足自身的生存、安全和发展需求而产生的利益，它还应该包含国际与国内两个因素，而且国家利益是以一个国家作为一个明确的利益载体。尽管国家利益的覆盖面更广，但它仍是一种广义的公共利益。[3]

2. 社会利益。对于该概念之内涵与外延的认定，国内外学者们有不尽相同的见解。域外学者的观点大体可以分为两种，一是法社会学观点；一是功利主义思想观点。以庞德为代表的法社会学家们认为，社会利益可以包括以

---

〔1〕参见阎学通：《中国国家利益分析》，天津人民出版社1997年版，第3~5页。

〔2〕参见胡锦光、王锴：《论公共利益概念的界定》，载《法学论坛》2005年第1期。

〔3〕参见柯阳友：《民事公益诉讼重要疑难问题研究》，法律出版社2017年版，第11页。

下六方面内容：交易安全、健康状态和社会秩序等方面的保障；与宗教、经济、家庭以及政治多个领域相关的利益；基本道德方面的利益；社会个人或组织均具有的处置资源利益；社会个体获得经济、社会和政治利益及发展的利益。而以边沁为首的功利主义思想家则主张个人利益组成了社会利益，社会利益在本质上是社会活动中社会个体及组织获得利益的总和。[1]国内学者的观点也各不相同。有学者认为，社会利益的特点在于其具有的整体性和普遍性。具体来说，从主体层面而言，社会利益上是整体的而非局部的利益；从内容层面上讲，社会利益是普遍的而不是特殊的利益；从利益的分类层面看，社会利益与国家利益、集体利益和个人利益是并列关系。民众对一个社会的期待与要求，即为社会利益。同时，社会利益也并非抽象得不可描述，而是可以具体地概括为公共秩序的和平与安全、全面保护弱势群体合法权益、合理利用社会机会和资源，以及维护公共道德等内容。[2]也有学者认为，公共利益有广义和狭义之分，广义的公共利益是国家利益、社会利益两者的上位概念，而非并列。公共利益在社会领域的体现，往往是其侧重于社会层面的结果，故而有“社会公共利益”的表述。[3]我国检察民事公益诉讼所保护的法益，在立法中被表述为“受损的社会公共利益”。因此，我国检察民事公益诉讼相较于检察行政诉讼而言，更加侧重于社会领域公共利益之保护。

3. 私人利益。通常根据字面理解，“公”与“私”是相对意义，人们会将“公益”与“私益”对立起来。德国公法学家莱斯纳（W. Leisner）认为，出于对现代社会多种多样的现象考量，公益与私益不再是完全对立且相反的概念，反而二者之间的关系是相辅相成、甚至是辩证统一的。现代社会的公益非但不与私益相悖，公益反而形成于多数人的私益。从某种程度上说，是私益组成了公益。公共利益与私人利益的辩证统一，具体表现为三种私人利益可以被提升为公共利益，也就是不确定的多数人利益、具有某些特殊性质

---

〔1〕参见白彦：《民事公益诉讼理论问题研究》，北京大学出版社2016年版，第14~16页。

〔2〕参见孙笑侠：《论法律与社会利益——对市场经济中公平问题的另一种思考》，载《中国法学》1995年第4期。

〔3〕参见柯阳友：《民事公益诉讼重要疑难问题研究》，法律出版社2017年版，第10~11页。

的私益，以及基于民主原则将少数私人利益形成的公共利益。[1]公共利益与私人利益之间冲突的根本原因就在于“私人利益所具有的排他性或非共享性与公共利益的非排他性或共享性之间的冲突”。[2]现代社会所必须面对的问题就是如何解决和协调公共利益与私人利益之间的冲突问题。解决二者之间的冲突，需要遵循法治原则，兼顾立法、司法、执法、守法等在内的综合运用，具体包括三个原则：平等保护原则、在特定情形下社会利益优先原则和一般利益优于特殊利益且兼顾特殊利益原则。[3]

4. 多数人利益。多数人利益和少数人利益相对称。多数人利益，以人数是否确定为标准，可以分为“不特定多数人利益”和“特定多数人利益”。在公共利益的诸多学说中，德国学者罗世德（C. E. Leuthold）主张公共利益是指大多数人的个人利益之和，而非全体个人利益之和。大多数人的个人利益可以被看作公共利益，而少数人利益则仍是“个别利益”或“个人利益”。罗曼·思可奴（Roman Schnur）则主张，公共利益是“不特定多数人的利益”。不特定多数人受益才是公益追求的目标和本质。罗曼认为“不特定”和“多数人”是公共利益的两个不可或缺的特点。[4]“需要特殊保护的利益”不限于“不特定多数人的利益”，也应包括人民群众密切关心、引起社会普遍关注的“特定多数人的利益”，例如老弱病残幼等特殊群体的利益。

（三）检察民事公益诉讼所保护的公共利益之分类

人类社会不断发展，在给人类带来现代文明和便捷生活的同时，也因为社会急剧变革而带来许多侵害公共利益的、有区别于传统纠纷的现代型纠纷。传统民事诉讼无论在理论基础还是制度功能上都无法有效解决现代型纠纷，由此催生了民事公益诉讼。我国构建检察公益诉讼制度是为了弥补行政执法明显不足的现实情况，利用司法手段监督、促进、辅助行政机关依法履职，用司法的方式来保护国家和社会公众的利益，从而在法治的道路上，推动国

---

〔1〕参见陈新民：《德国公法学基础理论》（上），山东人民出版社 2001 年版，第 200 页。

〔2〕白彦：《民事公益诉讼理论问题研究》，北京大学出版社 2016 年版，第 117 页。

〔3〕参见颜运秋：《论法律中的公共利益》，载《政法论丛》2004 年第 5 期。

〔4〕参见陈新民：《德国公法学基础理论》（上），山东人民出版社 2001 年版，第 182~185 页。

家治理体系和治理能力的现代化。检察民事公益诉讼作为检察公益诉讼制度的重要组成部分，以目前社会情况为考量，协助检察行政公益诉讼，使其更好地发挥对社会公共利益的司法保护作用，并进一步拓展检察民事公益诉讼的适用范围，以司法手段更好地维护公益。对检察民事公益诉讼适用范围的拓展必须以明确公共利益的范围为先决条件，并对其所保护的公共利益进行分类——类型化研究。唯有如此，才不会囿于不可穷尽的列举而对应该保护的公益有所遗漏。

按照不同的标准，可以对事物进行不同的分类。对检察民事公益诉讼所保护的公共利益之划分也概莫能外。按照性质、功能、内容、形式以及规范目的等不同标准，可以将公共利益划分为不同的类型。依据公共利益的性质，可以将公共利益分为“主观的公共利益”和“客观的公共利益”；根据公共利益的功能，公共利益有多元化公共利益、与私益混同的公共利益、授权型公共利益、保密型公共利益、紧急情况公共利益、国家义务型公共利益、附程序型公共利益，等等；按照公共利益的内容，公共利益可以划分为法律实体国家利益、一般安全利益、一般道德利益、环境保护利益和弱势群体利益，等等；根据公共利益的形式，公共利益可以被划分为两种，一种是物质形式的公共利益，另一种是非物质形式的公共利益。有学者认为，上述分类因为缺乏实际法律规范、过于抽象或过于具体等原因，使得具体分类或失去法律实践意义，或难以在法律中适用，或失去分类意义。因此，主张以规范目的为标准对公共利益分类。按此标准，可以将公共利益分为立法目的型、权利界限型、权力依据型和法律客体型等公共利益。[1]

学者们从不同角度对公共利益进行分类，依然难以将公共利益与私人利益进行严格区分，究其根本是因为公共利益具有不确定性。正是因为不确定的基本特征，使得基于对公共利益的保护而做的分类要基于这种不确定性。依据法律监督职能，检察机关依法提起民事公益诉讼，所保护的公共利益应从“公共利益的不确定性”出发进行分类。基于此，检察民事公益诉讼所保护的公共利益可以分为三种：第一种是纯粹检察民事公共利益；第二种是包

[1] 参见倪斐：《公共利益的法律类型化研究——规范目的标准的提出与展开》，载《法商研究》2010年第3期。

含私人利益性质的公共利益，也称复合检察民事公共利益；第三种是由私人利益上升而来的民事公共利益，称为私益上升检察民事公益。依此分类，由私人利益上升而来的公益利益，也应该纳入检察民事公益诉讼保护的范围。

1. 纯粹检察民事公共利益。纯粹检察民事公共利益，是指检察机关提起的民事公益诉讼保护的公共利益，其中并不涉及个人或社会团体的利益。在该类型的检察民事公益诉讼中，起诉主体与所要保护的实体权利之间不存在直接的利害关系，依此公共利益类型提起的检察民事公益诉讼是“纯粹型检察民事公益诉讼”。在我国，典型的纯粹检察民事公共利益是“环境公共利益”。《民事诉讼法》第58条明确规定，检察机关对污染环境的损害社会公共利益的行为有权提起检察民事公益诉讼。环境具有资源有限和不可再生的特性，土地、河流、矿产、空气、森林等，构成了我们人类的共同利益。某些严重的侵权行为，损害的是森林资源，污染的是大气环境等环境公共利益而没有个人利益的损害。环境利益的损害，在无法确定具体损害个人的情况下，检察机关依法提起的检察民事公益诉讼所保护的便是纯粹检察民事公共利益。未来是否可以将国有资产利益作为纯粹检察民事公共利益纳入检察民事公益诉讼受案范围值得思考和研究。

2. 复合检察民事公共利益。复合检察民事公共利益，是指检察机关依法提起的民事公益诉讼所保护的混同了私人利益在内的公共利益。有学者把这种类型的公共利益称之为“扩散性利益”，认为扩散性利益，看似属于个人的利益，但其实是多数个人整体的、不可分割的利益。扩散性利益具有整体性特征，并不是简单的个人利益的叠加，而是多个人共同享有的利益。这种利益不属于特定的某个人或某个机构，而属于社会上的每一个人。扩散性利益包含着社会公益的属性，可以上升为公共利益加以保护。[1]本书认为，该类型公共利益称作“复合检察民事公共利益”似乎更直观和清晰。复合型检察民事公益诉讼，在保护因侵权行为而受损的社会公共利益的同时，也保护受损的个人利益。我国的复合检察民事公益诉讼案件范围要比纯粹检察民事公益诉讼大得多，具体可以包含环境复合检察民事公益诉讼、消费复合检察民

---

[1] 参见肖建国：《民事公益诉讼的类型化分析》，载《西南政法大学学报》2007年第1期。

事公益诉讼等。在环境复合检察民事公益诉讼中，侵权行为在损害环境公共利益的同时，也对公民的个人利益造成损害。例如，化工厂排放污水，在损害纯粹环境公共利益的同时，也损害了污染河流下游居民的健康利益、财产利益等个人利益。2006 年轰动全国的“邓维捷诉四大银行收取跨行查询费案”，当事人邓维捷的主要诉讼请求是法院判令四家银行取消每笔 0.3 元的银行卡跨行查询收费，同时要求停止侵权并返还其因跨行查询被收取的 1.5 元手续费。邓维捷关于取消跨行查询费 0.3 元的诉讼请求不仅仅关乎个人利益，更关乎所有适用银行卡进行跨行查询的消费者，据 2005 年底全国居民拥有银行卡数量推算，一年的跨行查询累计费用将高达 33 亿元。〔1〕

3. 私益上升检察民事公益。〔2〕公共利益并不绝对排除私人利益，反而可以由多数人的私人利益所组成，也就是说某些私人利益可以上升为公共利益，被作为公共利益来加以对待和保护。该类型公共利益包括集合性私益上升检察民事公益和个人同类性私益上升检察民事公益。

（1）集合性私益上升检察民事公益。集合性利益通常发生在基于特定法律关系而形成的团体中，团体成员享有不可分割的利益，而非单独成员的个人利益。例如，某机构向自己机构成员收取不正当费用、某用人单位拒绝招录某种非禁业传染病史人员、某医疗机构不接诊某种病人等。在因此种集合性利益受损而引发的纠纷中，侵权行为人对被侵权行为人所做的行为是一样的，产生的法律后果对团体成员也是相同的。如果当事人双方诉至法院，法院则要对所有原告人的相同诉求作出统一的判决。

（2）个人同类性私益上升检察民事公益。该类私益上升的民事公益，是一种个人利益的集合。检察机关提起的由该类型利益所引发的诉讼，本质上属于集约化的私益纠纷处理诉讼类型。众多当事人因其所受侵害的私人利益相似，受诉法院基于诉讼经济考虑将多个私人利益之诉进行合并审理。当前在我国，这类利益的实现途径主要有两种：一是人数不确定的诉讼代表人判

〔1〕 参见李记：《为邓维捷 1.5 元一口的“螃蟹”喝彩》，载《观察与思考》2006 年第 14 期。

〔2〕 参见肖建国：《民事诉讼中的私人执法——以中国民事诉讼为中心》，载汤欣主编：《公共利益与私人诉讼》，北京大学出版社 2009 年版，第 290~298 页。

决效力之扩张；二是示范性诉讼，或称实验性诉讼。第一种方式的理论基础是民事诉讼法学上的“判决效力的扩张”理论，未参加诉讼的人和代表人、诉讼中的原告人，在事实问题和法律问题上相一致，因此未参加诉讼人具有和参加诉讼的代表人、诉讼当事人具有相同或者相似的诉讼请求，最终法院对于代表人、诉讼的判决效力扩张至该未参加诉讼人。这样可以有效避免法院对相同问题作出前后矛盾的判决。我国现行《民事诉讼法》第57条将人数不确定的代表人诉讼裁决的效力扩展到没有在法定期限内参与登记的权利人。第二种方式是示范性诉讼。根据《元照英美法词典》，它是指法院经全体当事人同意，在基于主要事实、证据、待解决法律问题均相同的数个共同当事人（包括共同原告和共同被告）的多个案件中，选择一个或数个案件作出裁判，该裁判效力及于其他相同案件的诉讼。[1]该司法救济途径通过“判决效力扩张”等系列技术程序规则的运用，不但达到纠纷之解决和利益之救济的目的，而且实现了裁判法律效果之“公益性扩张”，承载了维护公共利益的价值目标。[2]我国现行法目前并无示范性诉讼的规定，但在司法实践中，对于“系列案件”，却又有了拆案分批审理的做法，这与示范性诉讼极为类似。[3]我国学者也主张对一些“小额多数”性的旅游群体侵害纠纷使用示范性诉讼制度，这比目前我国在解决该类纠纷上适用的“代表人诉讼制度”要更加有效。[4]

三、检察民事公益诉讼适用范围拓展应遵循的原则

2021年，全国检察机关共办理新领域公益诉讼案件约占全部检察公益诉讼案件的25.85%。[5]如前所述，在拓展检察民事公益诉讼范围的司法实践

[1] 参见薛波主编：《元照英美法词典》，法律出版社2003年版，第1339页。

[2] 参见丁宝同：《民事公益之基本类型与程序路径》，载《法律科学（西北政法大学学报）》2014年第2期。

[3] 参见范愉编著：《集团诉讼问题研究》，北京大学出版社2005年版，第45页。

[4] 参见毕玉谦、吐热尼萨·萨丁：《示范性诉讼：旅游消费者群体性纠纷救济的制度更新》，载《南京师大学报（社会科学版）》2019年第5期。

[5] 参见闫晶晶：《积极稳妥拓展公益诉讼案件范围》，载最高人民检察院官网，https://www.spp.gov.cn/spp/zdgz/202202/t20220221_545179.shtml，最后访问时间：2022年9月13日。

中，各地检察机关都在积极、稳妥地探索。检察机关在民事公益诉讼范围的拓展与探索上应遵循以下原则：积极与稳妥相结合原则、依法拓展原则、司法谦抑性原则、程序先行原则，以及重点突出和因地制宜原则。

（一）积极与稳妥相结合原则

检察机关是宪法规定的法律监督机关，其对检察公益诉讼适用范围进行拓展的目的在于强化检察权对法律实施的监督。最高人民检察院第八检察厅印发《关于积极稳妥拓展公益诉讼案件范围的指导意见》，将探索办理检察公益诉讼案件的指导原则从“稳妥、积极”改为“积极、稳妥”。《中共中央关于加强新时代检察机关法律监督工作的意见》明确提出要进一步强调“积极稳妥拓展公益诉讼案件范围”。“积极稳妥”的正确把握，在于面对检察民事公益诉讼新领域的探索工作既要勇于担当，又要保持其基本的谦抑、理性。“积极”与“稳妥”二者是相辅相成、缺一不可的关系，检察民事公益诉讼拓展范围“越是探索，越要稳妥”[1]，在检察民事公益诉讼案件范围拓展工作中要做到积极探索和秉持稳妥的兼顾与平衡。

检察机关在积极探索拓展民事公益诉讼案件范围的工作中，不能一味地为了“积极”而在没有明确的法律授权和规定的情况下，把人民群众不满意的问题等同于“公益受损”（侵害社会公共利益）而进行办理；检察机关在案件新领域的探索问题上，应更加注重“稳妥”，在拓展办案“新领域”时，从严掌握立案标准和从严落实审批机制，不属于严重侵害社会公共利益的行为和有其他适格主体可以实现救济的案件，以及具有显著争议的领域不应作为检察民事公益诉讼的适用范围。总之，检察民事公益诉讼案件范围的拓展“既要善始又要慎终，既要积极更要稳妥。”

（二）依法拓展原则

检察民事公益诉讼，从实质上讲，它是一种通过检察机关行使民事检察公益诉权来保护公共利益的手段。检察机关代表国家干预和以保护公共利益为宗旨行使民事检察公益诉权，要受检察权内在实现程序、正义价值的制约，因此民事检察诉权的行使应具有法定程序性，检察民事公益诉讼案件范围应

〔1〕参见《越是探索，越要稳妥》，载《检察日报》2022年9月19日，第1版。

依法拓展。[1]检察民事公益诉讼案件范围不但在“等内”领域不断细化，也积极探索“等外”领域的拓展，但依然无法与人民群众的需求相适应和匹配。不仅如此，在检察民事公益诉讼范围可进行细化的“等内”领域和可拓展的“等外”领域的问题上，我国检察机关对此的界定也与审判机关不尽相同。现阶段我国关于检察民事公益诉讼案件范围拓展的做法是，先实践探索成熟，后依次立法。这样先尝试后立法的实践做法，固然有其谨慎稳妥的优势，但随之带来的突出问题是探索阶段的案件范围拓展是在无法可依的情况下展开的。如何解决“积极探索”和“依法拓展”之间的矛盾也成为摆在学者和司法实务部门面前的问题。有实务部门专家建议考虑通过人大授权的方式开展检察公益诉讼案件范围拓展工作。[2]通过人大授权试点的方式，可以起到“暂时调整或停止适用法律、地方性法规”的法律效果，已成为调和我国“实践与法治”之间紧张关系的有效方式。[3]除全国人大常委会通过发布“决定”的方式授权检察机关开展民事公益诉讼案件新领域外，各地省级人大常委会也可以通过制定地方性法规的方式拓展本地区检察民事公益诉讼受案范围。检察机关经人大授权试点工作开展后，在个案、类案办理和总结规律的基础上，以最高人民检察院和最高人民法院共同发布司法解释的方式为检察民事公益诉讼案件办理提供法律依据，待时机成熟时再通过修订《民事诉讼法》和制定单行法的方式固定下来，为新领域案件的办理提供法律支撑。当然，理想的法治愿景是在不久的未来，可以出台我国的“公益诉讼法”或“检察机关公益诉讼法”。[4]

（三）司法谦抑性原则

检察机关作为我国司法机关，办理公益诉讼案件是其行使司法检察权的功能体现，司法谦抑性原则是检察机关在现代社会行使司法权时所应坚持的基

〔1〕 参见韩波：《论民事检察公益诉权的本质》，载《国家检察官学院学报》2020年第2期。

〔2〕 参见庄永廉等：《深化研究积极稳妥拓展公益诉讼“等外”领域》，载《人民检察》2020年第1期。

〔3〕 参见谭清值：《人大授权改革试点制度的运作图式》，载《南大法学》2021年第3期。

〔4〕 参见汤维建：《拓展公益诉讼的案件范围势在必行》，载《团结》2021第3期。

本原则之一，也被称为“有限监督原则”。[1]检察民事公益诉讼新领域的探索工作既要积极探索勇于担当，又要秉持其司法谦抑性。

司法谦抑性原则，是指司法机关在行使其司法权力时应极尽克制，避免司法权力在运行过程中过度干预公民生活。司法谦抑性原则源于“权力谦抑原则”。国家公权力在行使时应尽量克制和避免对公民私权利的侵犯。司法权是国家公权力的重要组成部分，避免对公民私权的过度干预是司法谦抑性原则的应有之义。[2]民事检察公益诉权的运行必然受法律监督权本身所应具有的权力谦抑特质影响。[3]检察机关通过办理民事公益诉讼案件实现其法律监督权。检察民事公益诉讼适用范围的拓展是检察诉讼监督权拓展的新时代表现，必须遵守司法谦抑性原则，避免检察机关行使民事诉权对公民和社会组织民事诉权的干涉。具体而言，人民检察院作为司法机关，在司法领域应当尊重并保障公民的实体权和程序权。检察机关在民事公益诉讼领域行使司法权，不能超越其法定职权范围干涉当事人实体权利和程序权利的行使和处分。检察民事公益诉讼应当遵守民事法律“私法自由”和“意思自治”等基本原则，不能将只涉及私益诉讼或不适合上升为民事公益诉讼的案件纳入案件的拓展范围。在民事公益诉讼的起诉顺位上，应优先鼓励和保障公民和社会组织行使公益诉权，检察民事公益诉权为其辅助和补充。[4]

（四）程序先行原则

程序先行，也称程序优先，是相对于“实体优先”的概念。[5]具体在检察民事公益诉讼案件范围拓展角度应理解为，在实质的公共利益难以通过明确的法律规定加以界定和判断时，优先通过构建程序机制来规范化地完成对

〔1〕参见陈武等：《检察公益诉讼新领域探索若干问题研究》，载《人民检察》2022年第12期。

〔2〕参见程晓璐：《检察机关诉讼监督的谦抑性》，载《国家检察官学院学报》2012年第2期。

〔3〕参见韩波：《论民事检察公益诉权的本质》，载《国家检察官学院学报》2020年第2期。

〔4〕参见潘剑锋、牛正浩：《检察公益诉讼案件范围拓展研究》，载《湘潭大学学报（哲学社会科学版）》2021年第4期。

〔5〕参见汤维建：《拓展公益诉讼的案件范围势在必行》，载《团结》2021第3期。

检察民事公益诉讼案件范围的评估、选定和具体适用。基于公共利益的不确定性和模糊性等特点，结合目前我国立法对于公共利益具体规定语焉不详的现状，在检察民事公益诉讼案件范围的拓展过程中建立程序先行原则具有必要性和重要性。检察民事公益诉讼所保护的法益是“受损的公共利益”，而社会生活中众多的损害公益行为，哪些应当首先纳入检察民事公益诉讼保护的范围，必然成为一个在拓展案件范围中不得不解决的问题。运用程序机制不但可以评估、判断和选择最先应被检察民事公益诉讼案件范围所包含的侵害公共利益的行为类型，还可以在检察实务中应对动态的“轻重缓急”，将该地区、该时期的“重大损害公共利益”行为纳入受案范围。检察民事公益诉讼案件范围拓展程序机制的建立，应综合考虑人民群众关注度、专家建议和有关机关意见等综合因素。如此，便有效地化解了在缺乏明确立法规定的情况下拓展案件范围无法律依据的尴尬。

（五）重点突出和因地制宜原则

检察公益诉讼制度是顶层设计和地方司法实践的“双向奔赴”。[1]检察民事公益诉讼案件范围的拓展之中国模式，基本是沿着地方实践摸索——基本规律总结——上升为法律的路径完成的。因为我国幅员辽阔、人口众多，所以地方各地的自然资源情况不同，城市规模各异。因此，各地产生的检察民事公益诉讼案件类型不同，例如在人口众多的特大城市对消费者保护、公共卫生安全、妇女权益保护等检察民事公益诉讼领域的“等内”细化程度要求更高；又如，历史文化古城的文化和文物保护需求一定比普通城市要高，相应的该地区对于文化和文物遗产保护检察民事公益诉讼领域的“等内”细化要求自然也高；再如，沿海和经济发达城市，对网络治理领域、证券领域的检察民事公益诉讼案件拓展要求更加急迫，而贫困地区则对检察民事公益诉讼在扶贫领域拓展要求更加强烈。所以，对于检察民事公益诉讼适用范围的拓展，不适宜搞“全国统一”和“标准过于细化”的案件范围适用和标准要求。在立法和司法适用方面，各地应根据自身实际情况对本地区内需要保

〔1〕 参见于潇：《检察理论检察实务实现双向奔赴》，载最高人民检察院微信公众号，最后访问时间：2023年2月15日。

护的重要领域进行检察民事公益诉讼案件适用范围的拓展并量身定制办案标准和细则。

四、完善我国检察民事公益诉讼适用范围拓展的进路

从2014年党的十八届四中全会首次提出“探索建立检察公益诉讼制度”，以及2017年正式通过我国《民事诉讼法》确立检察民事公益诉讼制度至今，我国检察民事公益诉讼在案件范围的拓展上毫无疑问地取得了不俗的成果。但我国检察民事公益诉讼案件在范围拓展上仍存在一些不可忽视的问题。

（一）健全检察民事公益诉讼案件线索来源机制

相对于传统诉讼案件而言，检察民事公益诉讼案件虽经过几年试点和正式运行，但仍属于“新兴诉讼领域”，在案件来源上处于不断探索和创新的阶段，难免存在缺乏制度性和规范性等问题。当前，检察公益诉讼案件既有通过群众举报获得，也有通过检察机关自身履职过程中发现获得，也有许多通过国家有关机关在工作中发现后移送获得，还有通过地方立法的方式进行专项活动中而获取，更有通过奖励公民举报线索的方式获得等途径。作为专门从事法学研究的学者和检察机关的办案检察官而言，都很难判断“是否属于损害社会公共利益”，通过如此零散和随机的方式获得的案件线索，很多时候难免会有公益诉讼案件线索“质量不高”的情况发生，尤其是通过奖励公民的方式获得的案件线索。[1]这给检察机关进一步的甄别工作带来了很多困难，过多地消耗了有限的司法资源。检察公益诉讼案件来源表现出途径多样、获取方式分散和随机，部分案件来源呈现阶段性、形式化等特点。克服目前司法实践中“纷繁”的案件线索获得方式，健全和加强检察公益诉讼案件来源的制度化、常态化和规范化，具体途径有：

1. 健全检察机关内部各部门之间的衔接机制，充分挖掘案件线索。在检察民事公益诉讼的案件办理过程中，有很大一部分的案件线索是从刑事案件

---

〔1〕 参见最高人民检察院：《最高检发布督促整治非法采矿公益诉讼典型案例　能动履职，破解矿产资源保护难题》，载最高人民检察院官网，https://www.spp.gov.cn/spp/xwfbh/wsfbt/202209/t20220914_577177.shtml#1，最后访问日期：2022年9月20日。

中来的，案件的办理或以刑事附带民事公益诉讼的方式进行，或是在刑事案件宣判之后单独另行提起检察民事公益诉讼。同时，检察民事公益诉讼部门可以通过加强与行政检察部门和民事检察部门的联系获得案件线索。作为检察行政公益诉讼的补位，当通过行政公益诉讼依然难以有效救济公共利益时，可以采用检察民事公益诉讼的司法救济方式对受损公共利益进行救济。当发现民事私益诉讼中有公益受损的情况时，检察机关应当及时提起民事公益诉讼。因此，在检察机关内部有必要建立线索通报机制，使得检察公益诉讼部门、刑事检察部门、行政检察部门和民事检察部门之间形成规范有效的案件信息共享机制。

2. 健全检察机关与相关职能部门、人民法院的沟通与协调机制，扩大和规范案件线索发现途径。在检察民事公益诉讼案件的办理过程中，需要检察机关加强与环境保护部门、工商管理部门、市场监管部门、妇联、工业与信息化部门、卫生管理部门、文物保护与研究部门等诸多部门的调研、走访和会商，建立起一套有效且规范的协调配合机制。

3. 健全规范的业务指导机制和专业化队伍。检察民事公益诉讼给检察人员的综合素质、办案水平提出了新的挑战和更好的要求。检察民事公益诉讼是继刑事检察、民事检察、行政检察三大传统检察业务之后的新型检察业务。旧有的办案人员和办案水平无法满足不断发展的检察民事公益诉讼案件办理的需要。检察机关需要从人员招录、人才培养和专业锻炼等全方位、规范化、制度化整体提高检察公益诉讼办案水平。检察机关应做好人才招录规划，根据检察民事公益诉讼案件特点，结合人员整体结构情况，招录民商法、环境保护法等相关专业人才充实一线办案队伍。同时，检察机关在现任检察官的教育培训工作上应形成一套科学完整的业务培训、办案指导和理论研究机制，采取业务知识竞赛、模拟办案比拼、发布指导性和典型性案例等具体方式，以规范的制度促进检察公益诉讼培训新模式。此外，检察机关在业务骨干的培养工作上，考虑和相关职能部门建立常态化、规范化的“干部互派挂职”制度，加强检察公益诉讼业务骨干与有关机关的业务交流，提升办案队伍专业实战水平。

（二）规制检察机关关于公共利益界定的裁量权

由于目前立法对公共利益之规定过于抽象，导致检察机关在民事公益诉讼案件的办理过程中对于“何为损害公共利益”拥有过大的司法裁量权。立法中对公共利益的表述并不明确，检察机关在办理民事公益诉讼案件过程中，不得不对个案进行复杂的价值判断并均衡考量各方利益，从而判断该案所涉利益的属性，把握案件范围。检察机关对于个案公共利益的判断同时缺乏有效的程序规制。立法的抽象、程序的缺位、监督机制的缺失以及救济制度的缺乏，导致检察机关拥有了过度的自由裁量权。立法对于公共利益不进行清晰、明确的规定，而由检察机关（司法机关）来自行决定，会使得检察民事公益诉讼案件受理条件和标准不符合公开、明确的实体正义与程序正义的要求，也极易造成不同的检察官在办理相同或相似案件时作出截然不同的判断，导致司法的不统一，从而伤害法律应该具有的统一性和权威性。〔1〕

规制检察机关对公共利益的裁量权，需要立法层面实质上的明确和程序制度设计的保障。在立法上，可采取修改《民事诉讼法》、制定单行法和出台司法解释等方法将公共利益的标准予以明确化和具体化；在程序制度的设计上，可以考虑建立“公众参与制度”，吸纳具有相关专业资质的机构和人士参与公共利益的评估和综合判断，制定严格、规范的机构人员遴选程序和评估判断程序。公共利益具有不确定性和模糊性等特性，检察机关在对公共利益进行判断，以及对其能否被列入检察民事公益诉讼的受案范围进行评价时，也很难做出精准的判断。因此在对公共利益的评估判断的具体做法中，可以考虑建立检察机关内部的实体论证程序和对外的评估信息公开、听证和公益异议等程序。〔2〕

（三）现行检察民事公益诉讼适用范围的立法模式选择

立法体例，也称立法结构或立法模式，是立法者不同价值取向和逻辑意图的法律文本框架表达。立法者基于不同的价值取向考量和逻辑意图表达等综合因素，采用不同的立法方法和技术，制定不同体例的法律文本。不同立法体例的确立，背后蕴含着国家结构形式、历史传统、国体和政体等一系列客观因素。

〔1〕参见廖中洪：《对我国〈民诉法〉确立公益诉讼制度的质疑》，载《法学评论》2012年第1期。

〔2〕参见汤维建：《拓展公益诉讼的案件范围势在必行》，载《团结》2021年第3期。

目前，关于公益诉讼案件范围的立法体例，有相关立法规定的各国一般采取概括主义、列举主义和混合主义等立法体例。[1]关于概括主义立法体例，通常采用抽象而笼统的法律文本表达方式，相应的法律规定模糊而开放，往往给法律适用带来难题。根据概括内容的肯定与否，概括主义立法体例分为肯定的和否定的两种类型。而关于列举主义立法体例，则通过列出具体事项的法律文本表达方式，将法律规定逐一、清晰地罗列，虽给司法适用带来便利，但因难以穷尽列举而产生缺乏弹性和灵活的缺陷。列举主义立法体例，按其内容肯定与否，可以分为肯定的列举主义立法体例和否定的列举主义立法体例。混合主义立法体例，是指法律文本框架的表达采取肯定与否定混合并用的逻辑形式。

根据我国现行《民事诉讼法》有关检察民事公益诉讼案件范围的规定，我国采用的是肯定的概括主义立法体例和肯定的列举主义立法体例相结合的方式。单行法的相关规定，分散于现行的《消费者权益保护法》《环境保护法》《英雄烈士保护法》《未成年人保护法》《军人地位和权益保障法》和《个人信息保护法》之中。

具体到检察民事公益诉讼范围的立法体例而言，以上三种已有的立法体例似乎都无法解决具体受案范围难以清晰界定的问题。抛开立法的方式和技术，公益诉讼案件范围难以厘清的根本原因在于公共利益含义的抽象性、不确定性和模糊性等特点。基于概括主义立法体例的特点，加重了对检察民事公益诉讼案件范围法律文本表达的难度，无论其概括内容的肯定与否，均不易采用。列举主义立法体例，无论是肯定的列举主义立法体例，还是否定的列举主义立法体例，如单独采用任何一种都无法在案件范围的外延圈定上做到周全，加之列举的方式无法穷尽所有案件类型，也无法随时适应需要不断拓展案件范围的需求变化。而混合主义立法体例因不符合“排中律”的基本要求，极易造成公益诉讼案件范围的界定不清，依然无法准确界分可诉与否的难题。

检察民事公益诉讼适用范围之立法体例不同，代表着界分可否通过检察

---

〔1〕 参见颜运秋：《中国特色公益诉讼案件范围拓展的理由与方法》，载《深圳社会科学》2021年第1期。

机关提起诉讼来维护公益的方式不同，也意味着采取何种立法方式来明确检察机关是否行使公益诉权的界限。本书赞同我国采取一种全新的立法体例，即融合了肯定的概括主义与否定的列举主义的立法体例，本书称之为“融合主义立法体例”。[1]具体而言，采用该种立法体例，先用肯定的概括主义立法体例对检察民事公益诉讼案件范围加以总体原则性规定，再使用否定的列举主义立法体例对不属于检察民事公益诉讼案件范围的事项加以列举式规定。通过融合主义立法体例，能够最大程度地扩大检察民事公益诉讼适用范围，同时对不能通过检察民事公益诉讼进行公益救济的案件类型作出明确规定，由此可以动态、明确地界定检察民事公益诉讼的适用范围。

〔1〕 参见颜运秋：《中国特色公益诉讼案件范围拓展的理由与方法》，载《深圳社会科学》2021年第1期。

第三章

检察民事公益诉讼之诉前程序

检察民事公益诉讼的诉前程序，是指在提起民事公益诉讼之前，检察机关向法律规定的机关、有关社会组织或英雄烈士近亲属以公告或直接询问意见等方式督促其依法行使公益诉权的必经前置程序。

2014 年是检察公益诉讼制度的元年，2014 年 10 月 23 日《中共中央关于全面推进依法治国若干重大问题的决定》明确指出要“探索建立检察机关提起公益诉讼制度”。检察民事公益诉讼诉前程序的规范则源于 2015 年 7 月 1 日全国人大常委会通过的《全国人民代表大会常务委员会关于授权最高人民检察院在部分地区开展公益诉讼试点工作的决定》，其中指出在检察机关提起民事公益诉讼之前，应该依法“督促、支持法律规定的机关和有关组织提起公益诉讼”。经过为期两年的全国检察公益诉讼试点工作，2017 年 6 月 27 日，十二届全国人大常委会通过了《全国人民代表大会常务委员会关于修改〈中华人民共和国民事诉讼法〉和〈中华人民共和国行政诉讼法〉的决定》，在《民事诉讼法》第 55 条增加一款，作为第 2 款，后经 2021 年第四次修正改为第 58 条第 2 款，其中规定了检察机关提起民事公益诉讼的适用范围、诉前程序制度和支持起诉制度。2018 年 3 月，最高人民法院、最高人民检察院联合发布《检察公益诉讼解释》，后经 2020 年 12 月修正，对诉前程序进行了更为具体的规定。按照《检察公益诉讼解释》第 13 条的规定，检察机关在执行公务过程中，发现破坏生态环境与资源保护、对食品药品安全领域众多消费者的合法权益造成损害的，需要对其提起公益诉讼以维护受损公益的，应当对其进行为期 30 日的公告。2018 年 3 月，最高人民检察院印发《检察机关民事公益诉讼案件办案指南（试行）》（以下简称《办案指南》），明确提出检察机关在启动公益诉讼前，应在国家统一出版的报刊上，向有关机关和组织发出公告，通知其提起民事公益诉讼。2021 年 6 月，最高人民检察院发布《公益诉讼办案规则》，明确规定了人民检察院在提起民事公益诉讼前应在具有全国影响的媒体上发布公告 30 日，在办理对英雄烈士的姓名、肖像、名誉、荣誉等造成损害的民事公益诉讼案件时，可以直接征求他们近亲属的意见，当近亲属难以确定或直接征询确有困难的，也可以通过公告的方式征询意见。

然而，不可否认的是，检察民事公益诉讼制度在我国设立的时间较晚，经历的时间也较短，因此对诉前程序的规定相对不够完备。目前检察民事公益诉讼诉前程序的功能尚未充分发挥，实践效果也不尽如人意。在我国，诉前程序是检察公益诉讼的必经前置程序。在检察行政公益诉讼的司法实践中，大多案件通过诉前程序结案而非提起诉讼，不但节省了司法资源还及时维护了公共利益。相较而言，诉前程序的种种优势并未在检察民事公益诉讼中得以体现。〔1〕因此，应以检察民事公益诉讼基本理论为基础，结合司法实践中的问题，重新构建我国检察民事公益诉讼诉前程序。

一、检察民事公益诉讼诉前程序的基础理论

（一）检察民事公益诉讼诉前程序的性质

1. 检察民事公益诉讼诉前程序是社会治理型民事检察监督，是守法监督权。法律监督是检察机关的宪法定位，是由宪法规定的检察机关的根本职能。〔2〕检察机关通过运用民事检察权力，提出了公益诉讼，充分发挥了检察机关的法律监督功能。依据民事检察权之权能类型不同，宪法上的法律监督权可分为源于公权力制约职能的执法监督权和源于社会治理职能的守法监督权两大分支。〔3〕"公权制约型民事检察权"和"社会治理型民事检察权"是与之相对应的民事检察权。公权制约型民事检察权，一方面表现为民事审判检察监督，一方面表现为民事执行检察监督，其性质是执法监督权；社会

〔1〕 参见吉树海：《重视构建民事公益诉讼诉前协调机制》，载《检察日报》2018 年 5 月 6 日，第 3 版。

〔2〕 参见张雪樵、万春主编：《公益诉讼检察业务》，中国检察出版社 2022 年版，第 19 页。

〔3〕 参见傅郁林：《我国民事检察权的权能与程序配置》，载《法律科学（西北政法大学学报）》2012 年第 6 期。

治理型民事检察权具体体现为民事公益诉讼、民事支持起诉和督促民事起诉等职权，其性质是守法监督权。〔1〕

依据检察机关的守法监督权，检察机关对于社会不法行为具有诉前干预的权力。以宪法上的守法监督权为基础，通过诉前程序，检察机关对其他适格主体进行起诉督促，从而实现其对社会违法行为的司法干预。检察民事公益诉讼诉前程序行使权是社会治理型民事检察权的具体表现，性质是守法监督权。

2. 检察民事公益诉讼诉前程序体现民事检察权介入民事公益诉讼的补充性。检察民事公益诉讼是国家公权力对民事领域的介入和干预，它的介入和干预应体现补充性。检察民事公益诉讼应该是一种补充性和兜底性的司法手段，而不是冲在第一线，主要还是通过履行诉前程序督促其他适格主体发挥民事诉权来维护公益。在保护社会公共利益方面，法律规定的有关机关和社会团体应当处于优先地位，而检察机关处于次要地位。检察机关通过督促和建议其他适格主体提起民事公益诉讼的方式来实现社会公益的司法救济。检察民事公益诉讼应是一种兜底性的司法保障手段，从而达到对社会公共利益保护的目的。

民事检察权的运用应遵循司法有限性、检察谦抑性和尊重私权原则。检察机关民事公益诉讼启动后，若有符合要求的其他适格主体提起民事公益诉讼，检察机关应该撤回起诉，转为支持起诉和监督诉讼。例如，2016 年发生在江苏省盐城市的污染环境民事公益诉讼案。2016 年 6 月江苏省盐城市人民检察院在履行了诉前督促程序后，法定期限内确定没有其他适格主体提起民事公益诉讼，于是启动了检察民事公益诉讼程序。当年 7 月，中国生物多样性保护与绿色发展基金会向该法院申请加入该起案件的审理。江苏省盐城市人民检察院虽已提起民事公益诉讼，但考虑到提起该案诉讼的基础发生了变化，于是撤回了起诉。随后检察机关以支持起诉的方式继续参与该案诉讼活动，从而达到司法对公共利益有效维护的效果。〔2〕

---

〔1〕 参见韩静茹：《民事检察权研究》，北京大学出版社 2018 年版，第 122~193 页。

〔2〕 参见盐城市人民检察院：《盐城市人民检察院支持公益组织起诉扬州市腾达化工厂、张某某等污染环境民事公益诉讼案》，载盐城市人民检察院官网，http://yc.jsjc.gov.cn/tslm/dx-alfb/201809/t20180913_637678.shtml，最后访问时间：2022 年 10 月 26 日。

3. 检察民事诉讼诉前程序体现检察机关与其他适格主体维护公共利益的协同性。检察公益诉讼既是一种督促之诉，更是一种协同之诉。[1]在案件办理过程中，检察机关应当与其他适格主体进行及时有效的沟通，引导、支持和建议符合条件的社会组织，并在法律咨询、证据收集等方面，向他们提供专业的支持和协助。检察机关在民事公益诉讼中作为其他适格主体的协同，以兜底的方式提起检察民事公益诉讼，这将有助于建立由行政机关、社会公益组织和司法机关共同保护公共利益的预期格局。当发生侵害公共利益事件时，检察机关作为司法权的行使机关，是公共利益维护的兜底手段，不应首先通过提起诉讼的方式来维护公益，而应首先采取督促起诉、支持起诉的方式来鼓励和支持其他适格主体提起民事公益诉讼，体现公益维护的协同性。

检察机关在公共利益的维护中应是“预备队”，而不是“急先锋”。检察民事公益诉讼应是民事公益诉讼的“最后选择”，而非“首发阵容”。[2]在检察民事公益诉讼中，检察机关不应当始终以监督者自居，而应以参与者的姿态参与公益诉讼。从某种程度来看，参与本身就是监督。在民事公益诉讼案件的办理中，检察公益诉权的行使与其他适格主体的诉权行使应是协调的、合拍的，是协同的而非对立的。[3]检察机关在民事公益诉讼中应坚守兜底性和协同性的“初心”。

（二）检察民事公益诉讼诉前程序的功能

1. 敦促履职和诉权行使，保障程序公正。正义需要实现，更需要以“看得见”的方式实现。“看得见的正义”就是程序。诉讼程序具有独立的公正价值，与实体公正共同构成“公正”。诉前程序的设立应体现程序公正的保障作用。

首先，诉前程序对维护诉讼制度的均衡具有积极的意义。对于检察民事公益诉讼而言，检察机关的双重身份，即“法律监督者+公益起诉人”，对诉讼双方参与人平等对抗、法官居中裁判的传统诉讼构造造成极大挑战。通过

〔1〕参见张雪樵、万春主编：《公益诉讼检察业务》，中国检察出版社 2022 年版，第 20 页。

〔2〕参见汪莉、杨学飞：《六个方面完善检察机关提起民事公益诉讼诉前程序》，载《检察日报》2017 年 3 月 20 日，第 3 版。

〔3〕参见汤维建：《民事检察法理研究》，中国检察出版社 2014 年版，第 22~23 页。

履行诉前程序，检察机关可以督促法律规定的机关和符合条件的社会组织对损害社会公共利益的行为提起民事公益诉讼，这对减少诉讼结构失衡的风险具有积极意义，并在客观上保证了程序公正。

其次，诉前程序有利于保证民事公益诉权的行使顺位。前文有述，对于公共利益的维护，其他适格主体相较于检察机关而言应位于起诉顺位的"前端"，检察机关仅应作为公益维护的兜底者。诉前程序有利于促进行政机关依法履行职责，有利于促进社会组织依法行使民事公益诉讼权。

诉前程序的履行，无论是经督促程序由其他适格主体提起民事公益诉讼，还是经过诉前程序后，由检察机关自行提起民事公益诉讼，都起到了引起民事公益诉讼的效果。[1]社会公共利益受到损害，究其原因，主要是由于有监督管理责任的机关不作为、怠于作为造成的。其原因无非是造成公共利益损害的主体大多为地方支柱企业、利税大户，迫于地方经济发展的需求使得监管部门提起民事公益诉讼的动力不足；而一旦经历诉前程序，检察机关依法提起民事公益诉讼，必然造成新闻舆论和社会公众的高度关注，面对由此带来的压力，必然迫使负有监管职责且适格的行政机关申请加入诉讼，同时倒逼其在日常行政工作中积极履职、更好地维护社会公益。与此同时，检察机关通过履行诉前程序，通过在全国范围内公告的方式，使得有关社会组织知晓公益损害情况，从而有效实现社会组织的民事公益诉权。

2. 合理配置司法资源，提升诉讼效能。通过履行诉前程序，能够使当前检察机关的有限的司法资源得到高效的使用，从而提高诉讼的效率。刑事检察业务仍是检察机关的核心业务，在办案人员构成上仍以刑事检察人员为主。民事公益检察业务的专业性、跨地域性和复杂性无疑给检察人员带来前所未有的挑战。面对人力、能力等多重压力，检察民事公益诉讼这一"新兴业务"常常难以有效解决。诉前程序的履行，不仅对检察机关运用司法权干预民事领域起到有效的约束作用，也体现出对其他适格主体民事公益诉权的尊重与保障，同时起到降低有限司法成本的功效，从而优化了司法资源配置、提升了诉讼效率。

---

〔1〕 参见刘加良：《检察院提起民事公益诉讼诉前程序研究》，载《政治与法律》2017 年第 5 期。

3. 补强社会组织诉讼应对能力，带动公益维护社会共同体的有效协同。在习近平新时代中国特色社会主义思想的指引下，在国家治理能力的探寻中，检察公益诉讼制度应运而生。

检察民事公益诉讼制度已成为国家治理体系的重要保障。[1]国家治理由政府、市场和社会三位一体综合治理组成。社会治理的主要力量是社会组织，提起民事公益诉讼是其参与社会治理的新样态。现阶段，社会组织参与民事公益诉讼的积极性不高、诉讼应对能力偏弱，都影响了社会组织参与社会治理的实际效果。而诉讼应对能力不足，是其参与诉讼积极性不高的重要原因。社会组织的诉讼应对能力薄弱，主要体现在“取证难”方面。这也是目前有限数量的社会组织参与民事公益诉讼时常遇到的难题。它们并非是通过提起诉讼的方式进行民事公益诉讼，而是借助刑事案件，通过“先刑后民”或者“边刑边民”的搭便车方式进行民事公益诉讼。[2]大多数社会组织在损害社会公益的主体被司法机关作为犯罪行为追诉，启动刑事追诉程序、甚至在法院作出有罪判决之后，才提起或附带提起民事公益诉讼。有限的经费、相对缺乏的人力资源和难以令人满意的专业能力，都对社会组织的诉讼能力和诉讼积极性带来不利影响。检察机关在物质保障、人员配备和专业协作上，都更具有优势。检察机关通过诉前程序的调查核实工作，可依法定职权收集起诉所需的相关证据，而这些证据的取得可能是社会组织依据自身能力难以有效取得的。检察机关通过诉前督促程序和支持起诉制度，将收集到的证据提供给社会组织使用，助力其进行诉讼，同时提高了社会组织在案件中的胜诉率。

诉前程序，不仅体现了检察机关对民事公益诉权主体的充分尊重，也体现出检察民事公益诉讼的诉权源于法律监督权所应具有的权力谦抑性，更体现出其作为公益保护补充力量和最终兜底保障制度的担当。通过诉前程序的履行，检察机关带动了公益维护社会共同体的协同机制，有效的协同机制比任何单一力量更能充分、高效地维护公共利益。

---

〔1〕 参见最高人民检察院第八检察厅编著：《最高人民检察院第十三批指导性案例适用指引（公益诉讼）》，中国检察出版社2019年版，第3页。

〔2〕 参见刘加良：《检察院提起民事公益诉讼诉前程序研究》，载《政治与法律》2017年第5期。

（三）检察民事公益诉讼诉前程序应遵循的原则

正如前述，我国宪法不仅将执法监督——权力对权力的制约监督纳入法律监督内，同时也将守法监督——权力对权力滥用的监督归入法律监督的范围内。基于此，检察权可以对民事诉讼进行干预，从而实现其社会管理职能。检察机关作为国家司法权力机关介入和干预社会民事领域，存在着公权力对私权过度干预的风险。本书认为，检察民事公益诉讼诉前程序在程序构建和运用上必须遵循以下原则：

1. 检察谦抑原则。本书在“第二章检察民事公益诉讼适用范围拓展”中，从案件拓展应遵循的原则角度对“司法谦抑性原则”（也称“有限监督原则”）进行过探讨。检察民事公益诉讼诉前程序的检察谦抑原则，是指民事检察权的适用应以穷尽其他适格诉讼主体的司法救济途径为前提，检察民事公益诉讼诉前程序应保障其他适格诉讼主体的诉讼选择权，民事检察权的适用应作为补充性和兜底性的司法权力介入民事领域。民事公益诉讼领域检察权的适用一定要关注“国家、社会和公民个人”三者之间在社会治理中的关系，尊重社会自治和公民自治。因此，检察机关在提起诉讼程序保护受损的社会公共利益之前，应当尽量优先选择以特定方法来激励其他符合条件的主体“启动和运用相应的救济途径”。[1]依检察谦抑原则构建的检察民事公益诉讼诉前程序应以鼓励和支持其他适格主体提起民事公益诉讼以维护受损的社会公共利益为出发点和目标。

2. 适度干预原则。检察机关在社会公共利益的维护上应作为“预备队”和“替补者”，维护公益的“先锋队”和“主力军”应是法律规定的机关和有关社会组织等其他适格民事主体，检察民事公益诉讼应是最后的兜底措施。[2]检察机关在发挥守法型监督权能维护社会公共利益职能的同时，应更加注重培养和激励其他适格主体在维护公共利益方面的主动性、积极性和有效性。在检察民事诉讼过程中，检察机关应保持检察权行使的谦抑性和对民

[1] 参见汪莉、杨学飞：《六个方面完善检察机关提起民事公益诉讼诉前程序》，载《检察日报》2017年3月20日，第3版。

[2] 参见韩静茹：《公益诉讼领域民事检察权的运行现状及优化路径》，载《当代法学》2020年第1期。

事违法领域干预的适度性。在检察民事公益诉讼诉前程序的适用中具体表现为对有限案件范围适用诉前程序，对适格主体保持适当的干预程度，以及干预手段的适当和适度。换言之，并非在所有民事领域检察机关都可以经诉前程序后提起民事公益诉讼，其只能根据现行法规定，在法定领域内针对某些特定主体依职权适用诉前程序；检察民事公益诉讼诉前程序的适用手段也应遵循法律之规定，限定在督促起诉和支持起诉的法定方式内；检察机关对于其他适格主体的民事公益起诉选择权应充分尊重，是否决定提起民事公益诉讼是民事主体的权利。

3. 自治优先原则。现代法治社会要求公权充分尊重私权，检察机关作为公权力机关，也要秉持尊重私权的法治理念，在民事公益诉讼领域遵循社会和公民个人优先的原则。在社会公共利益的维护和保障方面，社会组织和公民个人作为普通民事主体的民事诉权应居于前置的顺位，而检察机关的民事公益诉权应居于后置的顺位。只有遵循这样的起诉顺位，才符合现代法治社会对于私权保障和尊重的要求。检察机关在社会公益的维护中，应始终秉持“国家最小干预”的理念。[1]检察机关民事公益诉讼适用诉前程序应遵循普通民事主体起诉权优先原则，即自治优先原则。

二、检察民事公益诉讼诉前程序存在的主要问题

自2015年7月1日《全国人民代表大会常务委员会关于授权最高人民检察院在部分地区开展公益诉讼试点工作的决定》实施以来，截止到2017年6月份，在各个试点区域，检察机关共受理了7903件诉前程序案件，其中有227件是民事公益诉讼诉前程序案件，约占总案件量的3%。在227件民事公益诉讼诉前程序案件中，其他适格原告提起的公益诉讼案件大只占约15.4%。诉前程序的履行成功率不高。[2]2018年，我国各地检察机关一共立案了4393件民事公益诉讼，对有关社会组织适用公告督促程序1721件，诉前程序的履

〔1〕参见韩静茹：《民事检察权研究》，北京大学出版社2018年版，第295页。

〔2〕最高人民检察院举行“全面实施检察机关提起公益诉讼制度发布会”，网址：http://www.scio.gov.cn/xwfbh/qyxwfbh/document/1557150/1557150.shtml，最后访问时间：2022年10月15日。

行成功率仅为 39.2%。[1]2021 年，全国检察院受理了 16.9 万件公益诉讼，较上年同期增长了 12.3%。其中民事公益诉讼类立案 2 万件，共开展诉前程序 14.4 万件，同比上升 10.9%，占公益诉讼案件总量的 85.2%。[2]2022 年 1 至 9 月，我国检察机关在全国范围内共受理了 21 000 件民事公益诉讼，在 153 000 件公益诉讼中占比 13.73%。全国检察机关共开展诉前程序 11.8 万件，占总案件量的 77.1%。[3]2021 年在全国范围内，检察机关共履行诉前程序案件超 14 万件，较上年同期增长了近 11%。[4]2022 年前三季度，在全国范围内，检察机关适用诉前程序的案件共计 11.8 万起，较上年同期增长了 13.1%。[5]虽然数据显示检察公益诉讼诉前程序案件数量不断增长，但检察机关民事公益诉讼诉前程序的履行效果不如预期。这与在公益诉讼试点期间和近年来的发展中，大多数的公共利益是通过诉前程序得到了有效保护，只有一小部分是通过诉讼程序得到了有效保护的公益诉讼的总体司法保护局面不相称。[6]这也不符合在诉前实现对公共利益的保护是最好的司法状态的指导思想。绝大部分的案件都可以在诉前程序阶段得到解决，通过诉前程序来实现对公共利益的救济与维护，是检察机关在维护公共利益方面的最佳司法

〔1〕 参见张军：《最高人民检察院工作报告——二〇一九年三月十二日在第十三届全国人民代表大会第二次会议上》，载《人民日报》2019 年 3 月 20 日，第 2 版。

〔2〕 最高人民检察院：《2021 年全国检察机关主要办案数据》，载最高人民检察院官网，https://www.spp.gov.cn/xwfbh/wsfbt/202203/t20220308_547904.shtml#1，最后访问时间：2022 年 10 月 18 日。

〔3〕 最高人民检察院：《最高检发布 2022 年 1 至 9 月全国检察机关主要办案数据》，载最高人民检察院微信公众号，最后访问时间：2022 年 10 月 15 日。

〔4〕 参见最高人民检察院：《2021 年全国检察机关主要办案数据》，载最高人民检察院官网，https://www.spp.gov.cn/xwfbh/wsfbt/202203/t20220308_547904.shtml#1，最后访问时间：2022 年 10 月 18 日。

〔5〕 参见最高人民检察院：《最高检发布前三季度全国检察机关主要办案数据 依法能动履职，法律监督质效持续向好》，载最高人民检察院官网，https://www.spp.gov.cn//xwfbh/wsfbt/202210/t20221015_589129.shtml#1，最后访问时间：2022 年 10 月 22 日。

〔6〕 曹建明：《最高人民检察院关于检察机关提起公益诉讼试点工作情况的中期报告——2016 年 11 月 5 日在第十二届全国人民代表大会常务委员会第二十四次会议上》，载中国人大网，https://www.nps.gov.cn/zgrdw/npc/zxbg/lgzxbg/2016-11/05/content_2001282.htm，最后访问时间：2022 年 10 月 15 日。

状态。[1]实践中，大部分的行政机关在收到检察机关的诉前检察建议后都会积极行动，履行自己的职责。尤其是对那些极易出现“九龙治水”纰漏、需要共同努力的“老大难”问题，通过诉讼前程序进行统筹协调，督促多个职能部门进行综合整治，维护公共利益的作用非常显著，用最少的司法资源取得最大的社会效应，充分体现了中国特色的社会主义法律体系的优越性。民事公益诉讼与普通民事诉讼、行政诉讼重要的不同之处就在于可以通过诉前程序解决纠纷，而不必一定经过诉讼程序。[2]在司法实践中，检察民事公益诉讼诉前程序的执行成功率相对较低，这与检察机关没有能够对其进行全面、有效地适用有关，也与诉前程序制度存在的不足相关。目前主要有诉前程序适用范围狭窄且规定不明确、适格主体积极性不高且力量薄弱、履行时间僵化、履行方式单一、与相关程序衔接不畅等问题。

（一）诉前程序适用范围狭窄且规定不明确

2015 年 7 月 1 日，全国人大常委会第一次在《全国人民代表大会常务委员会关于授权最高人民检察院在部分地区开展公益诉讼试点工作的决定》中明确规定，检察机关应当在启动公益诉讼之前履行诉前程序，依法督促、支持法律规定的机关和有关社会组织提起民事公益诉讼。2015 年 7 月 2 日最高人民检察院公布的《试点方案》对此进行了重申，并对法律规定的机关和有关组织的办理和回复作了相应规定。然而，对检察民事公益诉讼的诉前程序的规定仍处于最初的笼统规定阶段，对于诉前程序的履行范围、对象等均没有具体明确的规定。一般做法是督促有关机关、建议辖区内有关社会团体依法提起民事公益诉讼。依据该办法，检察民事公益诉前程序适用的范围被明确限定在“辖区内”，而对于何为“法律规定的机关和符合条件的社会组织”均未有明确的规定。然而公共利益涉及面广，公益诉讼涉及的不只是辖区内

〔1〕 参见张军：《最高人民检察院工作报告——2022 年 3 月 8 日在第十三届全国人民代表大会第五次会议上》，载最高人民检察院官网，https://www.spp.gov.cn/spp/gzbg/202203/t20220315_549267.shtml，最后访问时间：2022 年 10 月 15 日。

〔2〕 张军：《最高人民检察院关于开展公益诉讼检察工作情况的报告——2019 年 10 月 23 日在第十三届全国人民代表大会常务委员会第十四次会议上》，载中国人大网，http://www.npc.gov.cn/npc/c2/c30834/201910/t20191023_301564.html，最后访问时间：2022 年 10 月 16 日。

的法律规定的机关和有关社会组织。直到2018年3月12日，最高人民检察院印发的《办案指南》才明确了“检察机关在提起民事公益诉讼之前”发布公告的范围为“全国范围内”。最高人民检察院公布的《公益诉讼办案规则》也明确规定了检察民事公益诉讼诉前公告应发布在“具有全国影响的媒体”上。至此，检察民事公益诉讼诉前程序的地域范围从“辖区内”拓展到“全国内”，与检察公益诉讼的诉前程序的地域性要求基本一致，然而诉前程序在具体适用的案件类型、是否仅限于现实损害等方面依然存在问题。

1. 案件适用类型规定不明。目前《民事诉讼法》第58条关于检察机关启动民事公益诉讼的诉前程序中所适用的案件类型，与法定机关及相关机构启动民事公益诉讼时所适用的案件类型并不完全相符。《民事诉讼法》第58条第2款将检察机关提起民事公益诉讼所适用的案件类型规定为“破坏生态环境和资源保护、食品药品安全领域侵害众多消费者合法权益等”；而该法58条第1款规定的案件类型则为“污染环境、侵害众多消费者合法权益等”。同在一个法律条文中的前后两款规定提起主体不同适用不同类型的民事公益诉讼案件，导致不同主体提起的民事公益诉讼适用范围不同。不仅如此，检察机关是否必须履行诉前程序，以及诉前程序履行失败后该如何处理，目前立法并无明确规定，这就给司法实践中造成尴尬局面留有可能性。

2. 是否仅限于现实损害，立法规定存在冲突。根据《环境民事公益诉讼解释》（2020修正）第8条规定，提起环境民事公益诉讼不仅包括已经损害社会公共利益的案件，也包括具有损害社会公共利益重大风险的案件。关于检察机关提起的民事公益诉讼案件范围是否包括现实损害行为和损害风险行为，其他立法均无明确规定。

（二）适格主体数量不足且积极性不高

根据现行《民事诉讼法》和《英雄烈士保护法》之规定，当前检察民事公益诉讼诉前程序的适格主体具体包括三种类型，分别是：法律规定的机关、相关社会组织以及英雄烈士近亲属。然而，法律规定的机关数量少，有关社会组织数量不足、积极性不高且力量薄弱，英雄烈士近亲属提起诉讼顾虑较多等因素成为阻碍诉前程序在检察民事公益诉讼中适用以及影响其适用效果的重要原因。

1. 法律规定机关数量过少。按照《民事诉讼法》及《检察公益诉讼解释》中关于诉前程序的规定，只有依照《海洋环境保护法》所确定的对海洋环境进行监督与管理的部门，才是检察民事公益诉讼可以适用诉前程序的对象。法律规定的机关作为诉前程序的适格主体之一，其法律授权初衷是因其拥有的公权力属性使其对社会公共利益负有监管和保护职责，履行监管和保护公益的职责是其权力也是其法定义务。因此，当法律授权的行政机关面对其负有监管和保护职责的公共利益被侵害或有侵害风险时，其应该出于维护公益的义务提起民事公益诉讼。检察机关作为履行司法权的机关，其本质是补位行政权的不作为和怠于作为。此外，考虑到检察民事公益诉讼诉前程序的重要意义在于对司法成本的节约。[1]行政机关拥有资格提起民事公益诉讼的前提必须是法律的授权，若要更大限度地节约司法资源，应更加充分地发挥行政机关在民事公益诉讼中的作用，扩大对行政机关进行授权的范围。2017 年 12 月中共中央办公厅、国务院办公厅印发《生态环境损害赔偿制度改革方案》，该方案明确指出国务院授权省级、市地级政府（包括直辖市所辖的区县级政府）作为本行政区域内生态环境损害赔偿权利人。据此，对于不同行政区域内的生态环境损害，赋予各级管理机构共同参与环境民事公益诉讼的权力。省级和市级人民政府可以明确规定，由其指定的机构承担生态损害赔偿职责。在这种情况下，一旦生态损害侵害到社会公共利益，省级、市地级政府及其指定的部门或机构也应为法律规定的机关。

民事公益诉讼案件涉及公共利益的损害，而行政机关负有对公共利益的法定监管和维护义务。大多数涉及公共利益的诉讼案件都与行政机关的违法作为或者不作为有关，在检察民事公益诉讼的相关立法中若将其他行政机关排除在诉前程序适用对象之外，不利于诉讼前程序功效的实现，并且也没有必要一定要把行政公益诉讼和民事公益诉讼的界限从诉前程序阶段就划分清楚。一旦出现需要同时提起民事公益诉讼和行政公益诉讼的案件，也可以通过行政附带民事公益诉讼的方式进行。

2. 有关社会组织数量不足且积极性不高。在现有社会组织数量不足的情

[1] 参见刘辉：《检察机关提起公益诉讼诉前程序研究》，载《中国检察官》2017 年第 3 期。

况下，民事公益诉讼成本相对较高、原告人因举证责任难以完成和不愿面对败诉风险等原因，影响了社会组织提起民事公益诉讼的积极性。根据《环境保护法》的规定，能够提起环境民事公益诉讼，需要满足以下几个法定条件：在地市级以上政府民政部门依法注册，从事环保公益活动连续5年以上且没有违法记录，以及不能通过诉讼获取经济利益等。按照《环境保护法》规定，符合条件的社会组织数量并不多，从业年限的要求将很多社会组织排除在提起民事公益诉讼的适格主体范围之外。根据《消费者权益保护法》规定，中国消费者协会以及在省、自治区、直辖市设立的消费者协会拥有对侵害众多消费者合法权益的行为提起民事公益诉讼的主体资格。据此，符合条件的社会组织数量有限。适格的社会组织提起民事公益诉讼，根据民事诉讼法及相关规定需要承担举证责任，但社会组织在证据调查能力上无法与作为国家司法机关的检察院相比，再加上原告人要承担诉讼中发生的鉴定费等费用，也会出现超出社会组织自身承受能力范围的问题。目前，我国对社会组织实行的是双重管理体制，社会组织既有登记注册的职责又有监督管理的职责。但是，由于民事公益诉讼中的被告大多是对当地经济有重要影响的税收大户，因此，在提出民事公益诉讼之前，根据属地管理的原则，必须对当地的施压进行审慎的衡量。考虑到起诉就会有败诉风险的情况，社会组织在承担各种负担的同时如果没有足够胜诉的把握，就会导致不愿提起民事公益诉讼的几率增加的现实状况。如此，检察机关在对有关社会组织履行诉前督促程序就很难发挥出应有的功能和效果。

3. 英雄烈士近亲属起诉有诸多顾忌。据《英雄烈士保护法》第25条规定，对侵犯英雄烈士姓名、肖像、名誉的行为，其近亲属有权向人民法院起诉；对于无近亲属或近亲属不起诉的，检察机关依法提起民事公益诉讼。根据《公益诉讼办案规则》第92条规定，检察机关提起的英雄烈士权益保护领域民事公益诉讼，在履行诉讼程序的具体方式上，可以是直接对英雄烈士近亲属进行意见征询，也可以公告方式征询其意见。公告的方式一般是指当发生被侵害的英雄烈士等人数众多，或者英雄烈士的近亲属难以确定，或者直接征询英雄烈士近亲属确有困难的情形时使用的征询方式。征询意见的对象范围以《民法典》有关近亲属范围的规定为限。

2018年5月14日，曾某因对工作和生活不满，在130余人的微信群里故意散播有关谢勇烈士牺牲的不实言论，并进行言语侮辱。这些不实言论和污蔑性信息被大量转载，造成了较为恶劣的社会影响。检察机关遂以曾某的行为为依据，认定其涉嫌侵犯英雄烈士荣誉，并对公众产生了严重的影响，对其提起了民事公益诉讼。检察院依法履行诉前程序，通过书信与烈士近亲进行了沟通，随后，他们来到了谢勇的故乡湖南省衡阳市，与他的近亲进行了面对面的交流。谢勇烈士的近亲属明确表示不提起民事诉讼，并签字支持检察机关提起有关民事公益诉讼。2018年5月21日淮安市人民检察院向淮安市中级人民法院就曾某侵害谢勇烈士名誉案提起检察民事公益诉讼。法院于2018年6月12日作出曾某的行为侵犯了烈士谢勇名誉并损害社会公益的判决，依据判决被告人应在本地市级报纸上公开赔礼道歉。[1]

英雄烈士近亲属提起维护英雄烈士权益民事公益诉讼的顾虑主要在于证据收集、律师费用、庭审误工等方面的诉讼负担。作为英雄烈士的近亲属，本就处于失去亲人的悲痛之中，作为自然人提起诉讼要负担的举证责任及相关诉讼费用会让很多英雄烈士近亲属顾虑重重。在此情况下，诉前程序往往陷入被“虚置”的境地。

（三）诉前程序的履行时间僵化

按照《试点方案》，检察机关在提起民事公益诉讼前，须经过诉前“督促”“支持”等程序，有关机关或组织应当在一个月内办理并书面回复。在实际操作中，被督促的机关在履职过程中，可能会涉及到调查核实等程序的进行，这就需要相应的时间；对被建议或者督促的有关组织来说，也有一个调查收集证据、评估损害、衡量风险等过程，尤其是在环境污染案件的办理中。所以，一个月的时间，对于被督促的机关而言，可能无法做到全面履行职责或纠正违法行为；对于被建议的有关组织而言，可能也没有时间认真进行调查评估，慎重作出决定。[2]

---

[1] 参见最高人民检察院第八检察厅编著：《最高人民检察院第十三批指导性案例适用指引（公益诉讼）》，中国检察出版社2019年版，第15~19页。

[2] 参见陆军、杨学飞：《检察机关民事公益诉讼诉前程序实践检视》，载《国家检察官学院学报》2017年第6期。

根据《检察公益诉讼解释》和《公益诉讼办案规则》的规定，人民检察院在办理环境保护、食品药品安全领域侵害众多消费者合法权益和英雄烈士权益保护等损害社会公共利益的案件以公告方式履行诉前程序，公告期间为30日。对于相对简单的民事公益诉讼案件，其他适格当事人也更容易在较短的时间里就能对案件作出自己的判断，并作出清晰的答复。然而，在复杂的民事公益诉讼案件中，存在着大量的线索，因此，对证据的收集速度也比较缓慢，与此相对应的其他适格主体，很难在短时间内对案件进行精确的评价与预测。此时，为了保障诉讼的安全性和稳妥性，其他适格当事人一般都会选择不提起民事公益诉讼或者不予回复。总而言之，30日的统一公告期间，这一规定显然过于僵硬，对于复杂度不同的各种案件，不能灵活处理，这就极大地压制了其他适格主体的起诉积极性。[1]

不仅如此，检察机关履行诉前程序的时间节点也尤为重要，现行法律法规并无明确规定。作为一种前置程序，检察机关应该在哪个具体时间履行诉前程序涉及诉前程序的具体操作问题，至关重要。实践中，检察机关履行诉前程序后，相应的机关或组织明确表示不提起民事公益诉讼，实际上就表明检察机关诉前程序履行失败。为了维护受损的公共利益，必然要由检察机关提起民事公益诉讼。现阶段，对于检察机关履行诉前程序的具体时间只有"提起民事公益诉讼前"的立法规定，至于具体的时间节点是在收到案件线索之后，还是在调查结束之后，又或者是在立案之后履行诉前程序并没有明确的立法规定。立法规定得不明，导致司法实践中履行诉前程序的时间节点往往比较随意，没有形成统一的做法，这无疑会产生对该程序规范性的质疑。[2]从当前的司法实践来看，基于司法审慎之目的，检察机关通常都会先搜集充足的证据和资料，只有在认为自己的证据能够支持起诉，并且能够赢得官司的时候，才会启动诉前程序。这样的做法必然会增加检察机关的工作压力，还会造成检察资源的浪费，要在时间、经济、人力等方面付出巨大的司法成本。

---

〔1〕参见周星星：《检察民事公益诉讼诉前程序之完善——以〈关于检察公益诉讼案件适用法律若干问题的解释〉为切入点》，载《湖南工程学院学报（社会科学版）》2020年第3期。

〔2〕参见杨雅妮：《检察民事公益诉讼制度研究》，社会科学文献出版社2020年版，第113~114页。

但是，检察机关在收集到足够的证据之后，就会开启诉前程序，如果督促起诉可以获得相关社会组织的积极响应，那么，检察机关就必须将其之前收集到的证据移送给提起公益诉讼的社会组织，并从公益诉讼中退出。同时，对于同一案件，检察机关所搜集到的证据材料，也存在着与其他适格当事人所搜集到的证据材料重叠的情况。这就意味着，检察机关会浪费无谓的司法资源，增加自己的负担。

（四）诉前程序的履行方式单一

根据《试点方案》的规定，“督促”的方式过于单一。

检察民事公益诉讼往往涉及人数不确定的被侵权人，以单一的书面形式向其逐一发送督促起诉意见书，存在难以保证诉前程序适用到所有对象的问题。[1]这种以书面定向发送为主的诉前程序方式，不但司法成本高，而且很难实现。根据现行立法，在全国范围内，符合资格的相关组织都有权对合法领域中的社会公共利益损害行为提起民事公益诉讼。目前，符合法律规定条件的行政机关，尤其是符合法定条件的有关组织，数量庞大且仍处于不断增长中。若规定检察机关以书面方式逐一发送“督促起诉意见书”或“检察建议”，司法成本投入之大可想而知，同时也很可能导致在司法实践中无法完成。实践中，有符合条件的社会组织并未收到诉前督促起诉书，在检察机关提起民事公益诉讼后，该社会组织向法院申请加入诉讼。[2]

为了回应上述司法实践中的问题，《检察公益诉讼解释》将公告作为诉前程序的法定督促方式，《公益诉讼办案规则》也延续了这一规定。但令人遗憾的是，单纯采用“公告”这一手段来进行检察民事公益诉讼的诉前程序，仍不能完全适应各种适用主体的需要，也无法充分调动和提高其参与民事公益诉讼的积极性。[3]从诉前程序所使用的公告方式来看，它无疑会提高更多的适格主体明晰公益受损存在、从而积极地进行公益保护的几率，但其非特定

---

〔1〕参见汪莉、杨学飞：《六个方面完善检察机关提起民事公益诉讼诉前程序》，载《检察日报》2017年3月20日，第3版。

〔2〕参见陆军、杨学飞：《检察机关民事公益诉讼诉前程序实践检视》，载《国家检察官学院学报》2017年第6期。

〔3〕参见高建伟、马晓锐：《检察机关提起公益诉讼诉前程序研究》，载《人民检察》2017年第19期。

针对性也让其对其他适格主体的拘束力变得更加薄弱。这导致了其他适格主体不愿意自己提起民事公益诉讼，他们只能寄希望于检察机关站出来维护公共利益，这在无形中极大地提高了检察机关的起诉压力，与目前诉前程序设定的价值目标相悖。

不仅如此，从实践看，仅通过公告方式履行诉前程序，难以充分发挥诉前程序的功能。原因在于：第一，立法中规定的符合起诉条件的机关不甚明确，公告这种提示性方式较难起到督促作用。[1]第二，公告没有约束力。通过公告方式履行诉前程序常流于形式，往往沦为推进程序展开的技术性处理手段。[2]第三，检察机关对于公告平台的选择比较随意。目前立法并未明确规定公告的刊登范围，检察机关在实践中的做法也不一致。有在地方性媒体上刊登公告，或者在本地相对显眼的地方张贴公告，这些做法都难以起到在全国范围内广而告之的作用。在江西省检察机关提起的全国首例食品安全领域民事公益诉讼案件的办理中，检察机关通过在当地报纸发布公告的方式履行了诉前督促程序。2017 年 9 月，江西省赣州市信丰县人民检察院在履职过程中发现，被批捕的郭某某销售流入市场的辣椒系违法使用硫磺熏制而成，其行为已涉嫌食品药品安全领域侵害众多消费者合法权益，遂将案件材料移送至赣州市人民检察院并由其立案。2017 年 10 月，赣州市人民检察院依法履行诉前程序，通过在本地纸媒公告督促的方式，督促其他适格主体就郭某使用硫磺熏制、销售辣椒一案向法院提起民事公益诉讼。在 30 日的法定期限内，赣州市人民检察院没有收到有关机关或社会组织提起诉讼的书面回复。检察机关遂就该案向人民法院提起民事公益诉讼。随后人民法院判决支持了人民检察院的全部诉讼请求。郭某某被判支付 30 余万元赔偿金，承担硫磺熏制辣椒的销毁费用，在当地日报或电视台公开向社会公众赔礼道歉。[3]

---

〔1〕 参见邵世星：《当前检察机关提起公益诉讼工作面临的问题与对策》，载《人民检察》2018 年第 10 期。

〔2〕 参见肖建国、蔡梦非：《环境公益诉讼诉前程序模式设计与路径选择》，载《人民司法（应用）》2017 年第 13 期。

〔3〕 最高人民检察院第八检察厅编：《民事公益诉讼典型案例实务指引（民事公益诉讼·刑事附带民事公益诉讼）》，中国检察出版社 2019 年版，第 191~227 页。

（五）与相关程序衔接不畅

1. 试点阶段，诉前公告程序与法院公告加入程序衔接不畅。在 2018 年 3 月《检察公益诉讼解释》发布之前，这一问题非常突出。《环境民事公益诉讼解释》（2020 修正）第 10 条对公告程序作了明确的规定，人民法院在立案后，应当以公告形式向社会公开案件受理情况，并在 30 日内接纳其他适格主体申请参加诉讼的请求。在实践中，很容易发生法院对检察机关提起的公益诉讼进行重复公告的情况，不但造成诉讼的拖延，也造成了司法资源不必要的消耗。[1]以 2016 年扬州腾达化工厂环境污染案件为例，盐城市中级人民法院受理该检察民事公益诉讼案件后，以公告方式向社会公开了案件受理情况。中国生物多样性保护与绿色发展基金会在此基础上，向盐城市中级人民法院申请加入该案。法院公告加入程序的合理性在于对其他适格主体公益诉权和知情权的保护，但检察机关是在履行了诉前程序的基础上，在无其他适格主体起诉的情况下提起诉讼。由此，在逻辑起点和程序设计初衷上，检察机关的诉前程序和法院的公告程序是一致的。在一个案件中先后启动两个功能相同的程序，不仅会导致诉讼时间的拖延，也势必造成有限司法资源的浪费。[2]2018 年《检察公益诉讼解释》第 17 条第 2 款明确规定，检察机关已经履行诉前公告程序的，人民法院受理案件后将不再进行公告程序。自此从立法上根本解决了两程序衔接不畅问题。

2. 诉前程序与支持起诉程序衔接不畅。诉前程序中没有规定当其他适格主体提起诉讼的时候，检察机关应当如何支持起诉。《民事诉讼法》第 58 条第 2 款中规定，当其他适格主体提起民事诉讼公益时，检察机关可以支持起诉。但据目前司法实践来看，一是社会组织在诉讼能力上具有明显欠缺；二是法律没有明确规定如果检察机关依法履行了诉前程序，但其他适格主体拒绝提起诉讼时是否应负责任，以及负何种责任；三是关于检察机关如何支持其他适格主体起诉，支持到什么程度，以及通过什么方式支持，目前都处于

---

〔1〕 参见汪莉、杨学飞：《六个方面完善检察机关提起民事公益诉讼诉前程序》，载《检察日报》2017 年 3 月 20 日，第 3 版。

〔2〕 参见陆军、杨学飞：《检察机关民事公益诉讼诉前程序实践检视》，载《国家检察官学院学报》2017 年第 6 期。

无法可依的局面。[1]

3. 诉前程序与诉讼程序衔接不畅。首先是检察机关是否拥有提起民事公益诉讼选择权的问题。具体而言，检察机关在履行诉前程序后，其他适格主体均表示不提起诉讼，检察机关对于提起民事公益诉讼是否具有选择权。如果检察机关对此具有选择权，该适用何种程序。实践中，一旦检察机关履行完诉前督促程序，其他适格的起诉主体回复明确表示不提起民事公益诉讼，而检察机关因诸如案件情况发生变化导致不再符合起诉条件，或者检察机关出现人力不足等情况时，该适用何种程序结案确实是诉前程序规范需要进一步解决的问题。其次，当适格的其他起诉主体与检察机关对具有关联性的案件分别提起民事公益诉讼，极易出现各自不同的起诉标准。例如，如发生在几个侵权主体，在特定的时间内、在相同的地域范围内分别进行了侵害公共利益的行为。检察机关在履职过程中发现了该关联侵害公益的行为，检察机关向社会组织履行诉前督促程序，社会组织决定仅对其中一部分侵权人提起民事公益诉讼，而检察机关决定对其余侵权人提起民事公益诉讼。在分别诉讼情形下，存在由于不同起诉主体聘请不同评估机构，导致对侵害程度相似的行为作出相差较大的评估结果，相应地引发了不同起诉主体各自主张差异较大的赔偿数额，带来不同的处罚结果。[2]

三、检察民事公益诉讼诉前程序的改革构想

（一）扩大诉前程序案件的适用范围并明确具体规定

1. 扩大诉前程序案件适用范围。在案件的适用范围上，诉前程序应与检察民事公益诉讼保持一致。关于后者，本书在“检察民事公益诉讼适用范围拓展”一章中已作论证和分析，不再赘述。目前检察民事公益诉讼诉前程序的案件范围已经扩大至环境污染、食品药品安全、英雄烈士权益保护等领域。

[1] 参见梅傲寒：《检察机关提起民事公益诉讼研究》，武汉大学出版社 2022 年版，第 97 页。

[2] 参见陆军、杨学飞：《检察机关民事公益诉讼诉前程序实践检视》，载《国家检察官学院学报》2017 年第 6 期。

我国检察民事公益诉讼诉前程序也应随诉讼案件一同实现“三个全覆盖”，即层级、领域和重要民生领域的全面覆盖。

2. 不应限于“现实损害”，也应包括“风险损害”。2018年，“云南绿孔雀栖息地保护案”作为我国第一例濒危野生动物保护预防性公益诉讼案件公开开庭审理，历经2020年3月20日一审判决和2020年12月31日二审维持原判，云南省高级人民法院最终判定案涉水电站立即停止建设项目，并不得截流蓄水和砍伐淹没区内植被。“云南绿孔雀栖息地保护案”揭开了我国预防性民事公益诉讼的序幕。自此，民事公益诉讼从以往只关注社会公共利益的“事后救济”，转而兼顾保护社会公共利益的“事前预防”。司法判决的背后是“预防胜过治理”的司法逻辑，司法不应只聚焦于当下，而应面向未来。尤其是在环境公共利益保护领域，司法更应充分考虑各种“损害社会公共利益重大风险”而防患未然。[1]习近平总书记在2021年10月举行的《生物多样性公约》第十五次缔约方大会领导人峰会上发表主旨讲话，明确要“以生态文明建设为引领，协调人与自然关系”，“把人类活动限制在生态环境能够承受的限度内”。习近平总书记在2022年10月16日举行的中国共产党第二十次全国代表大会上所作的报告中指出，我国当前生态环境保护任务依然艰巨，我们必须“坚持可持续发展”，要“像保护眼睛一样保护自然和生态环境”；到2035年，我们要基本实现“生态环境根本好转”的目标；我们要树立“推动绿色发展，促进人与自然和谐共生”的目标，不但要“深入推进环境污染防治”，也要“严密防控环境风险”。

因此，诉前程序应实现与检察民事公益诉讼案件范围的一致性，诉前程序的案件范围应从既往的“现实损害”案件扩大至包括“风险损害”案件在内的所有检察民事公益诉讼案件范围。然而不可忽视的是，司法实践的快速发展也暴露出相关理论不足和法律规范缺失的现实境况。如何实现预防性民事公益诉讼的理论构建和法律规范制度化，将成为需要进一步探讨和解决的问题。

---

〔1〕 参见云南省高级人民法院2020年12月22日作出的（2020）云民终824号民事判决书。

（二）降低限制条件、扩大适格主体范围

1. 适当扩大“法律规定的机关”的范围。首先，将负有公共利益监管职责的行政机构列入法定机关范围。法律规范的制定和制度的设立不能违背其根本目的。检察民事公益诉讼制度建立的目的在于对行政执法进行补位，兜底社会公共利益之维护。诉前程序作为检察民事公益诉讼制度的组成部分之一，在其具体程序制度构建上也应遵循补充性和兜底性原则。所以，用诉前程序来促使具有监督管理责任的行政机关提起民事公益诉讼，应是建立检察民事公益诉讼制度的内在要求。尤其是在环境保护、食品药品安全领域，行政机关本身由于负有监管职责更容易发现案件线索，相较于检察机关更具有专门性知识和技术，更便于收集有关损害社会公共利益的证据。将民事公益诉权赋予具有监管职责的行政机关，有利于提高维护社会公共利益的能效，节约有限的司法资源。

《民法典》第1235条，实质上是对生态环境损害赔偿诉讼的原告主体范围进行了扩大。该条规定，“国家规定的机关或者法律规定的组织”均可对生态环境侵权人提起损害赔偿之诉，远大于《民事诉讼法》第58条规定的“法律规定的机关”。据此，生态环境损害赔偿案件的适格机关的扩大必然会使得相应诉前程序适用对象范围随之扩大。

2. 适当降低社会组织的限制条件。为有效提升符合条件的社会组织的数量，保障其提起民事公益诉讼的积极性和诉讼能力，可以考虑将上述适格主体条件适当放宽至县区以上政府部门登记、从事环保公益活动连续3年以上且无违法记录。全国、省、自治区、直辖市级别的消费者协会才是提起民事公益诉讼的适格主体，可以放宽消费者协会的层级要求，赋予设区的市设立的消费者协会适格主体资格。此外，随着我国民事公益诉讼案件范围的持续不断拓展，在与之相关领域赋予相应的社会组织以诉讼主体资格也显得尤为重要。例如，在证券民事公益诉讼领域，赋予依法成立的“投资者保护机构”以民事公益诉讼起诉资格，并将其纳入检察证券民事公益诉讼诉前程序的对象范围，将有助于实现诉前程序在证券民事公益诉讼领域功能的实现。[1]

---

[1] 参见杨雅妮：《检察民事公益诉讼制度研究》，社会科学文献出版社2020年版，第121页。

3. 建立社会组织和英雄烈士近亲属的民事公益诉权的激励机制。检察民事公益诉讼诉前程序履行效果不佳，除了和社会组织数量不足有关之外，还和现有符合条件的社会组织以及英雄烈士近亲属的积极性不高、各方面负担顾虑相关。因此建立社会组织和英雄烈士近亲属的诉权激励机制，帮助减轻符合条件的社会组织和英雄烈士近亲属“取证难”的问题，适当减免其诉讼费用，解释相关法律法规帮助其合理预期诉讼结果，这将有利于增强社会组织及英雄烈士近亲属提起民事公益诉讼的热情。检察机关在对民事公益诉讼案件立案后，在对其他适格主体履行诉前程序之前，要依法进行相关调查工作。调查的具体内容包括：侵权人基本情况、损害社会公共利益的行为、公共利益受损情况、因果关系和侵权人主观过错等。例如检察机关在调查以上事项时，收集到的相关证据可以提供给符合条件的社会组织和英雄烈士近亲属，在其提起民事公益诉讼的诉讼过程中作为证据使用，有效减轻其诉讼负担和成本。

(三) 设置诉前程序弹性回复时限

根据《检察公益诉讼解释》《公益诉讼办案规则》规定，诉前程序履行对象均要在 30 天之内作出回复。这种一刀切的时限规定无法满足不同适格主体的需求，应根据案件复杂情况，设置诉前程序多元化、弹性的回复时间。诉前程序回复时限的具体规则，可以在设置两个月“标准时限”的基础上，允许案情重大、复杂的民事公益诉讼案件可以申请再延长一个月，并且同样允许事实清楚、证据相对充分的案件以及需要尽快保障社会公共利益的案件，可以经由适格主体申请缩短期限至一个月或更短的期限。

民事公益诉讼案件，均为损害社会公共利益的案件，其他适格主体需要相对充分的时间来对案情进行了解，对相关证据进行收集、固定，聘请专家或第三方机构对案涉专门性问题进行评估等。因此，检察机关履行诉前程序要求适格主体回复的期限原则上设置为两个月更为适宜。如遇到案情重大、复杂的案件，诉前程序履行对象需要更为充足的时间掌握案情和进行相关工作，允许其申请延长相应的回复期限，有利于充分保障其做好起诉准备，也有利于其更好地实现维护社会公共利益的诉求。对于相对简单、事实清楚、证据充分的案件，特别是对社会公共利益的维护具有紧迫性和限时性的案件，没有必要僵硬地“等待”两个月回复期限，或者需要尽快提起民事公益诉讼来维护社会公益，这时允许适格主体申请缩短回复期限，不仅是现实的要求，而且也是对检察民事公益诉讼诉前程序应有价值的体现。弹性的诉前程序回复期限，可以使诉前程序有效发挥价值，还在一定程度上提升了其他适格主体履行民事公益诉权的积极性。

（四）建立诉前程序多元化履行方式

按照现行法律规定，对所有诉前程序履行对象一律采取公告的方式督促、建议起诉，既不符合多种适格主体的不同需求，也使得诉前程序履行效果欠佳。本书建议根据“数量多少”以及是否“特定”为标准，对不同适格主体采取不同的诉前程序履行方式。

1. 对于数量较多且不特定的社会组织，采取公告的方式履行诉前程序。在检察环境民事公益诉讼中，符合起诉条件的环保组织数量较多且不特定，因此目的在于督促其起诉的诉前程序履行方式更适宜使用“公告”的方式。但检察机关需要注意的是，“公告”的载体不应拘泥于全国性报纸这一种，而应该利用已有的全国性媒体平台进行“广而告之”，采用纸质媒体与互联网媒体结合、线下方式与线上方式配合的“立体公告”方式进行诉前程序的公告履行。

2. 对数量相对特定的适格主体，采取逐一督促、建议的方式履行诉前程序。对于诉前程序履行的对象是“法律规定的机关”或消费者权益保护组织的情况，由于按照现行法律规定“法律规定的机关”数量少且具体明确，消费者权益保护组织仅限于省级以上的消协，因此为了保障诉前程序的履行效果，更适宜采用逐一督促、建议起诉的方式来履行诉前程序。

（五）有效衔接诉前程序与其他相关程序

1. 有效衔接支持起诉程序。2021 年 7 月 1 日起正式施行的《公益诉讼办案规则》在“第四章民事公益诉讼”用“第四节支持起诉”的四个法条（第 100 条、101 条、102 条和 103 条）对检察机关支持起诉的案件范围、支持起诉的具体方式、可以撤回支持起诉的情形和另行立案等作了规定。据此规定，检察机关能够对其进行支持的案件范围，主要包括由生态环境损害赔偿权利人提出的损害赔偿案件、英雄烈士等近亲属提起的维护英雄烈士权益的民事公益诉讼案件、军人和遗属提起的侵害军人合法权益的民事公益诉讼案件等；

人民检察院通过提供法律咨询、向人民法院提交支持起诉意见书、协助调查取证、出席法庭等具体方式支持起诉。由此，其他适格主体可以减轻自身诉讼负担，起到提高起诉积极性的目的。但令人遗憾的是，包括《公益诉讼办案规则》在内的现行所有法律规定，依然对人民检察支持起诉的程度和所达到的效果没有规定，对人民检察院依法履行完毕诉前程序但相关适格主体拒绝起诉后的责任没有涉及。在检察机关履行诉前程序和支持起诉程序之间依然存在“程序空白”问题。不但如此，《公益诉讼办案规则》无论在法律位阶上，还是在发布机关上都无法达到人民代表大会及其人大常委会颁布的基本法律的地位。因此，关于诉前程序与支持起诉程序衔接的司法实践问题，亟需从立法层面予以破局。

2. 有效衔接诉讼程序。在检察公益诉讼中，诉前程序和诉讼程序之间的衔接问题尤为突出。[1]依据《民事诉讼法》第 58 条，在诉前程序履行完毕后，若没有其他适格主体提起民事公益诉讼，检察机关可以提起民事公益诉讼。于是，人们对检察机关是否具有“选择性起诉权”提出了疑问。而 2021 年的《公益诉讼办案规则》第 96 条将该问题从法律层面予以明确，即在其他适格主体明确表示不提起民事公益诉讼，而公共利益仍处于受损状态的情况下，检察机关则“应当”提起检察民事公益诉讼。因此，人民检察院享有“附条件”的民事公益起诉权，这既是权力又是职责和义务。因此，检察机关在履行诉前程序和提起民事公益诉讼之间应实现“无缝对接”，除因案件客观情况发生变化无需再提起诉讼之外，提起诉讼是履行诉前程序的必然后果，无论是其他适格主体提起或是检察机关兜底式提起。对于检察机关在民事公益诉讼起诉顺位上的兜底性定位，各级检察机关坚决贯彻落实，2019 年全国在英雄烈士权益保障领域共立案 75 件，对其中符合起诉条件的 53 件，检察机关在征求英雄烈士近亲属关于是否起诉的意见后，对不起诉的 25 件案件提出了民事公益诉讼。[2]

---

[1] 参见肖建国：《检察机关提起民事公益诉讼应注意两个问题》，载《人民检察》2015 年第 14 期。

[2] 张军：《最高人民检察院关于开展公益诉讼检察工作情况的报告——2019 年 10 月 23 日在第十三届全国人民代表大会常务委员会第十四次会议上》http://www.npc.gov.cn/npc/c2/c30834/201910/t20191023_301564.html，最后访问时间：2022 年 10 月 16 日。

此外，关于民事公益诉讼案件，检察机关和其他适格主体分别提起诉讼的情形，容易导致分别委托的评估机构提出不同赔偿数额标准的司法实践问题，可以考虑建立以检察机关为主导的“评估协调机制”，由检察机关负责把握关联民事公益诉讼案件提起赔偿数额的统一性。除此之外，在诉前程序方面，现行立法对《检察公益诉讼解释》（2020 修正）有关履行诉前程序是否适用于刑事附带民事公益诉讼程序缺乏明确规定。司法实践中，检察机关在刑事附带民事公益诉讼案件的中并不履行诉前公告程序，这是否违反立法规定？若履行诉前公告程序，应该在何种级别的报刊媒体上发布，目前也没有司法解释对此进行明确规定。〔1〕

〔1〕 参见梅傲寒：《检察机关提起民事公益诉讼研究》，武汉大学出版社 2022 年版，第 97 页。

第四章

检察民事公益诉讼之诉讼程序

检察民事公益诉讼制度的根本目的和追求目标都是对公共利益的保护，坚实的检察民事公益诉讼基本理论、明确的案件适用范围，结合完善的诉前程序和完备的诉讼程序才能有效实现检察民事公益诉讼的诉讼目的。对于检察民事公益诉讼之诉讼程序，有必要进一步明确起诉条件，对其管辖制度、支持起诉制度、调解与和解制度和刑事附带民事公益诉讼制度进行改革。

一、检察民事公益诉讼的起诉条件

我国《民事诉讼法》第58条第2款赋予了检察机关提起民事公益诉讼的主体资格，但对于起诉条件并无规定。《民诉法解释》（2020修正）第282条将民事公益诉讼的起诉条件规定为：第一，要有明确的被告人；第二，要有具体的诉讼请求；第三，具有初步证据证明社会公共利益受到损害；第四，属于法院受理民事诉讼范围并属于受诉人民法院管辖。《公益诉讼办案规则》第96条对三类案件的起诉条件进行了较为具体的规定，结合《公益诉讼办案规则》有关公告等其他规定，对于社会公共利益受到损害，且经过公告和相关调查之后其他适格主体没有提起民事公益诉讼的，人民检察院提起民事公益诉讼的情形有三种：一是检察机关在办理生态环境损害赔偿的民事公益诉讼案件中，通过公告的方式通知有资格的赔偿权利人提起生态环境损害赔偿诉讼，待公告期满跟进调查确定其未启动诉讼，或磋商不成后不提起诉讼，且其他适格主体也不起诉的，启动检察民事公益诉讼程序；二是无其他适格，或主体检察机关履行完毕公告程序和跟进调查程序后，其他适格主体不提起诉讼的，由检察机关提起民事公益诉讼；三是在办理英雄烈士保护领域民事公益诉讼案件时，英雄烈士无近亲属或其近亲属不提起民事公益诉讼的，检察机关提起民事公益诉讼。

综上，检察民事公益诉讼的起诉条件分为程序性条件和实体性条件。

（一）检察民事公益诉讼起诉的程序性条件

检察民事公益诉讼需要具备的程序性条件包括有明确的被告人、属于法院受理民事公益诉讼案件范围、符合法院管辖规定和经过公告跟进调查程序。与普通民事诉讼的起诉条件相同的是有明确的被告人的程序性条件。有关民事公益诉讼案件范围和管辖规定，在文章的其他部分均有论述，在此不再赘述。文章在此主要探讨公告和跟进调查的程序性条件。

1. 公告期满。首先是生态环境损害赔偿案件，人民检察院负有告知适格主体可以向人民法院提起诉讼的职责和义务。告知的对象，也是生态环境损害的赔偿权利人。目前根据 2023 年修订后的《海洋环境保护法》和 2017 年 12 月中央办公厅、国务院办公厅印发的《生态环境损害赔偿制度改革方案》以及其他有关的法律文件，告知的对象包括国家海洋环境监管权的行使部门和国务院授权的省、地市级政府及其指定机构。通过公告确认生态环境损害的赔偿权利人是否启动生态环境损害赔偿程序，或者是在磋商不成后是否提起生态环境损害赔偿诉讼。经公示程序确定后，在生态环境损害的权利主体没有对其提出民事公益诉讼的情况下，检察机关就必须对其提起民事公益诉讼。其次，“没有适格主体，或者公告期满后适格主体不提起诉讼的”主要是指正在不断拓展的法定民事公益诉讼案件适用领域，如食品药品安全、未成年人保护、安全生产等领域。最后，在英雄烈士权益保护领域中，人民检察院可以通过“直接征询”和“公告”两种方式督促其近亲属提起民事公益诉讼。一般情况下，人民检察院应直接征询英雄烈士近亲属的意见，如遇人数众多或难以确定近亲属的情形，或采用直接征询方式确有困难的情况发生时，人民检察院才可以采用公告的方式督促起诉。根据现行法律规定，以上公告期限均为 30 日。

2. 跟进调查。根据《公益诉讼办案规则》第 32 条、33 条、93 条之规定，检察机关办理民事公益诉讼案件，应当调查收集证据，并在调查前制定调查方案；对赔偿权利人启动生态环境损害赔偿程序情况、其他适格主体和英雄烈士近亲属起诉情况，以及社会公共利益受损害情况进行跟进调查。

（二）检察民事公益诉讼起诉的实体性条件

1. 有具体的诉讼请求。检察民事公益诉讼的具体诉讼请求，是指在检察民事公益诉讼中，以民事法律关系为基础，检察机关向人民法院提出的具体保护社会公共利益的内容。[1]检察民事公益诉讼的基础法律关系是侵权之债，从此意义出发，检察民事公益诉讼的具体诉讼请求则是具体化的公益侵权民事责任的承担方式。[2]检察民事公益诉讼的具体诉讼权请求在《民法典》第179条规定的民事责任承担方式范围之内，据此民事责任承担方式主要类型有五种：第一种是预防型，具体包括停止侵害、排除妨碍、消除危险；第二种是恢复型，具体指恢复原状；第三种是赔偿型，具体指赔偿损失；第四种是人格恢复型，具体指赔礼道歉；第五种是惩罚型，即惩罚性赔偿责任。以上几种类型既可以分别使用，也可以合并使用。

《公益诉讼办案规则》在第98条中，明确了在损害生态环境与资源、食品药品安全以及英雄烈士保护等领域案件的具体诉讼请求。（1）根据《民法典》和《环境保护法》等法律和有关司法解释相关规定，结合《公益诉讼办案规则》第98条规定，在破坏生态环境和资源保护领域案件的办理中，检察机关向人民法院要求被告人因侵害环境公共利益而承担的民事责任承担方式，具体内容有：预防性责任、恢复性责任和惩罚性赔偿责任；可以提出的诉讼请求包括补种破坏的植被、恢复毁坏的土地等修复生态环境的具体诉讼请求。检察机关也可以要求被告人支付修复生态环境相关的费用，具体内容包括了对在修复过程中因服务功能丧失而导致的损失以及对生态环境造成的永久性功能损失的赔偿等诉讼请求。此外，对于故意损害生态环境公共利益并造成严重损害后果的被告人，检察机关可以提出惩罚性赔偿请求。（2）根据《民法典》《食品安全法》《消费者权益保护法》等法律和有关司法解释规定，结合《公益诉讼办案规则》第98条规定，在食品药品安全领域案件的办理中，人民检察院向人民法院要求被告人因侵害食品药品公共利益而承担的民事责任承担方式主要包括预防性责任和惩罚性赔偿责任。食药安全领域检察民事

---

〔1〕参见柯阳友：《民事公益诉讼重要疑难问题研究》，法律出版社2017年版，第143页。

〔2〕参见张雪樵、万春主编：《公益诉讼检察业务》，中国检察出版社2022年版，第91~92页。

公益诉讼的首要功能是及时制止加害行为，因此直接可以对应适用的是停止侵害、排除妨碍等诉讼请求。而食品药品安全检察民事公益诉讼的另一项主要功能是预防加害行为的持续发展和继续发生，即针对目前虽无损害造成或仅仅造成少数消费者受损但对将来可能发生的损害提出消除其危险的诉讼请求，该种危险应是可以合理预见的，消除危险的目的是防患于未然。惩罚性赔偿诉讼请求在食品药品安全领域检察民事公益诉讼案件中的提出，应该满足以下情形之一，即行为人主观过错严重，或违法行为多次、持续时间长，或违法销售金额大、获利多、受害人范围广，或造成严重损害后果等。食药领域检察民事公益诉讼的具体诉讼请求包括：召回并依法处置相关食品药品、承担相关费用和惩罚性赔偿等诉讼请求。（3）根据《民法典》《英雄烈士保护法》和《公益诉讼办案规则》等法律法规，在办理英雄烈士保护领域检察民事公益诉讼案件的过程中，检察机关向人民法院要求被告人因侵害英雄烈士等公共利益而承担的民事责任承担方式具体有预防型、恢复型以及人格恢复型责任承担方式，因此检察机关提出的具体诉讼请求可以是消除影响、恢复名誉和赔礼道歉。

2. 社会公共利益仍处于受损状态。“社会公共利益受损”不但是区分民事私益诉讼和民事公益诉讼的基本条件，更是检察机关能够提起民事公益诉讼的核心条件。已对公共利益造成现实损害、存在造成损害的重大风险均应包括在“社会公共利益受损”之内。检察机关应对以上两种状态进行评估，如果确实存在就应当提起民事公益诉讼。对于污染环境或破坏生态的行为，检察机关评估污染环境或破坏生态的违法行为是否仍在进行，或者违法行为虽已停止但被污染或者破坏的生态环境未被有效修复、损害风险依然存在的，人民检察院应当提起环保民事公益诉讼；对于生产、销售不符合安全标准的食品药品行为，检察机关评估违法行为是否正在继续，或者违法行为虽已停止但仍然存在损害风险的，人民检察院应当提起该领域民事公益诉讼；对于侵害英雄烈士权益的行为，人民检察院评估该违法行为仍在进行的，或违法行为已经停止但不良影响尚未消除的，应当提起民事公益诉讼。法律规定检察民事公益诉讼的其他案件领域，均按照上述两种状态进行评估确认后可以提起相应的检察民事公益诉讼。

二、检察民事公益诉讼管辖制度

检察民事公益诉讼的管辖制度与传统的民事诉讼的管辖制度以及其他主体提起的民事公益诉讼的管辖制度均不相同。相比传统民事诉讼，民事公益诉讼具有明显的特殊性。我国的民事诉讼管辖制度是基于传统民事诉讼而制定的，并不符合公益诉讼特殊性的需求。故而，要突破检察民事公益诉讼在立法与司法实践中的困境，亟需建立符合检察民事公益诉讼特点的管辖制度。[1]以我国《民事诉讼法》确定的审判管辖制度为基础，《公益诉讼办案规则》将检察民事公益诉讼制度发展规定为“立案管辖”和“诉讼管辖”，从而形成了与检察公益诉讼特点相适应的管辖制度。检察民事公益诉讼的立案管辖，是指人民检察院在获得民事公益诉讼案件线索后，具体由哪一个检察院负责立案并启动调查程序的管辖制度。立案管辖制度包括地域管辖、级别管辖和管辖争议等具体制度，几部分具体制度相互协调、配合运转。诉讼管辖，又称起诉管辖，是指人民检察院对于符合起诉条件的案件，根据《民事诉讼法》和相关法律规定，由与审判管辖法院相对应的人民检察院负责提起民事公益诉讼的制度。[2]随着2021年《公益诉讼办案规则》的实施，我国已初步构建起以立案与起诉分立为基本原则，以基层院立案管辖为主、对应起诉和移送对等集中起诉等为具体原则的协调统一的检察民事公益诉讼管辖制度。但依然存在检察民事公益诉讼立法位阶偏低、检法两院司法解释冲突和由此产生的司法实践混乱问题，亟待进一步改革和完善我国检察民事公益诉讼管辖制度。

（一）检察民事公益诉讼管辖制度的原则

依据《民事诉讼法》《检察公益诉讼解释》《公益诉讼办案规则》等有关检察民事公益诉讼之管辖规定，“立案与起诉分立”是目前我国检察民事公益诉讼管辖制度的最大特点。因此，立案与起诉分立原则是我国检察民事公益诉讼管辖应遵循的基本原则。在立案与起诉分立原则的统摄下，检察民事公

〔1〕 参见柯阳友：《民事公益诉讼重要疑难问题研究》，法律出版社2017年版，第148页。

〔2〕 参见张雪樵、万春主编：《公益诉讼检察业务》，中国检察出版社2022年版，第37页。

益诉讼管辖具体应遵循如下原则，即基层人民检察院立案为主原则、对应起诉原则和移送对等集中起诉原则。

1. 基层人民检察院立案为主原则。根据《公益诉讼办案规则》第 14 条和第 15 条有关规定，检察民事公益诉讼案件的立案由“连接点”基层人民法院管辖，而辖区内“重大复杂案件”的立案则由地市级以上人民法院管辖。据此，基层人民检察院应与违法行为发生地、损害结果地和违法行为人住所地基层人民法院相对应。

2. 对应起诉原则。对应起诉原则，是检察机关对于民事公益诉讼的起诉应对应有管辖权的人民法院，因此对应起诉原则是“对应审判管辖原则”的简称。根据《公益诉讼办案规则》第 16 条的规定，诉讼管辖与立案管辖可相对独立，具有立案管辖权的人民检察院如果和负有审判管辖权的人民法院不相对应时，有立案管辖权的人民检察院可以立案，但应当在立案后将案件移送给与审判管辖法院相对应的人民检察院，由其提起民事公益诉讼。因此，人民检察院在提起民事公益诉讼时应遵循“对应起诉原则”。

3. 移送对等集中起诉原则。该原则是人民检察院和人民法院在诉讼中“平级对等原则”在检察民事公益诉讼管辖制度中的具体化，是“对应起诉原则”的延伸，体现人民法院“集中管辖”对检察机关诉讼管辖制度的影响。2014 年 10 月，十八届四中全会通过的《中共中央关于全面推进依法治国若干重大问题的决定》，特别强调要优化配置司法职权，探索建立跨行政区划人民检察院，以便更好地办理跨地域案件。2014 年 6 月最高法的《关于全面加强环境资源审判工作为推进生态文明建设提供有力司法保障的意见》提出，为有效审理跨行政区划污染等案件，人民法院对环境资源案件实行“集中管辖”。如果在该类案件办理过程中，发生了人民检察院的立案管辖和审判管辖法院在级别和地域上不一致的情况，应该将案件移送到与审判管辖法院相对应的人民检察院，由其提起诉讼。该原则的设立，解决了《检察公益诉讼解释》中有关管辖权的指定、转移与民事诉讼法对法院内部指定管辖的规定相冲突的问题。[1]

---

〔1〕参见张嘉军、付翔宇：《检察民事公益诉讼管辖的困境及其未来走向》，载《郑州大学学报（哲学社会科学版）》2020 年第 4 期。

（二）协调统一的检察民事公益诉讼管辖制度

《民事诉讼法》第二章"管辖"，是关于普通民事案件管辖制度的一般性规定，并没有涉及"民事公益诉讼"案件管辖的特别规定和具体规定。关于民事公益诉讼管辖制度的法律规定，除依据《民事诉讼法》有关管辖之一般规定外，现阶段主要依据《检察公益诉讼解释》（2020 修正）和《公益诉讼办案规则》。看似《检察公益诉讼解释》（2020 修正）和《公益诉讼办案规则》对民事公益诉讼管辖制度的规定并不一致，但实质上，如此规定的管辖制度正是符合检察民事公益诉讼特殊性的且协调统一的。

有关检察民事公益诉讼之级别管辖问题，按照《检察公益诉讼解释》（2020 修正）第 5 条、第 20 条规定，检察民事公益诉讼案件，通常由违法行为发生地或被告人住所地的中级人民检察院管辖；刑事附带民事公益诉讼案件由人民检察院向审理该刑事案件的人民法院提起。由此形成了我国检察民事公益诉讼以地市级的侵权行为地、被告住所地人民检察院管辖为主，基层人民检察院管辖为辅的管辖制度。《检察公益诉讼解释》的这一规定和 2015 年最高人民检察院《人民检察院提起公益诉讼试点工作实施办法》中有关管辖的规定相一致。

《公益诉讼办案规则》关于检察民事公益诉讼管辖制度亮点与突破在于"立案管辖"与"诉讼管辖"分而治之。根据《公益诉讼办案规则》第 14、15、16 条规定，检察民事公益诉讼案件由"违法行为地、损害结果地或者违法行为人住所地基层人民检察院"立案管辖，"重大复杂案件"由设区的市级以上人民检察院立案管辖，如果出现人民检察院立案管辖与人民法院诉讼管辖不相对应的情形，则由立案的人民检察院将案件移送给有管辖权人民法院对应的同级人民检察院提起诉讼。根据最高人民检察院《公益诉讼办案规则》的上述有关管辖的规定，我国检察民事公益诉讼是以基层人民检察院立案管辖为主，以地市级以上人民检察院立案管辖为辅，同时遵循对应起诉原则的管辖制度。据此，具有法律效力的两部司法解释看似对检察民事公益诉讼管辖制度作出了不同的规定，实则是通过"对应起诉原则"，将检察民事公益诉讼的立案管辖与诉讼管辖进行了有效衔接，形成了内在协调统一的管辖制度。

（三）检察民事公益诉讼管辖制度存在的主要问题及改革建议

1. 地域管辖“连接点”的选择。目前我国检察民事公益诉讼立案管辖的地域管辖由违法行为发生地、损害结果地或违法行为人住所地的基层人民法院承担。对于上述三个管辖连接点，有学者提出质疑，认为根据目前司法实践可以去除“违法行为发生地”和“违法行为人住所地”两个连接点，只保留“损害结果地”作为检察民事公益诉讼地域管辖的唯一连接点，对跨行政区域的环境民事公益诉讼等进行集中管辖。[1]对此，本书并不赞同。从《民事诉讼法》到相关司法解释等关于我国民事诉讼管辖制度的法律法规，几乎都将至少上述三个连接点的两个、甚至三个作为地域管辖的基准，是出于“便于当事人诉讼，便于人民法院审理”（以下简称“两便原则”）原则进行构建的。如果把检察民事公益诉讼地域管辖的连接点仅规定为“损害行为结果地”，不但与“两便原则”不符，也会导致司法实践中的检法两院管辖冲突。首先，与“两便原则不符”。当检察民事公益诉讼的地域管辖只有“损害结果地”时，在案件办理过程中会给损害结果地基层人民检察院对于违法行为发生地的调查取证工作带来困难和不便，同时也会给实践中更适合由“违法行为人住所地”基层人民检察院立案管辖的案件管辖问题带来法律障碍和现实困境。其次，人民法院在民事公益诉讼案件的诉讼管辖上遵循现行法律“三个连接点”的相关规定，而检察机关只适用“损害结果地”一个连接点，则会带来不同主体提起民事公益诉讼诉诸不同法院的混乱局面，客观上带来检法两院诉讼管辖的冲突。因此，无论从管辖制度的立法原则，还是从检法两院以及各适格主体提起民事公益诉讼的司法实践角度，均不适合“一刀切”地只保留一个连接点的检察民事公益诉讼管辖制度。

2. 跨行政区划管辖制度存在的问题及改革路径。首先，关于检察民事公益诉讼跨行政区划管辖的立法规定于2021年7月1日施行的《公益诉讼办案规则》和2022年3月最高人民检察院印发的《检察公益诉讼跨行政区划管辖指导意见（试行）》（以下简称《跨行政区划管辖指导意见（试行）》）。

〔1〕 参见张嘉军：《“结果型”检察民事公益诉讼地域管辖制度之建构》，载《地方立法研究》2022年第5期。

有关“跨行政区划管辖”的规定，《公益诉讼办案规则》规定于其第17条第2款。《跨行政区划管辖指导意见（试行）》全文仅12条法律条文，粗略地规定了检察机关指定、移送、协商管辖等方式，以及跨县级以上行政区划确定检察公益诉讼管辖的情形。不但如此，《跨行政区划管辖指导意见（试行）》中明确指出是根据《行政诉讼法》和《公益诉讼办案规则》制定本意见。因此，目前我国关于检察民事公益诉讼跨行政区划管辖制度的规定，不但在法律位阶上仅存在于最高人民检察院的司法解释，有关规定也没有很好地关注检察民事公益诉讼，具体规定过于笼统和简单，且在基本原则设立上缺位。立法上的缺憾导致司法实践的混乱。目前，不同地方对于跨行政区划管辖采取不同模式，不同省份对不同类型或不同区域内的公益诉讼案件进行集中管辖。〔1〕

按照党的十八届三中全会、四中全会关于“探索建立与行政区划适当分离的司法管辖制度”、“探索设立跨行政区划的人民法院和人民检察院办理跨地区案件”的决定和部署，结合我国检察民事公益诉讼司法实践，应从更高法律位阶的法律上明确规定“跨行政区划检察民事公益诉讼管辖制度”，建议制定出台具有中国特色的检察民事公益诉讼法，将其明确且具体地规定在其中。此外，在跨行政区划检察民事公益诉讼管辖方面，应建立“以集中管辖为主、指定管辖为辅”的原则。

3. 检察消费民事公益诉讼管辖存在的检法两院冲突问题及改革路径。目前，关于消费民事公益诉讼管辖问题主要表现在现行法律对管辖法院和管辖检察院规定的冲突，以及由此带来的司法实践混乱。消费民事公益诉讼的管辖法院规定于《民事诉讼法》第18条、《民诉法解释》第285条和《消费民事公益诉讼解释》第3条。据此，我国将消费民事公益诉讼案件的第一审管辖法院规定为中级人民法院。目前，有关检察公益诉讼管辖则主要由《公益诉讼办案规则》规定。按照《公益诉讼办案规则》第14条规定，检察消费民事公益诉讼案件由基层人民检察院立案管辖。这导致了显而易见的检察消费民事公益诉讼的管辖法院与立案管辖检察院的立法冲突。虽然《公益诉讼办

〔1〕 参见张雪樵、万春主编：《公益诉讼检察业务》，中国检察出版社2022年版，第40页。

案规则》第16条也规定了如遇人民检察院立案管辖与人民法院诉讼地域管辖或级别管辖不相称之情形，由立案的基层人民检察院将案件移送给与有管辖权的人民法院相对应的人民检察院提起诉讼。但是，这并没有能够改变目前立法对于消费民事公益诉讼的管辖法院是中级人民法院，而立案管辖法院是基层人民检察院的基本原则。司法实践的情况是，法院更多地通过片面理解《民诉法解释》第42条第2款而将案件交由基层人民法院管辖。[1]于是，导致了一种“奇怪的现象”，即现行立法关于检察消费民事公益诉讼在管辖法院和管辖检察院上存在冲突，而司法实践中检察消费民事公益诉讼的诉讼管辖法院和诉讼管辖检察院却一致于“基层”级别。

为此，将检察消费民事公益诉讼的管辖在人民法院的诉讼管辖和人民检察院的立案管辖、诉讼管辖上保持统一和协调，根本的改革途径就是制定检察民事公益诉讼法。在此之前，至少最高人民法院可以出台有关司法解释明确消费民事公益诉讼的管辖法院，以此弥合立法与法院司法实践的矛盾。

三、检察民事公益诉讼支持起诉制度

（一）支持起诉制度及其分类

我国的民事支持起诉制度，是我国的特有制度。根据我国《民事诉讼法》第15条和第58条第2款的规定，我国支持起诉制度分为两类：一是支持私益诉讼，主体有“机关、社会团体、企业事业单位”，包括检察机关在内；二是支持公益诉讼，专属于检察机关。支持起诉制度包括支持私益诉讼制度和支持民事公益诉讼制度两类。上述两类支持起诉制度，在立法本意、条款性质、适用主体、适用对象和启动时间等方面存在差异：[2]第一，支持私益诉讼制度的立法本意是对不敢起诉的民事权益受害人，检察机关帮助其克服困难、提起诉讼；而公益诉讼支持起诉制度的设立初衷，是检察机关通过支持其他适格主体提起诉讼的方式，使其提出的保护公共利益的诉请能够更好地得到

[1] 参见傅贤国：《对中级人民法院下移消费民事公益诉讼案件管辖权的反思》，载《广西社会科学》2022年第2期。

[2] 参见李浩：《检察机关支持起诉的角色与定位》，载《人民检察》2022年第4期。

法院的判决支持。第二，规定检察机关支持私益诉讼制度的《民事诉讼法》第15条的性质属于支持起诉制度的原则性规范；规定检察民事公益诉讼支持起诉制度的《民事诉讼法》第58条第2款属于关于检察公益诉讼支持起诉制度的具体规范。第三，《民事诉讼法》第15条规定的支持私益诉讼的主体是包括检察机关在内的全部机关、团体和事业单位；《民事诉讼法》第58条第2款仅适用于检察机关，排除适用其他主体。第四，检察机关支持私益诉讼制度适用的对象是传统民事私益纠纷，而检察民事公益诉讼支持起诉制度适用的对象是民事公益纠纷。第五，检察机关支持私益诉讼的启动时间是起诉之前；检察机关支持公益诉讼起诉的开始时间通常是在提起诉讼时。本书探讨的是上述第二类支持起诉制度，即“检察民事公益诉讼支持起诉制度”。

（二）检察机关的主体地位与支持起诉功能的弱化

我国《民事诉讼法》在2017年进行第三次修正时，将支持民事公益诉讼的主体专属规定为检察机关，而未将其他主体规定为支持民事公益诉讼主体。但根据《民事诉讼法》第15条规定，如从广义解释角度理解，该条款并没有排除其他主体支持民事公益诉讼的可能性，理论上都有支持民事公益诉讼的权能。在支持起诉的“顺位”上，其他主体应置于检察机关之后，检察机关在支持民事公益诉讼中处于“第一责任主体”的地位。[1]《环境民事公益诉讼解释》（2020修正）第11条规定，检察机关和其他主体均可以依据《民事诉讼法》第15条的规定在环境民事公益诉讼中支持社会组织起诉。据此，检察机关在支持起诉中，既是支持民事公益诉讼的最佳主体，又是最终兜底和保障力量。

在我国，检察机关参与民事公益诉讼的方式有“支持起诉”和“提起诉讼”两种。检察民事公益诉讼的适用范围逐渐拓展，其作为起诉主体的地位不仅在立法中得以确立，且在司法实践中被不断加强。相应的，检察机关参与民事公益诉讼的重心已开始向“提起诉讼”调整，不同于公益诉讼试点工作开始前的“支持起诉”。在司法实践中，尤其是在环境民事公益诉讼的办案过程中，检察机关通常通过提起诉讼的方式来维护环境公益，而非通过支持

〔1〕参见汤维建、王德良：《论公益诉讼中的支持起诉》，载《理论探索》2021年第2期。

环保社会组织参与诉讼的方式。[1]这意味着检察机关诉前支持起诉制度，正在被逐渐弱化。这不但与检察民事公益诉讼所应遵循的司法有限性和检察谦抑原则不相符，也有悖于为了鼓励和支持其他适格主体来提起民事公益诉讼的“诉前程序”的设立初衷。

首先，诉前程序并没有有效地实现支持起诉的功效。在履行检察民事公益诉讼的诉前程序过程中，以公告为主要手段，促使其他符合条件的主体提出民事公益诉讼，仅仅体现了其“告知”的作用，达到了“形式化支持”的效果，而并没有从实质上起到诉前程序应有的“督促和帮助起诉”功能。[2]其次，如“诉前程序”一章所述，导致其他适格主体中社会组织民事公益诉讼提起率不高的原因主要在于社会组织数量不足而且自身能力欠缺。检察机关对社会组织提起诉讼的“实质化支持”只在提起诉讼后进行，并不能在诉前程序中起到“实质化支持”的效果，这也是社会组织提起民事公益诉讼积极性不高的原因之一。诉前程序作为检察民事公益诉讼制度的组成部分，在其具体程序制度构建上应遵循补充性和兜底性原则。诉前程序中“形式化的支持起诉”，使得支持起诉制度在诉前程序中应彰显的价值被弱化。检察机关在民事公益诉讼中的起诉顺位应位于其他适格主体之后，检察民事公益诉讼应是补充性和兜底性的“后备军”。支持起诉制度在诉前程序的弱化，使得检察机关冲在了以司法手段维护社会公益的最前沿，成为民事公益诉讼的“主力军”。

（三）重构“实质化”支持起诉制度

如上所述，支持起诉制度要回归民事检察权的性质要求和其自身的价值定位，就需要对目前的支持起诉制度进行“实质化”重构，将支持起诉制度的实质功能延展至包括诉前程序、诉讼程序和执行程序在内的诉讼全过程。检察机关应当坚持制度创新的价值，扶助和支持社会团体的发展；[3]支持起

---

[1] 参见江必新：《中国环境公益诉讼的实践发展及制度完善》，载《法律适用》2019年第1期。

[2] 参见张嘉军、武文浩：《异化与重塑：检察民事公益诉讼支持起诉制度研究》，载《中州学刊》2022年第9期。

[3] 参见汤维建：《检察机关支持公益诉讼的制度体系——东莞市人民检察院支持东莞市环境科学学会诉袁某某等三人环境污染民事公益诉讼案评析》，载《中国法律评论》2020年第5期。

诉制度在反映能动司法的理念和司法公正的理念的同时，[1]也应遵循民事检察权的补充性原则、司法有限性原则、检察谦抑性原则和民事主体自治原则，重新构筑起“实质化”的支持起诉制度。具体而言，重构支持起诉制度程序，使其从目前仅适用于提起诉讼之后的诉讼阶段，拓展前移至诉前程序，拓展后延至执行程序。现行立法对检察民事公益诉讼支持起诉制度的具体规定见于《公益诉讼办案规则》“第四章民事公益诉讼”的“第三节提起诉讼”之后“第四节支持起诉”的第100~103条。这样的条款位置安排，明显是将现行“支持起诉制度”至于“诉讼中”，而非全诉讼阶段。因此，有必要通过短期内修改《公益诉讼办案规则》的具体条款、未来期待修改《民事诉讼法》或制定检察民事公益诉讼法来重构支持起诉制度。

1. 修改《公益诉讼办案规则》中诉前程序关于公告的具体规定，将支持起诉制度嵌入其中。《公益诉讼办案规则》在“第四章民事公益诉讼”的“第二节公告”中规定了公告的具体规则，可以增加一条规定“其他拥有民事公益起诉权的适格主体可以向检察机关申请支持起诉”，并规定检察机关在诉前程序中支持起诉的具体方式，如协助调查取证等。

2. 进一步细化《公益诉讼办案规则》中有关支持起诉的具体规定。《公益诉讼办案规则》第100~103条共四个法条对“支持起诉制度”作了粗略规定，包括检察机关的支持起诉案件范围、支持起诉的方式（法律咨询、帮助拟定起诉意见书、协助调查取证和出庭）、撤回支持起诉和另行立案的规定。检察机关应继续探索该制度在公益诉讼类型中的适用空间，[2]建议对支持起诉的方式作更具体的、更详细和更具操作性的规定，如支持起诉的条件、启动时间、启动方式、各种支持起诉方式的标准和具体操作方法等。第一，有关检察机关支持起诉的条件应进行“具体情形式列举+兜底条款”的程序构建，明确列举“应当”支持起诉的情形，如原告诉讼行为能力较差、案情重大复杂等，同时明确规定兜底式条款，即人民检察院认为应当支持起诉的其

[1] 参见姜昕等：《检察机关能动履职支持起诉的价值考量及法理内涵》，载《人民检察》2022年第4期。

[2] 参见肖建国、丁金钰：《检察机关支持起诉的制度功能与程序构造——以最高人民检察院第三十一批指导性案例为中心》，载《人民检察》2022年第1期。

他情形。第二，检察机关支持起诉的启动时间可以规定为“其他适格主体申请检察机关支持起诉时，或检察机关认为应当支持起诉时”。第三，检察机关支持起诉实行“以申请为主、职权干预为辅的原则”，对启动方式分不同情形作出不同具体规定。[1]对于对象数量多且分布广泛的情形，检察机关可以在适用“公告”督促程序后，待“申请支持起诉”的适格主体提出申请后启动；对于消费者协会等数量有限、易于确认的对象，检察机关可以通过直接向其发出“支持起诉建议”的方式督促其“申请支持起诉”和提起诉讼。最后，应明确检察机关为其他适格主体提供案件线索来源、协助调查取证和提供法律咨询等支持手段的具体标准和操作方法。

3. 支持起诉制度应贯穿整个民事公益诉讼始终，应将其拓展至执行程序。广义的诉讼程序包含执行程序，检察机关支持起诉制度的适用范围应将执行程序包括在内。检察机关支持起诉和诉讼的民事公益诉讼案件，在执行程序中也不应缺位，应督促被告人（被执行人）履行民事公益诉讼判决的执行，并且关注判决的履行时间和效果，真正起到维护社会公益的作用。

《公益诉讼办案规则》的修改不能替代《民事诉讼法》的修改和未来检察民事公益诉讼法的制定。《公益诉讼办案规则》作为最高人民检察院的司法解释，在法律位阶上，其层级与作为国家基本法律的《民事诉讼法》相比较低，其法律稳定性也明显不足。对于检察民事公益诉讼支持起诉制度应在《民事诉讼法》中作出的原则性规定，应在检察民事公益诉讼法中采用专章规定具体程序规则。

四、检察民事公益诉讼调解与和解制度

在我国民事诉讼中，调解与和解均是当事人处分权的集中体现。调解是在人民法院的主持下，双方当事人依照“合法原则”和“自愿原则”对诉争纠纷达成协议，以此解决争议的方式。调解是具有中国特色的民事诉讼制度，在传统民事纠纷的解决中发挥着独特优势和能动作用。和解则不强调人民法

[1] 参见汤维建：《检察机关支持公益诉讼的制度体系——东莞市人民检察院支持东莞市环境科学学会诉袁某某等三人环境污染民事公益诉讼案评析》，载《中国法律评论》2020 年第 5 期。

院的参与，是当事人之间经协商自行达成协议，解决纠纷的方式。区别于传统民事诉讼，公益诉讼以“维护社会公共利益”为出发点和目的。由于涉及公共利益的特殊性，民事公益诉讼的起诉主体的处分权是受到限制的。学者们对民事公益诉讼能否适用调解与和解的问题，一直存在着争论，而立法和司法实践却给出一致的支持声音。

（一）关于检察民事公益诉讼是否可以适用调解与和解的理论之争

关于检察民事公益诉讼是否可以适用调解与和解，学者们莫衷一是，尚未达成一致认识。

有学者主张，公益诉讼的原告人代表社会公共利益提起诉讼，但其拥有的只是程序性的诉讼实施权，而不是公共利益实体代表或完全代表。在民事公益诉讼中，检察机关和社会组织均不享有实体处分权，公益起诉人仅享有有限的诉讼权利。因为涉及公共利益，民事公益诉讼案件之侵害事实有无以及大小不应当成为可以调解与和解的对象，对于侵害社会公共利益的行为认定由人民法院作出判定。因此，在民事公益诉讼中，原告不得与被告进行调解与和解。[1]还有学者认为，民事公益诉讼的原告提起诉讼的目的是出于对社会公共利益的保护而将公益纠纷诉诸人民法院，由于社会公共利益所具有的公共性和整体性，这就决定了无法可以从社会公共利益中分割出属于个人的权利部分而与诉争的相对方进行“协商”或“交易”。[2]也有学者持赞同意见，认为检察民事公益诉讼的调解并不是检察机关对公共利益的实体处分，而是一种“纠纷解决方式”，即检察机关作为民事公益诉讼的原告，在人民法院的主持下，与被告就诉争争议达成和解协议。和解制度在检察民事公益诉讼中的适用有利于尽快降低侵权人的“侵权行为对公共利益造成的损失”，有利于更快地消除损害公共利益所造成的不利影响。[3]有学者认为检察民事公益诉讼也是民事诉讼，调解与和解是民事纠纷的重要解决途径和结案方式，

---

〔1〕 参见张卫平：《民事公益诉讼原则的制度化及实施研究》，载《清华法学》2013年第4期。

〔2〕 参见梅宏：《由新〈民事诉讼法〉第55条反思检察机关公益诉讼的法律保障》，载《中国海洋大学学报（社会科学版）》2013年第2期。

〔3〕 参见潘玲：《检察机关提起民事公益诉讼的程序完善与路径设计》，载《山东行政学院学报》2018年第5期。

同样也应该适用于民事公益诉讼。检察民事公益诉讼的目的是保护公共利益，如果调解与和解可以达到与判决相同的保护公共利益的效果，那么从易于执行的角度而言，采用调解与和解的方式更容易得到当事人的执行。也有学者认为，检察机关不能调解也不能和解的原因在于公益诉讼涉及的是公共利益，一旦公益诉讼适用调解、和解就象征着让步，公共利益必然受损。检察机关作为权利代表人提起民事公益诉讼只能争取权利而不能放弃权利，检察机关与案件没有直接利害关系，所以不具有完整处分权利。[1]亦有学者认为，检察机关提起的环境民事公益诉讼具有“可调解性”和“可合意性”。我国《民事诉讼法》所确立的“处分原则”、“调解原则”，以及双方当事人“自行和解”的基本原则和权利同样适用于检察环境民事公益诉讼。

调解与和解作为一种区别于判决的替代性的纠纷解决机制，可以为检察民事公益诉讼的纠纷提供更多的解决途径和更好的解决效果。[2]主张可以适用的学者们大多从调解与和解的成本、效率、社会效果和司法资源等角度出发，认为调解与和解适用于检察民事公益诉讼具有满足上述因素的全部优势，因此主张适用；而反对的观点，多认为社会公共利益是不可以任意处分的，检察机关只是程序意义上的诉讼当事人，而非直接利害关系人，因此无权代表公众进行民事实体权益的处分、甚至放弃的权利。本书认为，调解与和解应适用于我国检察民事公益诉讼。首先，民事公益诉讼作为一种区别于传统民事诉讼的新型诉讼，需要理论创新。固然不能用传统民事诉讼的基础理论套用新型诉讼，但传统理论并非无益于新理论的形成。民事公益诉讼维护公益的性质，使得其不再适用处分权原则，但却可以适用“有限处分权原则”，即起诉主体在民事公益诉讼中的处分权受限，可制定具体规范约束调解与和解的适用不得损害社会公共利益，调解与和解协议不得减免诉讼请求、载明违法行为人应当承担的民事责任；[3]其次，与其他适格主体提起民事公益诉讼不同，检察机关是代表国家利益和社会整体利益的国家司法机关，由其作

---

[1] 参见潘申明：《比较法视野下的民事公益诉讼》，法律出版社 2011 年版，第 306~307 页。

[2] 参见蔡彦敏：《中国环境民事公益诉讼的检察担当》，载《中外法学》2011 年第 1 期。

[3] 参见张雪樵、万春主编：《公益诉讼检察业务》，中国检察出版社 2022 年版，第 94~95 页。

为公共利益的代表提起民事公益诉讼，这并不会引发拆分整体性公共利益的问题。检察机关相较于其他社会组织拥有更强大的物质支持和诉讼行为能力，在调解与和解中能够实现“公共利益保障最大化”。[1]最后，检察民事公益诉讼案件的办理也需要考虑成本、社会效果和执行等现实问题，检察机关在最大限度保护公共利益的前提条件下适用和解与调解，这不仅能够保证社会公共利益的最大化，还能够将节约司法成本、达到良好的社会效果结合起来，同时还具有易于执行的优势。

（二）司法解释及指导性案例中的检察民事公益诉讼调解与和解

1. 司法解释对检察民事公益诉讼适用调解持肯定态度。考虑到经济发展和化解社会矛盾的需要，最高人民法院对公益诉讼适用调解与和解持肯定态度。《民诉法解释》第 287 条规定，在诉讼中公益诉讼的当事人可以自行达成和解，也可在人民法院主持下进行调解，同时还对人民法院应对和解协议和调解协议进行审查和公告的相关程序进行了规定。《公益诉讼办案规则》第 99 条规定，民事公益诉讼案件的当事人双方可以依法在人民法院的主持下进行调解，但调解协议不得损害社会公共利益，也不得对诉讼请求载明的民事责任进行减免；本条第 2 款还规定了只要诉讼请求全部实现的，检察机关可以撤回起诉。在检察民事公益诉讼中，以查明事实、保障公共利益和保证履职为前提，检察机关可以同被告就履行责任的时间、方式等达成一致。

2. 司法解释对检察民事公益诉讼是否适用和解不置可否。根据现行法律规定，公益诉讼当事人可以自行和解，也可以由人民法院主持调解。《环境民事公益诉讼解释》（2020 修正）第 25 条第 1 款规定环境民事公益诉讼当事人可以和解，但上述立法并没有明确公益诉讼的提起主体。《公益诉讼办案规则》第 99 条规定了人民检察院在民事公益诉讼中可以调解和撤诉，并无和解之规定；但在《公益诉讼办案规则》“第四节支持起诉”部分的第 102 条规定，人民检察院在支持其他适格主体起诉后，当出现由于原、被告之间达成了和解协议而导致社会公共利益受损的情况时，检察机关可以将支持起诉撤回。由此可

---

〔1〕 参见最高人民检察院：《第二十三批指导性案例》，载最高人民检察院官网，https://www.spp.gov.cn/spp/jczdal/202012/t20201214_488891.shtml，最后访问时间：2022 年 11 月 15 日。

见，最高人民检察院通过《公益诉讼办案规则》仅明确支持了调解在检察民事公益诉讼中的适用，而并没有明确支持检察机关可以与被告在民事公益诉讼中和解，只认可了其他适格主体作为民事公益诉讼原告可以与被告进行和解。

3. 在最高人民检察院发布的第二十三批指导性案例中，检察机关参与了“盛开水务公司污染环境刑事附带民事公益诉讼案”的调解工作。盛开水务公司成立于2003年，在2014年至2017年间，向长江排放有毒污泥4000余吨，排放超标污水900余万立方米，造成生态环境损害，经鉴定评估需生态环境修复费用将近5亿元。南京市公安局水上分局经调查，认定盛开水务公司等涉嫌污染环境罪，于2017年4月对其进行立案侦查，并于2018年1月由南京市鼓楼区人民检察院向南京市玄武区人民法院（经南京市中级人民法院指定管辖）提起公诉。2018年9月14日，南京市鼓楼区人民检察院在依法履行诉前程序后，对盛开水务公司提起刑事附带民事公益诉讼。检察机关向人民法院提出要求盛开水务公司在省级以上媒体公开赔礼道歉、承担约4.70亿元生态环境损害赔偿费用等诉讼请求。2019年5月，盛开水务公司向南京市玄武区人民法院就民事公益诉讼部分提出调解申请，经法院主持多次磋商，检察机关和盛开水务公司就环境损害鉴定方法、赔偿数额、赔偿标准、赔偿方式等达成一致。2019年12月，南京市玄武区人民法院主持原被告签署了“现金赔偿+替代性修复义务”的调解协议，并进行了为期30日的公告。该案的指导意义在于，在检察环境民事公益诉讼中，人民检察院在“公共利益保障最大化”的前提下可以参与调解。检察机关在履行检察公益诉讼职能的同时，应该兼顾注重“服务经济社会发展”以及“创新办案方式方法”。检察民事公益诉讼中的调解不同于私益诉讼中的调解，需将“公共利益保障最大化”的价值取向和原则放在第一位。在检察民事公益诉讼中，检察机关应兼顾责任承担落实与受损公益维护，兼顾案件办理的法院认可与社会公众认可。这一指导性案例的办案要点是，在办理环境污染民事公益诉讼案件中，检察机关应遵循“自愿、合法原则”和“公共利益保障最大化原则”，同时在查清事实、明确责任的基础上，积极参与调解。[1]

---

〔1〕 参见最高人民检察院：《第二十三批指导性案例》，载最高人民检察院官网，https://www.spp.gov.cn/spp/jczdal/202012/t20201214_488891.shtml，最后访问时间：2022年11月15日。

（三）检察民事公益诉讼中调解与和解制度改革建议

通过以上论述，本书对检察民事公益诉讼中适用调解与和解制度的持支持态度，但应对检察民事公益诉讼中调解、和解的适用应进行规范化、具体化的程序构建。

1. 应在立法中明确规定检察机关在民事公益诉讼中拥有“和解权”。由检察民事公益诉讼中调解制度在立法的确立和司法实务中的运用作为经验与借鉴，为了更好地维护公共利益，建议首先从立法上确立我国检察民事公益诉讼中的和解制度。现行立法允许其他适格主体在民事公益诉讼中与被告和解。检察机关是国家司法机关，它是国家利益的维护者和最终保障者，这决定了其能够实现“公共利益保障最大化”的使命。检察机关作为民事公益诉讼的“特殊”主体，其处分权应当受到限制。检察机关应遵循“公共利益保障最大化原则”，不以牺牲公共利益为代价。在此基础上，应当允许检察机关与被告人在检察民事公益诉讼可以附条件地和解。

2. 构建检察民事公益诉讼中附条件的调解与和解制度。以“公共利益保障最大化”为原则，以不损害社会公共利益和不得减免诉讼请求载明的民事责任为附加条件和前提条件，赋予检察机关在民事公益诉讼中的“调解权”与“和解权”。检察机关作为公共利益的国家代表人和捍卫者，在其法律监督权的履行中更是将维护公共利益作为其优先价值追求，因此本书主张可建立附条件的检察民事公益诉讼调解与和解制度。但制度的具体适用，应由受诉人民法院根据具体情况而定：一是调解程序的启动，要有被告人的申请；二是调解程序适用的决定权在受诉人民法院。

3. 建立我国相关评估机制。我国检察民事公益诉讼调解与和解的适用，以“附条件”为前提，这就需要建立相应的评估机制对是否“符合条件”进行评估。被告人提出调解申请或和解申请后，人民检察院应对其调解或和解方案进行评估，确认被告人的调解或和解方案符合“不损害社会公共利益”和“不减免诉讼请求载明的民事责任”后同意调解或和解。评估的内容根据不同类型的案件，根据案件不同的诉讼请求，可以是对具体修复方式、修复费用、替代性修复效果、赔偿数额及赔偿方式等的评估。

4. 建立调解、和解的公告程序。[1]检察民事公益诉讼涉及公共利益，关乎社会公众，因此应建立调解、和解的公告程序。在检察民事公益诉讼中，双方当事人依法达成调解或和解协议后，一般应进行为期30日的公告。公告期间内，公民和负有公共利益监管职责的行政机关可以对公告是否损害公共利益等问题提出异议，人民法院根据异议情况调整协议内容，最后完成协议的签订。

五、刑事附带民事公益诉讼制度

刑事附带民事公益诉讼，是指在追究刑事被告人刑事责任的同时，在同一诉讼程序中，对刑事被告人的犯罪行为给公共利益造成的损害提起民事诉讼，并要求人民法院一并进行审理和作出裁判的复合式诉讼制度。刑事附带民事公益诉讼是特殊的民事公益诉讼，是我国检察机关兼顾惩罚犯罪与维护公益价值理念的体现，是其保障国家追诉权与保护公益并重的价值功能的体现，也是其兼顾公平与效率的体现。该制度对于在新时代发挥检察监督职能具有积极意义，对于节约司法成本与资源和提高案件办理效能具有积极作用。[2]运用刑事附带民事公益诉讼这一新型的诉讼制度，把对社会公益的民事司法保护与刑事追诉过程融合在一起，能够实现两种责任的“一并审理、一并解决、一并执行”。刑事附带民事公益诉讼制度，不仅对国家利益和社会公共利益的司法救济同时实现具有积极作用，也可以避免因单独诉讼而造成的司法资源浪费、前后判决不一和难以执行等问题。刑事附带民事公益诉讼是“实现刑法目的和公益诉讼制度目的的最佳诉讼形式”。[3]

《刑事诉讼法》第101条规定了刑事附带民事诉讼制度，其中第2款对“国家财产、集体财产”遭受损失的情况下，检察机关可以在提起刑事诉讼时一并提起附带民事公益诉讼进行了规定。2016年12月最高人民检察院在其印

[1] 参见柯阳友：《民事公益诉讼重要疑难问题研究》，法律出版社2017年版，第171~172页。

[2] 参见卞建林、谢澍：《刑事附带民事公益诉讼的实践探索——东乌珠穆沁旗人民检察院诉王某某等三人非法狩猎案评析》，载《中国法律评论》2020年第5期。

[3] 参见徐艳红：《建议完善刑事附带民事公益诉讼制度》，载《人民政协报》2021年3月23日，第12版。

发的《关于深入开展公益诉讼试点工作有关问题的意见》中首提探索“提起刑事附带民事公益诉讼”。《检察公益诉讼解释》（2020 修正）对该制度的案件范围、审理组织和管辖法院等进行了较为具体的规定。2019 年 12 月 30 日施行的《人民检察院刑事诉讼规则》第 330 条对检察机关提起附带民事诉讼和附带民事公益诉讼的条件进行了规定。我国通过司法解释的方式正式确立了刑事附带民事公益诉讼制度，并规定了其基本制度规则。

自此，刑事附带民事诉讼在有了相应的法律规范后有了较为高速的发展，并且这种势头一直在持续。最高人民检察院公益诉讼相关通报的统计数据表明，2018 年至 2019 年 10 月期间，刑事附带民事公益诉讼的案件数量占检察机关提起的公益诉讼案件总数的 70%以上。[1]刑事附带民事公益诉讼案件数量在 2018 年开始呈现快速发展的主要原因在于两点，一是检察系统内部的考核压力，二是证据压力的减轻。确立检察民事公益诉讼制度以来，检察系统内部自上而下地对立案和诉前程序空白进行督察，并着重考核办案数量，这对刑事附带民事公益诉讼案件数量的增加是有效的外部刺激。此外，刑事案件和民事公益诉讼案件分属于检察机关内部的不同办案部门，民事公益诉讼案件线索相对更容易从机关内设的刑事检察部门获得。与此同时，刑事证据也可以作为民事公益诉讼案件办理中民事侵权的证据，民事公益诉讼对刑事诉讼的“搭便车”更易于掌握案件来源，使案件办理中证据调查、收集、核实与证明更便利。[2]《检察公益诉讼解释》（2020 修正）第 20 条对刑事附带民事公益诉讼作了进一步的规定，当检察机关对下列危害社会公共利益的犯罪行为进行刑事起诉时，可以同时提起附带民事公益诉讼：毁坏环境资源的犯罪行为、食药领域侵害众多消费者合法权益的犯罪行为、侵害英雄烈士权益的犯罪行为等。刑事附带民事公益诉讼打破了公益诉讼办案“行主民辅”格局，逐渐成为公益诉讼案件的主要形式。[3]

---

〔1〕 参见朱德安、张伦伦、杨飞：《刑事附带民事公益诉讼若干问题探讨——以 157 份判决书为样本》，载《贵州警察学院学报》2022 年第 1 期。

〔2〕 参见刘加良：《刑事附带民事公益诉讼的困局与出路》，载《政治与法律》2019 年第 10 期。

〔3〕 参见童建明、孙谦、万春主编：《中国特色社会主义检察制度》，中国检察出版社 2021 年版，第 131 页。

（一）刑事附带民事公益诉讼与刑事附带民事诉讼

从立法发展角度观察，刑事附带民事公益诉讼是由刑事附带民事诉讼衍生而来。根据性质分析，《刑事诉讼法》第101条第1款规定的是刑事附带民事私益诉讼（传统刑事附带民事诉讼），第2款规定的是刑事附带民事公益诉讼。两者的差异在于所保护的民事利益主体性质不同，前者保护不特定主体的民事利益主体，后者则保护特定的民事利益主体。

具体而言，《刑事诉讼法》第101条第1款规定的刑事附带民事诉讼，其所保护的利益主体，即使是人数众多，但依然是特定人数的主体；而第101条第2款所规定的“国家财产”和“集体财产”利益，就其实质来说，都是公共利益，既包括国家利益，也包括社会公共利益。所以，从立法解释论角度解读《刑事诉讼法》第101条第2款中规定的“国家财产”和“集体财产”是属于刑事附带民事公益诉讼范畴的利益。《刑事诉讼法》第101条第2款规定之初，只是由于我国还没有建立“公益诉讼制度”，因此并无“刑事附带民事公益诉讼”之类型或称谓。其与《检察公益诉讼解释》第20条确立和规定的“刑事附带民事公益诉讼”并无二致。

（二）刑事附带民事公益诉讼制度存在的问题

我国刑事附带民事公益诉讼制度正处于建立初期，由于该制度规定尚缺乏上位法依据，仅在司法解释之中予以规定，必然导致立法正当性不足。根据我国《立法法》第8至10条的规定，只有全国人大及其常委会才能制定诉讼制度和仲裁制度的规范。不仅如此，由于目前的司法解释对于该制度的规范所涉条款较少，因此在该制度具体程序的设计上存在诸多问题。

1. 案件适用范围。根据《民事诉讼法》第58条第2款的规定，人民检察院可以提起民事公益诉讼。2020年12月修正的《检察公益诉讼解释》规定，检察机关提起刑事附带民事诉讼的案件范围包括生态环境和资源保护、食药安全侵害众多消费者合法权益和侵害英雄烈士权益等损害社会公共利益的案件。根据《刑事诉讼法》第101条第2款规定，“国家财产、集体财产”遭受损失的刑事公诉案件是刑事附带民事公益诉讼的案件范围。显然，《刑事诉讼法》和《检察公益诉讼解释》所规定的案件范围存在交叉和错位。《刑事诉讼法》有关刑事附带民事公益诉讼的案件范围要大于《检察公益诉讼解释》

中规定的案件范围；但与此同时，《检察公益诉讼解释》规定的食药领域涉及众多消费者损害的案件又不能被《刑事诉讼法》规定的案件范围所包括。案件范围在我国刑事法律规范和民事法律规范中的不同规定，容易带来司法实践的困惑和混乱，从而影响制度功效的发挥。

2. 诉前公告程序存废问题。目前，学界与司法界对刑事附带民事公益诉讼是否适用诉前公告程序问题并未达成共识。主张刑事附带民事公益诉讼应适用诉前公告程序的学者们，大多认为履行诉前程序既是保障其他适格主体的民事公益诉权，又是保持民事诉讼“两造平等”基本诉讼结构所必要的程序，同时也是人民检察院行使其守法监督权的重要体现，诉前程序在刑事附带民事公益诉讼的履行有利于保障民事检察公益诉权应有的“谦抑性”与“补充性”。[1]持反对观点的学者，主要是从诉前程序的履行影响司法效率、不符合刑事附带民事公益诉讼的价值追求等角度考虑，同时认为诉前程序的履行会影响对公共利益的及时救济，更为重要的是诉前程序的履行会影响刑事诉讼的进行。履行诉前程序带来的具体弊端表现为，诸如给刑事被告人带来更长时间的羁押期，影响公益诉讼证据及时而充分地收集，等等。[2]

本书认为，诉前公告程序应适用于我国刑事附带民公益诉讼。刑事附带民事公益诉讼的本质是检察民事公益诉讼，因此在制度设计上检察机关首先应当秉持的是民事检察公益诉权的谦抑性和补充性。民事公益诉讼并不因为其来源不同而影响具体主体的民事公益诉权行使。换言之，其他适格主体的民事公益诉权不因民事公益诉讼的案件来源方式而被剥夺，但在具体程序建构上，现阶段可根据现行《民事诉讼法》和《刑事诉讼法》的具体规定对不同类型案件区别化适用诉前公告程序，待《民事诉讼法》再修改时对刑事附带民事公益诉讼的诉前公告程序进行统一规范。

3. 案件管辖问题。关于刑事附带民事诉讼的管辖问题，在管辖原则上存

---

〔1〕 参见杨雅妮：《刑事附带民事公益诉讼诉前程序研究》，载《青海社会科学》2019年第6期；参见刘加良：《刑事附带民事公益诉讼的困局与出路》，载《政治与法律》2019年第10期。

〔2〕 参见汤维建：《刑事附带民事公益诉讼研究》，载《上海政法学院学报（法治论丛）》2022年第1期；毋爱斌：《检察院提起刑事附带民事公益诉讼诸问题》，载《郑州大学学报（哲学社会科学版）》2020年第4期。

在“刑事决定民事”还是“民事决定民事”的分歧。有学者认为，在刑事附带民事公益诉讼案件的级别管辖问题上，应当基于民事公益诉讼案件管辖法院来确定，遵从“刑从民”的原则，因为刑事附带民事公益诉讼的根本目的是维护和救济公益，因此从诉讼功能和目的的角度出发，民事公益诉讼管辖应吸收刑事诉讼管辖。此外，通常附带民事公益诉讼的案件影响力更大，其审理因其事实认定和法律适用上的复杂性决定了需要更强的司法能力，因此在案件的客观情况下更应以民事公益诉讼案件的管辖为主。〔1〕而有的学者则持相反观点，认为“刑事附带民事公益诉讼具有显著的附属性特征”，正是由于刑事犯罪行为导致了侵害公益的后果，刑事诉讼的存在是一并解决由犯罪行为引发的侵权民事责任的前提和基础。刑事附带民事公益诉讼，统一由刑事审判组织一并审理既符合诉讼经济之价值追求，也符合最密切联系原则的要求。〔2〕

在地域管辖制度上，刑事案件和民事公益诉讼案件存在冲突与竞合；在级别管辖方面，刑事诉讼与民事公益诉讼存在错位。首先，关于刑事附带民事公益诉讼的地域管辖问题，按照《检察公益诉讼解释》第20条第2款的规定，对公诉机关提起的刑事附带民事公益诉讼，应当由受理刑事案件的人民法院进行管辖。根据《刑事诉讼法》中关于管辖的规定，刑事案件的管辖应当按照“以犯罪地人民法院为主体，以被告所在地人民法院为补充”的原则来进行；而《公益诉讼办案规则》第14条则规定，侵权行为发生地、损害结果地，或者侵权行为人住所地的基层人民检察院负责检察民事公益诉讼案件的立案管辖。由此，不难发现刑事案件的“犯罪地”和民事公益诉讼案件的侵权行为发生地、损害结果地可能存在冲突。此外，刑事案件的被告人和附带民事公益诉讼的被告人不一致，也会带来刑事案件的“被告住所地”和民事公益诉讼案件中的“违法行为人住所地”不同的问题。在刑事附带民事公益诉讼的级别管辖方面，《检察公益诉讼解释》第5条规定，检察民事公益诉

〔1〕 参见汤维建：《刑事附带民事公益诉讼研究》，载《上海政法学院学报（法治论丛）》2022年第1期。

〔2〕 参见毋爱斌：《检察院提起刑事附带民事公益诉讼诸问题》，载《郑州大学学报（哲学社会科学版）》2020年第4期。

讼案件的初审应当由侵权行为地或者被告住所地的中级人民法院管辖。同样是检察民事公益诉讼案件，同样规定于《检察公益诉讼解释》中，在级别管辖的规定上，刑事附带民事公益诉讼和检察民事公益诉讼却不相同。

4. 刑事被告人与附带民事公益诉讼被告人是否一致问题。2020 年 12 月修正的《检察公益诉讼解释》，在其中第 20 条对检察民事公益诉讼进行了规定。江必新曾在对《刑法》中关于刑事附带民事公益诉讼部分进行解读时提出，建立该诉讼制度的目的在于“节约诉讼资源，提高诉讼效率”，在于“妥善确定犯罪嫌疑人的刑事责任和民事责任”，该制度建立的前提是刑事诉讼和民事公益诉讼的起诉主体和案件基本事实相同。〔1〕然而自刑事附带民事公益诉讼制度建立以来，无论是在司法实践中还是在学术界，刑事附带民事公益诉讼的被告与刑事诉讼的被告是否应保持一致的问题始终存在争议。有些学者提出，在刑事附带民事公益诉讼中，刑事被告人应当与附带的民事公益诉讼被告人一致，刑事诉讼的被告人应能涵盖所有可能的侵权人。检察机关通过对所有刑事犯罪嫌疑人提起公诉，从而实现所有侵权人能够在附带民事公益诉讼中成为被告人。如果出现刑事诉讼犯罪嫌疑人需要另案处理或在逃的情形，则没有再提起附带民事公益诉讼的必要性，对此应由人民检察院另案单独提起民事公益诉讼。〔2〕同时，也有学者认为应把“附带民事公益诉讼的被告人必须与刑事被告人完全相同”作为法院受理该案件的一个必要条件。这样一来，不但可以避免各地法院在该问题司法实践上的混乱，也更有助于实现以国家本位主义和诉讼效率优先为价值追求的刑事附带民事公益诉讼的制度目的，更有助于区别单独提起的检察民事公益诉讼和刑事附带民事公益诉讼。〔3〕但对此，有学者持相反意见，认为刑事附带民事公益诉讼中的被告与刑事诉讼中的被告在实际构成上具有“非统一性”之特点，前者应大于或

〔1〕 参见江必新：《认真贯彻落实民事诉讼法、行政诉讼法规定全面推进检察公益诉讼审判工作——〈最高人民法院、最高人民检察院关于检察公益诉讼案件适用法律若干问题的解释〉的理解与适用》，载《人民法院报》2018 年 3 月 5 日，第 3 版。

〔2〕 参见毋爱斌：《检察院提起刑事附带民事公益诉讼诸问题》，载《郑州大学学报（哲学社会科学版）》2020 年第 4 期。

〔3〕 参见刘加良：《刑事附带民事公益诉讼的困局与出路》，载《政治与法律》2019 年第 10 期。

等于后者。[1]

5. 调解与和解问题。提升诉讼效率和节约司法成本是刑事附带民事公益诉讼制度建立的初衷，而并非如检察民事公益诉讼那样将公益之维护作为其首要价值。有学者认为，维护公共利益是刑事附带民事公益诉讼制度设置的根本目的，考虑在调解与和解过程中可能损害公共利益等原因，刑事附带民事公益诉讼中不宜适用调解与和解程序。[2]也有学者虽赞同在刑事附带民事公益诉讼中适用调解与和解，但也认为人民法院在审理时对调解与和解是否侵害公共利益有审查的义务，同时应履行公告程序以此来接受社会大众的监督。[3]另有学者认为，不应在刑事附带民事公益诉讼的诉前程序中，对检察机关与被告就附带民事公益诉讼案件调解与和解直接作出禁止规定，而应当尊重检察机关在附带民事公益诉讼案件部分的处分权，但对其处分权要划定合理边界。[4]但也有学者主张应当允许在刑事附带民事公益诉讼案件中适用调解与和解。[5]

6. 附带民事诉讼是否可以直接使用刑事证据问题。在刑事附带民事公益诉讼的司法实践中，通常做法是将刑事案件收集的证据直接用于所附带的民事公益诉讼。[6]但值得思考的是，在证明标准和证据规则上，刑事诉讼和民事公益诉讼并不相同。刑事证据用作民事证据使用需要有立法作为基础和依据，以及在具体适用上应建立必要的程序规则。如前所述，刑事案件证据的证明标准是“排除合理怀疑”，而民事公益诉讼案件是特殊的民事案件，“高

---

〔1〕 参见汤维建：《刑事附带民事公益诉讼研究》，载《上海政法学院学报（法治论丛）》2022年第1期。

〔2〕 参见高星阁：《论刑事附带民事公益诉讼的程序实现》，载《新疆社会科学》2021年第3期。

〔3〕 参见毋爱斌：《检察院提起刑事附带民事公益诉讼诸问题》，载《郑州大学学报（哲学社会科学版）》2020年第4期。

〔4〕 参见杨雅妮：《刑事附带民事公益诉讼诉前程序研究》，载《青海社会科学》2019年第6期。

〔5〕 参见汤维建：《刑事附带民事公益诉讼研究》，载《上海政法学院学报（法治论丛）》2022年第1期。

〔6〕 参见张雪樵、万春主编：《公益诉讼检察业务》，中国检察出版社2022年版，第97页。

度盖然性”是其证据的证明标准。民事侵权的证明标准要低于刑事犯罪的证明标准。因此，在证据的转换及使用上需要有明确的法律规范作为依据：首先，应注意把握证据的基本三属性即客观性、合法性和关联性；其次，注意证据是否基于同一违法事实问题，有区别地进行适用；再次，建立证据种类的转换规则；最后，建立证明标准转换程序。

（三）刑事附带民事公益诉讼程序之改革路径

1. 应以《民事诉讼法》为法律规范依据，制定协调统一的受案范围。刑事附带民事公益诉讼的本质是民事诉讼，应由《民事诉讼法》规定。现阶段，刑事附带民事诉讼在民事诉讼法律规范方面仅由司法解释予以规定，存在立法正当性的问题。“工欲善其事必先利其器”，完善刑事附带民事公益诉讼的第一步应是规范“法律规范”，由出于基本法律位阶的《民事诉讼法》予以规范。因此，将来在修改《民事诉讼法》时，应增加刑事附带民事公益诉讼内容，明确其受案范围。这样一来，不仅解决了制度的立法正当性问题，也使得刑事附带民事公益诉讼“削足适履”地适用《刑事诉讼法》的尴尬局面得以化解。《民事诉讼法》应规定，刑事附带民事公益诉讼与民事公益诉讼的案件范围一致。可以考虑在现行《民事诉讼法》第 58 条中增加一款：人民检察院在刑事公诉办案过程中发现被告人的行为侵害了国家利益或社会公共利益的，或者给国家利益或社会公共利益造成严重危险的，可以一并向受理刑事案件的人民法院提起附带民事公益诉讼。

2. 依据规范不同区别化适用诉前公告程序。如前所述，刑事附带民事公益诉讼的首要问题是规范依据和立法正当性问题。《民事诉讼法》目前并未规定刑事附带民事公益诉讼，《刑事诉讼法》第 101 条第 2 款规定了刑事附带民事公益诉讼程序；民事公益诉讼有关诉前程序的法律规定均是以《民事诉讼法》第 58 条第 2 款规定的检察民事公益诉讼制度为法律规范依据。本书建议，附带民事公益诉讼案件属于《民事诉讼法》第 58 条第 2 款规定的，应当履行诉前公告程序；附带民事公益诉讼不属于《民事诉讼法》第 58 条第 2 款规定的而归属《刑事诉讼法》第 101 条第 2 款规定的，不履行诉前公告程序。在具体操作层面，针对难以界定属于上述两种案件范围中哪一种的案件，应由人民检察院以刑事附带民事公益诉讼制度的设立目的为价值判断，兼顾诉讼效率和节约司法成本，综合考量案件各因素，决定是否适用诉前公告程序及是否简化适用。当然，这样的程序建构建议也只是在《民事诉讼法》尚未统一规定刑事附带民事公益诉讼具体制度时的权宜之计。待将来再修改《民事诉讼法》时，本书建议刑事附带民事公益诉讼诉前程序应统一适用于该法规定的所有案件范围。

3. 确立“刑事决定民事”的案件管辖原则。我国对刑事附带民事诉讼一贯采取的是“刑事决定民事”的管辖原则，民事公益诉讼是特殊的民事诉讼，因此刑事附带民事公益诉讼也应遵循同一原则。目前我国在立法上采取的正是“刑事决定民事”原则，即附带民事公益诉讼的管辖由刑事诉讼管辖决定。《刑事诉讼法》第101条规定，人民检察院在刑事案件办理过程中，有权对因犯罪而引起的民事侵权行为提起附带民事诉讼。《检察公益诉讼解释》（2020修正）第20条第2款明确规定，由审理刑事案件的人民法院对检察机关提起的刑事附带民事公益诉讼案件统一行使审判管辖权；再根据最高人民检察院公布的《公益诉讼办案规则》第14条第2款的规定，检察机关提起的刑事附带民事公益诉讼案件，由办理刑事案件的人民检察院立案管辖。根据“对应起诉原则”，最终提起民事公益诉讼的人民检察院应与管辖法院相一致。此外，《检察公益诉讼解释》规定，对于检察民事公益诉讼和刑事附带民事公益诉讼的级别管辖进行区分对待，其原因在于检察民事公益诉讼的首选价值是维护公益，而刑事附带民事公益诉讼则以办案效率和节省司法资源为首要价值追求。不仅如此，随着《公益诉讼办案规则》确立了“基层检察机关立案为主，地市级检察机关立案为辅”的检察民事公益诉讼案件管辖原则，在立法层面表现出的刑事附带民事公益诉讼和检察民事公益诉讼之间的级别管辖冲突也不复存在。当然，从根本上解决二者之间的管辖冲突问题，还有赖于《民事诉讼法》再修改时关于这一问题的统一规定，抑或出台我国独立的检察民事公益诉讼法。立法正当性的缺失，大量司法解释之间的冲突（包括司法解释横向之间的冲突和纵向之间的冲突），以及由此带来的司法实践的困惑和混乱，都有待通过理论上的统一认识和立法上的突破来解决。

4. 附带民事公益诉讼的被告可以与刑事案件被告人范围不一致。按照2021年《最高人民法院关于适用〈中华人民共和国刑事诉讼法〉的解释》第

181 条的规定，刑事诉讼中的被害人、法定代理人、近亲属可以对部分共同侵害人提起附带民事诉讼，人民法院应当告知其可以对包括没有被追究刑事责任的共同侵害人在内的其他共同侵害人一并提起刑事附带民事诉讼，不包括共同犯罪中同案犯罪嫌疑人在逃的情况。本书认为，刑事附带民事公益诉讼是特殊的刑事附带民事诉讼形式，应适用该司法解释的相关规定。据此，刑事附带民事公益诉讼的被告范围与刑事案件的被告人范围可以不一致。导致“不一致”的原因在于：一是刑事案件与民事案件的证据标准不同，二是刑事责任与民事责任的归责原则不同。[1]民事诉讼所采取的证据标准相较于刑事诉讼而言较低。在责任的归责原则方面，刑事犯罪要求达到犯罪构成四要件，同时被告人也会面临刑事诉讼中的法定不起诉（绝对不起诉）和酌定不起诉（相对不起诉）制度的筛选。换言之，刑事案件的犯罪嫌疑人只有其犯罪行为达到犯罪构成四要件且不属于两类不起诉制度规定情形的，才会作为刑事被告人正式被提起公诉。但据民事侵权的归责标准，构成民事公益侵权的标准要比构成刑事犯罪的标准低得多，只要侵权人实施了侵害公共利益的行为，造成了损害或重大风险，且二者之间存在因果关系，侵权人即成为民事公益诉讼的被告人。例如，在最高人民检察院发布的第十三批指导性案例“2018年芜湖市镜湖区人民检察院诉李某某等人跨省倾倒固体废物刑事附带民事公益诉讼案”中，经检察机关认定，李某某等 12 人为污染环境罪的被告人，而该 12 名刑事被告与其他 9 个源头企业共同作为附带民事公益诉讼的被告人在该刑事附带民事公益讼诉中接受一并审理。[2]依据现行立法规定，通常情况下附带民事公益诉讼被告人的范围要比刑事被告人的范围大。检察机关可据案件具体情况判断一并起诉的必要性，并在起诉前与法院进行必要沟通，若一并审理会导致刑事案件的审理过于拖延等情况，可对民事公益诉讼案件另行起诉。

5. 建立刑事附带民事公益诉讼中有条件的调解制度与和解制度。本书赞

---

〔1〕 参见张雪樵、万春主编：《公益诉讼检察业务》，中国检察出版社 2022 年版，第 96 页。

〔2〕 参见最高人民检察院第八检察厅编著：《最高人民检察院第十三批指导性案例适用指引（公益诉讼）》，中国检察出版社 2019 年版，第 186~195 页。

同在我国刑事附带民事公益诉讼中针对附带民事公益诉讼部分的案件有条件地适用调解制度与和解制度。调解制度与和解制度在刑事附带民事公益诉讼中的适用，不但能够有效分流案件、节约司法资源，且易于执行，同时又可以起到及时救济受到侵害的公共利益的功效。但调解制度与和解制度在刑事附带民事公益诉讼中的适用需要有一定的条件限制，以免损害到国家利益和社会公共利益。因此，调解制度与和解制度首先应立法明确规定其适用的基本原则，即“不得损害公共利益原则”。同时，在具体制度构建上，应设置人民法院审查程序、公开听证程序和公示程序，从程序上保障“不得损害公共利益”这一基本原则的实现。诉讼过程中，人民法院负责审查调解协议、和解协议的签订内容是否损害公共利益，通过公开听证程序，由社会各界代表人士、人大代表和相关行业专家等参与调解、和解协议的达成过程。调解协议、和解协议达成后，在正式生效前，应通过为期30天的公示程序，经公众监督无异议提出后方可正式生效。

6. 建立证据转换的法律规范和具体规则。目前尚无立法明确规定刑事证据和民事证据的转换问题，更无具体的证据转换规则。因此，本书主张，修改《民事诉讼法》或制定单独的检察民事公益诉讼法时，应增加“证据的转换与使用”章节，明确证据转换规则。具体而言，首先可转换的证据应满足证据的基本属性，即客观性、合法性和关联性。证据的客观性由待转换证据的来源保证。刑事附带民事公益诉讼使用的“待转换”的证据来自于刑事侦查，包括公安机关在侦查阶段收集的证据，也包括检察机关在补充侦查阶段获取的证据；既可以是刑事判决采信确认的证据，也可以是未被刑事案件采用的证据。其次，基于同一违法事实提起的民事公益诉讼，刑事证据一般均可以作为附带民事公益诉讼案件的证据使用，但对于非基于同一违法事实提起的民事公益诉讼，并不代表刑事侦查中收集的证据被绝对排除在检察机关的使用之外，例如有关被告基本情况和财产情况的证据。再次，建立证据种类转换规则。我国《刑事诉讼法》和《民事诉讼法》规定的法定证据种类规定不尽相同。对于刑事法定证据种类与民事法定证据种类相同的证据种类，实施“证据直接转换”规则，可以共享互通使用；对于二者不同的证据种类适用“证据差异转换”规则，将同类相近的证据分类进行相互转换，如将同属于言词证据分类的刑事犯罪嫌疑人、被告人供述和辩解转换为民事公益诉讼的被告人陈述，将属于实物证据分类的刑事检查、辨认、侦查实验等笔录转换为民事公益诉讼的勘验笔录，反之亦然。最后，建立案件证明标准转换规则。刑事案件的证明标准要高于民事公益诉讼的证明标准，因此二者之间的转换需要建立"单向限制规则"。根据该规则，刑事证据证明的案件事实可以直接认定为民事公益诉讼的案件事实，而民事公益诉讼证据证明的案件事实需要经刑事诉讼证明程序提升其证明力至刑事证明标准，方可认定为刑事案件事实。[1]

〔1〕 参见俞蕾、黄潇筱：《生态环境刑事附带民事公益诉讼的证据规则与衔接机制研究——以上海地区检察公益诉讼为例》，载《中国检察官》2020年第16期。

第五章

检察民事公益诉讼之证据制度

检察民事公益诉讼的诉前程序和诉讼程序的启动和推进都离不开证据，完备的证据制度是实现检察民事公益诉讼目的的根本保障。完善的检察民事公益诉讼调查核实权、司法鉴定制度、专家辅助人制度、证据保全制度是检察民事公益诉讼顺利进行的重要保障。与此同时，在检察民事公益诉讼中，有必要建立证据开示制度和自认制度。

一、检察民事公益诉讼证据收集之调查核实权

检察机关在民事审判程序中的调查核实权经 2012 年《民事诉讼法》第二次修改予以确立，而检察机关在民事公益诉讼中的调查核实权仅规定于两部司法解释当中，即《检察公益诉讼解释》和《公益诉讼办案规则》，立法位阶过低，缺乏统一、高位阶的立法规范。同时，检察民事公益诉讼调查核实权还存在权能规定不明确、特别规定缺失、缺乏相应保障措施等问题。因此，改革检察民事公益诉讼调查核实权应明确其权力属性和遵循的原则。

（一）检察民事公益诉讼调查核实权的基本理论

1. 检察民事公益诉讼调查核实权的概念。关于民事检察调查核实权的概念，通说是指检察机关出于法律监督职责的履职需要，在民事诉讼中对当事人或案外人进行调查，并对案情进行核实的权力。[1]关于检察民事公益诉讼调查核实权的概念并未有一致的界定和表述，有实务专家认为，检察民事公益诉讼调查核实权是指检察机关在履行民事公益诉讼保护公共利益职责时，调查收集证据、核实案件情况、查实公共利益受损情况，实现维护公共利益

〔1〕 参见范卫国：《民事检察调查核实权运行机制研究》，载《北方法学》2015 年第 5 期。

和监督行政机关履职的权力。〔1〕也有学者认为，检察民事公益诉讼调查核实权，是指检察机关在办理公益诉讼案件过程中，依照法定程序主动收集证据、核实案情来证明公益受损侵权责任构成要件的非实体性处分权力。〔2〕本书认为，检察民事公益诉讼的调查核实权，是指检察机关在民事公益诉讼案件办理过程中，基于法律监督职权，为保护公共利益进行证据收集、核实案情的非实体性处分权力。

2. 检察民事公益诉讼调查核实权的权力属性。兼具检察监督职能与公益维护功能是检察民事公益诉讼调查核实权的特点。准确把握检察民事公益诉讼调查核实权应从三个维度进行，即权力来源维度、权力效力维度和权力限制维度。

首先，检察民事公益诉讼调查核实权源于法律监督权。作为检察权的具体权力表现形式，检察民事公益诉讼调查核实权体现了法律监督权的权力形态。有实务部门的同仁认为，检察民事公益诉讼的权力来源于法律监督权。与此同时，在检察民事公益诉讼中检察机关作为原告人，肩负提出涉及公共利益的诉讼请求及相关证据的诉讼义务。故而，检察民事公益诉讼调查核实权也来源于其作为民事公益诉讼的一方当事人为证明主张提出证据的民事公益诉讼证明权。检察民事公益诉讼调查核实权具有“权力与权利二重属性”。〔3〕本书认为，在检察民事公益诉讼中，不应将检察机关作为法律监督机关的调查核实权与其作为当事人的取证权混同。检察民事公益诉讼中的调查核实权与取证权存在本质区别，其体现在性质、目的、内容和是否有强制性等方面不同。首先，两者的性质不同，调查核实权基于法律监督权具有中立性，而取证权具有主动性；其次，两者的目的不同，调查核实权的目的在于实现法律监督，从而对司法活动中的违法行为进行监督，取证权的目的在于实现诉讼利益；再次，两者的内容不同，调查核实权以检察机关履行法律监督职权

〔1〕参见上海市杨浦区人民检察院课题组、王洋：《公益诉讼检察调查核实权优化路径》，载《中国检察官》2021 年第 13 期。

〔2〕参见刘加良：《检察公益诉讼调查核实权的规则优化》，载《政治与法律》2020 年第 10 期。

〔3〕参见上海市杨浦区人民检察院课题组、王洋：《公益诉讼检察调查核实权优化路径》，载《中国检察官》2021 年第 13 期。

调查核实相关证据和情况为内容，取证权以与诉讼请求和证明责任分配相关的证据为内容；最后，是否具有强制性不同，调查核实权不具有直接强制性，而取证权则具有采取查封、扣押、冻结等强制性措施。〔1〕

其次，在权力效力上检察民事公益诉讼调查核实权缺乏强制力。检察民事公益诉讼调查核实权与刑事侦查权有显著区别，这涉及公益诉讼取证模式之间的区别。理论上认为，公益诉讼的取证模式有四种，即民事取证模式、行政取证模式、刑事取证模式和公益诉讼取证模式。我国尚无立法确定公益诉讼取证模式，因此现有的取证模式是前三种。〔2〕在检察民事公益诉讼的案件办理中，这三种取证模式混同适用、协同运作。民事取证模式是检察民事公益诉讼中天然、不附条件适用的取证模式；行政取证模式运用于检察行政公益诉讼，当检察机关提起行政附带民事公益诉讼时，行政取证模式与民事取证模式混同适用、协同运作；在我国的司法实践中，检察民事公益诉讼大多以刑事附带民事公益诉讼的方式进行，刑事取证模式与民事取证模式混同适用、协同运作。刑事附带民事公益诉讼中，刑事取证模式适用的前提是附带的民事公益诉讼案件具有刑事犯罪因素，通过“搭便车”的方式，民事公益诉讼从刑事案件中获得案件证据。刑事侦查的刑事取证模式具有强制性，检察机关在刑事案件的办理过程中运用侦查权对犯罪嫌疑人等的人身和财产拥有采取强制措施的权力；与刑事侦查的刑事取证具有强制性不同，检察民事公益诉讼运用民事取证模式，调查核实的证据和案件情况围绕损害的公共利益，采取的询问、查询等措施均不具有强制性。

最后，从权力限制维度审视，基于“检察谦抑性”原理，检察民事公益诉讼调查核实权的运用应谦抑且审慎，非必要不适用并且只能在必要的范围内运行。检察权在民事领域的运行，应遵循“检察谦抑”的基本原则。作为检察权的具体权力表现形式，检察民事公益诉讼调查核实权的运用，应严格限定在以维护公共利益为目的的法律监督权的履行，同时其具体程序应严格按照法定程序进行。民事诉讼的基本诉讼原理要求当事人双方平等对抗，实

〔1〕 参见储源、徐本鑫：《检察公益诉讼调查核实权的检视与完善》，载《浙江理工大学学报（社会科学版）》2022年第5期。

〔2〕 参见汤维建：《公益诉讼的四大取证模式》，载《检察日报》2019年1月21日，第3版。

行诉讼平等原则。检察机关参与民事公益诉讼，使得诉讼双方不平等的风险加剧，检察权的运用更要注重秉持其“谦抑性”和“必要性”。

3. 检察民事公益诉讼调查核实权的适用原则。根据检察民事公益诉讼调查核实权的法律监督权与诉讼证明权的二元属性，它的运行应遵循谦抑性原则、中立性原则和程序合法原则。

（1）谦抑性原则。谦抑性原则，也称有限监督原则，是检察机关在现代社会行使检察权所应坚持的基本原则之一。[1]在检察机关行使检察权的领域，谦抑性原则，特指人民检察院在行使其包括法律监督权在内的各项检察权力时应极尽克制，防止检察权行使中产生过多的民事干涉。检察谦抑性原则源于“公权力谦抑原则”。国家公权力在行使时都应尽量克制和避免对公民私权利的侵犯。检察机关的法律监督权属于国家公权力，防止对公民权利的过度干预是权力谦抑性原则的应有之义。在检察民事公益诉讼中，检察机关的调查核实权应介入有损公共利益事项的调查与核实，而不宜介入与有损公共利益无关的事项。只有当被告人伪造证据、审判人员应当调查取证而未进行以及民事审判活动存在违法情况时，检察机关才可以行使调查取证权来调查核实有关证据和情况。换言之，在检察民事公益诉讼中，只有在当事人提出证据能力不足或人民法院未履行调查取证职责时，检察机关才可以依据法律监督之需要履行调查核实权。[2]此外，在检察民事公益诉讼中，对调查核实权的行使并不具有强制性，通常是通过检察建议的提出、证据的收集和对当事人的询问等“柔性”方式进行。检察民事公益诉讼调查核实权也需要借助其他外部保障措施而得到有效实施，这也是其谦抑性原则的体现。

（2）中立性原则。检察机关的权力属性决定了检察机关在民事公益诉讼中与普通原告人不同。普通原告人只负责主张和举证对自己有利的证据，而没有义务提出对自己不利或利于对方当事人的证据。然而，查明有损公共利益的真实情况是检察民事公益诉讼调查核实权的目的，因此检察机关不能带有主观倾向或偏见地去调查核实有关证据和情况，检察办案人员要保持客观

〔1〕 参见陈武等：《检察公益诉讼新领域探索若干问题研究》，载《人民检察》2022年第12期。

〔2〕 参见范卫国：《民事检察调查核实权运行机制研究》，载《北方法学》2015年第5期。

中立的立场去调查核实有关证据，不能对被调查人进行误导或诱导。

（3）程序合法原则。从权力来源角度来看，检察民事公益诉讼调查核实权是法律监督权，是公权力。公权力具有肆意性和对公民私权利的侵犯性，因此权力必须受限。调查核实权在检察民事公益诉讼中的适用目的是更好地维护公共利益，而不是对权利的任意干预，因此调查核实权运用的范围、对象、手段和配套措施均应由法律予以预先规定。对于调查核实权应遵守的程序性要求，《人民检察院民事诉讼监督规则》做了较为具体而明确的规定。[1]例如，《人民检察院民事诉讼监督规则》第68条规定了调查监督权的决定由承办检察官或检察长负责，第69条规定了检察机关进行调查核实权需两人以上共同进行。

（二）检察民事公益诉讼调查核实权现状及存在的问题

2012年我国《民事诉讼法》第二次修正，在第210条（2023年第五次修正后的现行《民事诉讼法》第221条）确立了检察机关在民事审判程序中的调查核实权，规定了检察机关在履行法律监督权时，确有需要提出检察建议或提出抗诉时，可以向当事人或案外人实施调查核实权，以调查核实案件相关情况。2016年11月最高人民法院、最高人民检察院印发的《关于民事执行活动法律监督若干问题的规定》第9条规定，在民事执行监督活动中确立了检察机关的调查核实权。由此，调查核实权从2012年《民事诉讼法》确立的民事审判程序延伸到了民事执行程序。2018年10月修订后的《人民检察院组织法》第21条规定，检察机关依据本法第20条履行法律监督职权，可以提出抗诉、纠正意见或检察建议并依法进行调查核实，有关单位有义务配合并将配合情况回复检察机关。《人民检察院组织法》第20条第4项列举了人民检察院“依照法律规定提起公益诉讼”的职权。至此，在基本法层面检察民事公益诉讼调查核实权有了明确的赋权依据。2013年11月，最高人民检察院发布《人民检察院民事诉讼监督规则（试行）》，2021年8月《人民检察院民事诉讼监督规则》施行，同时《人民检察院民事诉讼监督规则（试行）》

〔1〕参见庄永廉等：《民事检察调查核实权运行机制探索》，载《人民检察》2019年第5期。

废止。《人民检察院民事诉讼监督规则》第 63、64 条详细规定了人民检察院在民事诉讼中调查核实的范围、措施、向银行业金融机构调查核实的具体情形、调查核实决定权和具体程序等。

目前关于检察机关调查核实权的规定见于现行的《检察公益诉讼解释》和《公益诉讼办案规则》两部司法解释。2018 年发布并于 2020 年 12 月修正的《检察公益诉讼解释》第 6 条规定，在公益诉讼案件的办理过程中，对于与案件相关的行政机关、组织和公民，检察机关可依职权进行调查收集证据；被调查的行政机关、组织和公民有配合的义务，并可依照民事诉讼法和行政诉讼法规定采取证据保全措施。2021 年 7 月 1 日起施行的《公益诉讼办案规则》在"总则"、"一般规定"和"民事公益诉讼"几章中均有对调查核实权的规定。《公益诉讼办案规则》在"一般规定"一章的"第四节调查"中对检察机关依据法律监督职权调查收集证据的一般性要求作了法律规定，主要包括"依法、客观、全面调查收集证据"的原则、制定调查方案、具体调查和收集证据的方法以及具体程序等；另外，《公益诉讼办案规则》在"第四章民事公益诉讼"的"第一节立案与调查"中对检察民事公益诉讼调查核实权的调查事项、终结情形等进行了较为详细的法律规定。

《检察公益诉讼解释》和《公益诉讼办案规则》都属于部门司法解释，而不论是《民事诉讼法》对于检察公益诉讼调查核实权特别规定的缺失，还是我国尚未出台检察公益诉讼法，都使得现阶段我国检察民事公益诉讼调查核实权的立法在法律位阶上过低、缺乏统一的高位阶立法规范。同时，现有司法解释的规定依然过于笼统和缺乏可操作性。

1. 检察民事公益诉讼调查核实权之权能规定不明确。自我国 2018 年修订《人民检察院组织法》，检察机关的调查核实权发生了几点重要变化：一是在立法上确定了调查核实权的手段地位，并规定了调查核实权覆盖审判、执行、公益诉讼在内的所有诉讼程序；二是为建立与诉讼目的相契合的"检察民事公益诉讼的调查核实权"提供法律基础；三是为在民事执行检察监督中适用调查核实权提供上位法依据。据此，民事程序类型的不同决定了调查核实权的具体方式、手段和程序的不同。检察民事公益诉讼中的调查核实权具有不同的权能形式。在民事诉讼监督中，检察机关不是当事人双方中的任何一方，其法律监督权的权能形式表现为“核实”；在检察民事公益诉讼中，检察机关是原告人，其调查核实权的权能形式体现为“调查”。在检察民事公益诉讼中“调查重于核实”，检察机关在由其提起的民事公益诉讼中的立场具有明显的进攻性。[1]此外，在检察公益诉讼中，调查核实权在立案之前的线索发现阶段就已启动，而民事诉讼监督的调查核实权则通常启动于案件受理后。此外，检察民事公益诉讼的调查核实权相较民事诉讼监督的调查核实权而言更具明显的主动性。调查核实权的“调查权”与“核实权”不分是其权能规范亟待解决的问题。相应立法规定的缺乏，对检察民事公益诉讼中调查核实权的行使范围、行使方式等问题产生了直接影响。

2. 检察民事公益诉讼调查核实权缺乏有关不同诉讼阶段、不同对象采取措施等内容。虽然对调查核实权在民事诉讼中的适用情形、具体措施和有关程序，《人民检察院民事诉讼监督规则》进行了一般性规定；关于检察民事公益诉讼调查核实权的调查事项、调查终结情形等，《公益诉讼办案规则》也作了规定；但对于检察民事公益诉讼在诉前阶段、诉讼阶段等不同诉讼阶段缺乏具体规定，也没有明确规定区分调查对象适用的具体调查核实措施。现行法律规定忽视了民事公益诉讼案件办理程序的阶段性对于调查核实权的差异需求，没有对调查核实权进行区分诉讼阶段的设置。检察民事公益诉讼大体可以分为三个阶段，即立案阶段、诉前阶段和诉讼阶段。各个诉讼阶段调查的内容与证明标准的不同，以及核实权行使方式的不同，应进行更加细致化的区别规定。[2]不仅如此，立法同时缺乏对各个阶段调查核实侧重点的规定。关于调查核实权的具体内容，现行法律也忽略了调查核实应聚焦行为之违法性的法律监督职权的内在要求。例如，《公益诉讼办案规则》在法律规定的条文表述上仅将调查核实的事项规定为“国家利益或者社会公共利益受到侵害的事实”、“社会公共利益受到损害的类型”和“修复费用”等，并没有依据法律监督权的性质以及维护公共利益的目的将调查核实的内容放在监督对象

[1] 参见刘加良：《检察公益诉讼调查核实权的规则优化》，载《政治与法律》2020年第10期。

[2] 参见徐本鑫：《公益诉讼检察调查核实权的法理解析与规范路径——兼评最高人民检察院办案规则相关规定的合理性》，载《江汉学术》2022年第6期。

行为之违法性及其关联证据与相关情况上。这些具体法律规定的缺失，给调查核实权的运行效果带来了影响，进而影响了检察民事公益诉讼目的的实现。

3. 检察民事公益诉讼调查核实权缺乏保障措施规定。在我国目前的司法实践中，检察民事公益诉讼的案件形式多是以刑事附带民事公益诉讼的形式呈现。究其原因，与检察机关的调查核实权“缺乏原生性强制调查手段”有关。检察机关在检察民事公益诉讼中，对于证据可能灭失的情况，只能向人民法院提出证据保全申请，而没有直接采取强制保全措施的权力；与此同时，法律虽明确规定有关机关、组织、公民应当配合调查核实，但并没有规定拒不配合的后果。这使得检察机关在民事公益诉讼中，只能采取间接的、甚至是被动的方式获取证据。

（三）检察民事公益诉讼调查核实权的改革路径

检察民事公益诉讼调查核实权的运行不仅要符合其法律监督权的基本属性和特征，更要符合维护公益的目的。因此，应对检察民事公益诉讼调查核实权进行明晰调查核实权权能、明确诉讼阶段、强化保障措施等三个方面的改革。

1. 明晰调查核实权的权能。在检察民事公益诉讼中的调查核实权与在民事诉讼监督中的调查核实权的最大区别在于，检察民事公益诉讼中的调查核实权侧重点在于“调查”。因此在调查核实权具体制度和程序运行的设计上，首先应当对调查核实权进行权能区分，即分别规定“调查权”与“核实权”，在此基础上具体规范调查权的适用范围、对象和具体程序，以及核实权的适用范围、对象及其具体程序。检察机关在由其提起的民事公益诉讼中，在立案前的证据初查阶段、诉前公告程序阶段，对于被告场域内的能够证明公共利益受损但单纯依靠其作为原告人难以获得的证据，可以启动调查权对证据材料和相关事实进行调查取证；对于自己已经初步掌握的公共利益受损的证据材料仍未达到证明标准或证据存疑时，可以启动核实权对现有证据材料进行核实、补充和完善。

2. 区分诉讼阶段，设置相应的调查核实权。检察民事公益诉讼调查核实权的制度设计和程序规定应分具体不同的诉讼阶段。首先，在检察民事公益诉讼的案件线索初查阶段，针对公共利益受损事实、侵权人基本情况、损失后果及潜在危险以及因果关系的关联性等事项行使调查权，并采取相对于诉讼阶段的“高度盖然性”而言较低的证明标准；其次，在检察民事公益诉讼的诉前公告阶段，对仍未掌握的证据继续行使调查权，同时对已经掌握但仍需补充或排除质疑的证据材料行使核实权，基于调查权与核实权获取的证据向公告相对人履行诉前公告程序；最后，在提起诉讼阶段，检察机关的调查核实权相对于其享有的取证权而言应退居于补充地位，尤其是在诉讼阶段，调查核实权应转而由人民法院行使。

3. 规定检察民事公益诉讼调查核实权的强制性。现行法律没有规定负有配合调查核实权义务的人员在不履行配合义务时的法律后果。换言之，调查核实权并无强制力，这往往导致检察民事公益诉讼调查核实权的行使效果大打折扣。本书建议将检察民事公益诉讼中的调查核实权的具体措施分为“强制性调查核实措施”与“非强制性调查核实措施”两类。具体而言，当负有配合义务的有关机关、组织和公民拒不履行其配合义务时，应赋予检察机关采取查封、扣押、冻结等强制措施的权力；当检察机关在民事公益诉讼中对案件当事人或者案外人进行相关证据的询问、查询、复制、咨询专家意见等调查核实措施时，上述这些措施不具有强制性。[1]此外，在对不同对象拒绝履行配合义务时的容忍度应有所差别，并体现在程序设计中。具体而言，检察民事公益诉讼调查核实权的适用对象根据其是否享有社会管理职能，可将其分为“具有社会管理职能的主体”和“不具有社会管理职能的主体”两类。具有社会管理职能的主体通常为行政机关，因其具有公权力，对其维护公共利益的义务要求更强，因此对其不履行配合义务应保持尽可能低的容忍度；而不具有社会管理职能的主体，因其本身不具有公权力，因此对其不履行配合义务时的容忍度应相对较高。另外，从公信力和可行性角度而言，检察机关应对具有社会管理职能的对象优先进行调查核实。[2]有条件地赋予检察民事公益诉讼调查核实权以强制力，有利于检察机关对必要的证据材料和有关情况直接获取，从而有利于调查核实权权能的实现和公益诉讼维护公益

[1] 参见上海市杨浦区人民检察院课题组、王洋：《公益诉讼检察调查核实权优化路径》，载《中国检察官》2021 年第 13 期。

[2] 参见刘加良：《检察公益诉讼调查核实权的规则优化》，载《政治与法律》2020 年第 10 期。

的诉讼目的之实现。

二、检察民事公益诉讼司法鉴定制度

司法鉴定，指的是在诉讼过程中司法机关或当事人委托法定鉴定机构对案件中的专门性问题，利用其专业知识和科学技术进行鉴别和判断的一种制度。检察民事公益诉讼中的司法鉴定，是指在办理检察民事公益诉讼案件过程中，由人民法院或检察机关、被告人委托法定鉴定机构的鉴定人运用其专业科学知识，对涉及损害公共利益的专门性问题作出鉴别和判断的制度。

根据我国《民事诉讼法》第79条的规定，在民事诉讼中，就案涉事实的专门性问题的司法鉴定启动方式有两种，一是当事人向人民法院申请鉴定，二是人民法院依职权决定鉴定。《环境民事公益诉讼解释》第14条规定，在检察民事公益诉讼中，在为保护社会公众利益而必须由检察机关承担举证责任的特殊问题上，法院可以委托具有鉴定资质的司法鉴定机构的专家进行鉴定。根据《消费民事公益诉讼解释》的规定，虽没有直接规定委托司法鉴定，但根据有关条款可以明确检察消费民事公益诉讼中的专门性问题可以委托司法鉴定。《公益诉讼办案规则》第35条明确规定检察机关在办理公益诉讼案件过程中，可以通过“委托鉴定”的方式调查和收集证据；另据《公益诉讼办案规则》第41条规定，在检察民事公益诉讼案件的办理中，检察机关对于那些被认定确实需要进行鉴定的专门性问题，可以将其委托给具有鉴定资质的机构进行鉴定。然而，关于“司法鉴定”的单独立法仅见于最高人民法院在2001年印发的《人民法院司法鉴定工作暂行规定》，该单行法无法适应检察民事公益诉讼有关司法鉴定的需求。由于几乎所有的环境民事公益诉讼案件都要涉及专门性问题的鉴定，所以有关司法鉴定的很多问题都集中且突出反映在环境民事公益诉讼当中。

（一）检察民事公益诉讼司法鉴定制度存在的问题

在检察环境民事公益诉讼中，对于环境公共利益受损情况、污染物情况、次生污染情况，以及污染行为与环境公共利益受损之间关联性的初步证明问题，都是案件办理的重点和难点，都需要专业人员依据专业知识和科学技术进行鉴别和判断。基于环境民事公益诉讼具有显著的证据偏在、诉讼目的公益性、涉及问题专门性等特征，当事人双方、人民法院、司法鉴定人员等多方主体的联合可以有效助力环境民事公益诉讼的进行和环境公共利益的维护。〔1〕检察环境民事公益诉讼损害赔偿在技术和判断依据上严重依赖环境污染损害的司法鉴定意见。

1. 缺乏统一法律规范。现阶段，我国相关法律规定较为抽象和原则性，具体操作规范则常散见于地方部门规章，或由各行政管理部门在其职权范围内规定。这些“各自为政”的法律规定大都具有局限性，限制了环境污染损害司法鉴定工作有序、规范、统一地运行。〔2〕例如，2015 年 12 月，司法部部务会议修订通过的《司法鉴定程序通则》规定了司法鉴定的基本原则和一般性规定；2017 年 8 月住房和城乡建设部发布的《住房和城乡建设部第 1667 号——关于发布国家标准〈建设工程造价鉴定规范〉的公告》，对工程造价鉴定的基本问题予以规定；2011 年 5 月发布的《环境保护部关于开展环境污染损害鉴定评估工作的若干意见》，明确规定了有关环境污染损害鉴定的意义、指导原则、目标等。检察环境民事公益诉讼案件涉及的环境污染损害往往较为复杂，在缺乏上位法统一规范的情况下，导致在规范层面很难形成统一的环境污染损害认定标准，在司法实践层面很难达成一致的认识，最终导致在检察民事公益诉讼中对于环境等公共利益的定损困难和认定困难等问题。

2. 鉴定主体多元化。在对司法实践中的案例进行分析后，我们可以看出，环境污染损害鉴定的主体表现出了多元化的特征。实践中司法机关和当事人委托的不但有环境研究机构、环境科技公司，也有大专院校等事业单位和环境学、生态学等专业的专家学者。〔3〕鉴定评估主体的不同，必然带来由其专业资质与专业能力的不同而导致的鉴定、评估意见的差异。虽然专门性知识、科学技术的鉴定和评估是法院查明事实的辅助方法，只是法官裁判案件依据的证据种类之一。但是，关于环境公益的损害程度、潜在损害后果和损害赔

〔1〕 参见纪格非、陈嘉帝：《证据法视角下环境民事公益诉讼难题之破解》，载《理论探索》2022 年第 3 期。

〔2〕 参见李清、文国云：《检视与破局：生态环境损害司法鉴定评估制度研究——基于全国 19 个环境民事公益诉讼典型案件的实证分析》，载《中国司法鉴定》2019 年第 6 期。

〔3〕 参见姜红、赵莎莎：《环境损害鉴定评估制度的司法困境及破解路径——以 10 件环境民事公益诉讼案为例》，载《贵州大学学报（社会科学版）》2017 年第 4 期。

偿数额等问题的鉴定与评估却是案件审理的核心问题，因此鉴定主体多元化带来的鉴定意见多样化给法官认定事实、裁判案件带来了困扰，造成了司法实践中的困境。

3. 缺乏有关司法鉴定的收费规范。司法鉴定收费问题，是检察民事公益诉讼司法鉴定的重要问题，在检察环境民事公益诉讼中的影响尤为突出和明显。现阶段，司法鉴定收费标准的立法缺失和过高的收费现状，给环境公共利益的及时救济带来阻碍，也直接影响检察环境民事公益诉讼维护环境公共利益的效果和目的的实现。有学者实证研究表明，我国的环境污染损害司法鉴定费用相较于一般司法鉴定费用要高出许多，有的案件中鉴定评估费用竟然高达 36 万元。[1]鉴定意见是民事诉讼的法定证据种类之一，于检察环境民事公益诉讼而言，环境污染相关鉴定意见是案件办理的重要核心证据，司法鉴定费用的高昂直接影响了检察机关和被告人在诉讼中对鉴定意见证据的获取。因此，鉴定费用与获取证据之间的平衡成为破局的关键。

4. 司法鉴定活动监督缺失。上述司法鉴定主体多元、鉴定意见差异、鉴定费用高昂等问题，除与目前缺乏立法统一规范相关外，还与司法鉴定制度缺乏必要的监督机制密切相关。司法鉴定监督机制的缺失，究其原因，不但与立法规范中监督机制设立缺失有关，也与有关指导意见过于抽象和原则性相关，更与多元化的鉴定机构分属不同管理部门有关。[2]监督机制的缺乏，容易导致司法鉴定意见出现随意性的缺点。司法鉴定活动作为检察民事公益诉讼，尤其是检察环境民事公益诉讼程序的一个重要环节，司法鉴定意见对于案件事实的认定和法院判决至关重要。然而，被委托的部分鉴定机构将追求经济利益最大化作为其价值目标，影响了法院和诉讼双方当事人对于公正判决的追求。[3]因此，司法鉴定意见的客观、科学、公正，离不开对司法鉴定活动必要的监督。

---

[1] 参见朱晋峰：《民事公益诉讼环境损害司法鉴定收费制度研究》，载《中国司法鉴定》2019 年第 2 期。

[2] 参见姜红、赵莎莎：《环境损害鉴定评估制度的司法困境及破解路径——以 10 件环境民事公益诉讼案为例》，载《贵州大学学报（社会科学版）》2017 年第 4 期。

[3] 参见陈彦、戴晓华：《民事诉讼中司法鉴定问题研究》，载《中国司法鉴定》2022 年第 5 期。

（二）检察民事公益诉讼司法鉴定制度改革进路

1. 制定统一法律规范。纵然司法鉴定制度存在前述的种种问题，如鉴定主体繁多、鉴定资质不一、鉴定意见差异、鉴定费用过高且缺乏鉴定监督等问题，但所有问题的根源在于缺乏统一的、高位阶的司法鉴定规范。通过较高位阶的立法规范，统一规定司法鉴定制度的基本原则和一般性规定，同时融合包括各种司法鉴定在内的资质标准、适用对象、适用范围、适用标准、收费标准和监督机制等具有可操作性的规定。统一适用的规范当然也包括环境污染损害司法鉴定评估制度在内的原则性和具体性规范，由此，以立法规范为基础建立全国统一的包括环境污染司法鉴定评估制度在内的各类司法鉴定制度。

2. 建立协助信息平台。针对司法鉴定主体多元、鉴定意见不一等问题，在鉴定机构的委托选用源头上严格把握资质条件，只有符合资质条件的鉴定机构及其鉴定人员才可进入被委托范围。此外，各个鉴定机构之间缺乏必要的信息交流和意见协商，外加鉴定证据本身难以固定、鉴定材料具有主观性等因素也是导致鉴定意见不一的重要原因。因此，有必要考虑建立包括鉴定机构、环保组织、环境科研机构和环保专家等在内的综合信息协助平台，以便于委托鉴定机构的委托人、鉴定机构和其他专业组织、单位、专家之间的信息交流与意见协商。与此同时，在法院或作为原告的检察机关委托司法鉴定之前，可以由人民法院主导召开包括司法鉴定机构、环保组织等专业机构和人士在内的司法鉴定预备会，会议核心内容是将可能在诉讼过程中需要质证的鉴定材料进行科学性、客观性、合理性的初步论证，为诉讼中司法鉴定意见的客观性、公正性打下良好的基础。

3. 明确收费标准，完善法律援助制度。司法鉴定费用不统一，环境污染损害司法鉴定费用高昂，导致这些现象的原因除了有鉴定成本高这个因素之外，最主要的原因就是没有建立统一的收费标准，从而使得各个司法鉴定机构竞逐利益，而与司法鉴定的客观与公正的价值目标相背离。因此，首先应当明确统一收费标准。关于环境污染损害司法鉴定收费标准的统一确定，可以借鉴目前普遍较为认可的法医司法鉴定收费标准或物证司法鉴定收费标准，对环境污染损害司法鉴定的各项收费予以列举式明确规定，增加收费标准的明确性和可操作性。与此同时，针对诸如环境污染司法鉴定起始成本较高的现实问题，应完善我国环境污染司法鉴定的法律援助制度。法律援助制度的建立，一方面可以排除因为高额的鉴定费用而阻碍证据获取的阻力，另一方面又可以让愿意承担更多社会责任的司法鉴定机构拥有“用武之地”，最终实现公益诉讼维护和救济公共利益的目的。

4. 建立司法鉴定监督机制。司法鉴定活动中出现的种种问题，都与其监督机制的缺失密切相关。司法监督机制的构建基础是立法规范，未来在制定统一的司法鉴定立法规范时应将司法监督机制包括在内，以实现司法监督制度的完整性。在由其他适格主体提出的民事公益诉讼中，检察机关和人民法院均可作为司法监督的主体，前者依托法律监督权对诉讼活动程序进行司法监督，后者依据审判权居中审查司法鉴定活动的合法性。但在检察民事公益诉讼中，案件的原告人是检察机关，再由其作为监督司法鉴定的司法监督主体，恐有双方当事人诉讼地位失衡之忧，因此在检察民事公益诉讼中适宜由人民法院作为监督司法鉴定的司法监督主体，具体监督司法鉴定活动的各个环节，包括鉴定机构资质、鉴定对象、鉴定费用等事项。

三、检察民事公益诉讼专家辅助人制度

检察民事公益诉讼由于兼具案件复杂性、诉讼目的公益性和涉及问题专门性等特征，使得有关损害公共利益的事实更多地涉及专业性问题，尤其是在检察环境民事公益诉讼中更为突出，因此在检察民事公益诉讼中已确立司法鉴定制度的同时，为了更好地发挥检察民事公益诉讼对公共利益的保护作用，仍有必要构建并完善专家辅助人制度。

（一）检察民事公益诉讼专家辅助人制度的必要性

在诉讼传统上，英美法系和大陆法系在应对诉讼中的专业问题时所采用的“专家模式”不同，英美法系往往采用“专家辅助人为主，鉴定人为辅”的模式，而大陆法系则与之相反，通常采用“鉴定人为主，专家辅助人为辅”的模式。[1]

---

〔1〕参见毕玉谦：《辨识与解析：民事诉讼专家辅助人制度定位的经纬范畴》，载《比较法研究》2016 年第 2 期。

鉴定人和专家辅助人均为民事诉讼中参与诉讼的“专家”，鉴定制度和专家辅助人制度也都是为解决民事诉讼中的专门性问题而设立的，两者的区别在于：鉴定人通常由法院委托，即使由诉讼当事人委托，其承担的职能也只是根据自己掌握的专业技术为案件事实提供尽可能客观的鉴定意见，而不是为某一方当事人的主张助力；专家辅助人则不同，专家辅助人是由某一方当事人申请、经法院批准后加入诉讼，其作为一方当事人的专家，主要职能是从维护申请方当事人的合法权益的角度对专门性问题进行解释、说明。法律赋予两者的诉讼地位亦不相同，鉴定人属于法律明确规定的“其他诉讼参与人”，而现行法律对专家辅助人的法律地位尚无明确规定。[1]换言之，鉴定人是“法院的专家”，而专家辅助人是“当事人的专家”。鉴定人基于中立之立场在诉讼中，为法院提供客观、科学、公正的鉴定意见；专家辅助人则从某一方当事人的立场出发，对相关的专业问题作出解释或说明。鉴定意见虽然是基于鉴定人在诉讼中的“中立立场”而作出的，但法官由于专业受限往往对鉴定意见难以辨认和认定，为了防止“偏听偏信”导致司法裁判不公的现象出现，防止在专业性问题的认定和判断上法院沦为鉴定人“传话筒”的局面发生，从诉讼对抗角度而言，法院选任的鉴定人和当事人聘请的专家针对案涉专业性问题分别发表意见是“证据辩论主义”的体现。专家辅助人的意见有助于法官听到立场和角度不同于鉴定人鉴定意见的观点，这种由“鉴定人+专家辅助人”形成的二元专家证人模式促成了诉讼中“专家对抗专家”的格局，更加有利于法官消除疑惑、清晰事实，从而形成客观、公正的判定。[2]

（二）检察民事公益诉讼专家辅助人制度的功能定位

根据我国《民事诉讼法》第82条规定，当事人在民事诉讼中可以向法院申请专家出庭，对鉴定人的鉴定意见或专业问题发表自己的见解。对于专家辅助人就专门问题提出的意见的性质，《民诉法解释》第122条第2款将其定性为当事人陈述。根据传统民事诉讼理论，当事人陈述分为“辩论性质当事

[1] 参见洪冬英：《以审判为中心制度下的专家辅助人制度研究——以民事诉讼为视角》，载《中国司法鉴定》2015年第6期。

[2] 参见朱海标、刘穆新、王旭：《“鉴定人+专家辅助人”二元化专家证人制度的中国演变——以“民事诉讼证据规定”为切入点》，载《中国司法鉴定》2021年第2期。

人陈述”和“证据性质当事人陈述”。

辩论性质当事人陈述，主要是指当事人对于案件事实发表的主张或意见；证据性质当事人陈述，则是指当事人对于自己的经历所作的客观陈述。[1]根据《民事诉讼法》和《民诉法解释》，专家辅助人在民事诉讼中，其任务是针对鉴定意见等提出自己的见解。专家辅助人的当事人陈述应归类于辩论性质当事人陈述，而非证据性质当事人陈述。在传统民事诉讼中，专家辅助人是作为一方当事人的专家协助人参与诉讼，其所作的专家意见是针对鉴定人的鉴定意见或专业性问题，属于当事人陈述的证据种类。在普通民事诉讼中，专家辅助人在诉讼中所作的专家意见不能直接作为定案的根据，需要结合其他证据并经证据审查后，由法院酌情认定。因此，我国现行法律将普通民事诉讼专家辅助人的功能定位为单一协助当事人进行诉讼的功能。

关于我国检察民事公益诉讼中专家辅助人的功能定位，以环境民事公益诉讼相关规定为例进行分析和阐释。根据《环境民事公益诉讼解释》第 15 条的规定，专家辅助人在环境民事公益诉讼中，可以经当事人申请和法院通知进入诉讼，针对鉴定人的鉴定意见或其他有关专门性问题所作的专家意见经过质证可以作为定案的根据。这包括三层意思：第一，该司法解释明确了专家作为专家辅助人身份进入诉讼的方式是“当事人申请+法院通知”；第二，对专家出庭的功能作用作出了明确规定，即针对鉴定意见和专业问题提出自己的意见；第三，该司法解释明确了在环境民事公益诉讼中专家辅助人意见的证据资格，即经质证可以作为定案的根据。[2]据此，经过质证的专家辅助人意见具有单独作为认定案件事实依据的可能性。在检察环境民事公益诉讼中，专家辅助人的功能定位，以及提出的专家意见的性质，都明显区别于传统民事诉讼。检察环境民事公益诉讼中的专家辅助人，相比《民事诉讼法》和《民诉法解释》中规定的一般专家辅助人而言，更加接近比较法意义上的“专家证人”角色。[3]由于民事公益诉讼较普通民事诉讼，在诉讼目的上具

[1] 参见王亚新、陈杭平：《论作为证据的当事人陈述》，载《政法论坛》2006 年第 6 期。

[2] 参见柯阳友：《民事公益诉讼重要疑难问题研究》，法律出版社 2017 年版，第 197~198 页。

[3] 参见纪格非、陈嘉帝：《证据法视角下环境民事公益诉讼难题之破解》，载《理论探索》2022 年第 3 期。

有公益性的特点，因此，我国检察民事公益诉讼中专家辅助人的功能定位应具有双重性，即协助法院对案件事实的认定和辅助当事人诉讼，且优先协助法院。

（三）检察民事公益诉讼专家辅助人制度的改革进路

检察民事公益诉讼专家辅助人制度的改革，应在我国民事诉讼法现有职权主义背景下，吸收借鉴域外相关当事人主义诉讼制度经验，结合我国检察民事公益诉讼特征，充分发挥我国“鉴定人+专家辅助人”二元专家证人模式的作用，进一步完善优先协助法院功能的具有中国特色的检察民事公益诉讼专家辅助人制度。

1. 明确资质条件。目前我国民事诉讼法在鉴定人资格上采用“严格专家审查制度”，而关于专家辅助人的范围、资质和审查等问题尚未明确规定。基于检察民事公益诉讼专家辅助人特有的双重功能（协助法院+辅助当事人）定位，和专家辅助人由当事人申请聘请的启动方式，我国检察民事公益诉讼专家辅助人的资质设定应相较于鉴定人的严格审查更为宽松。专家辅助人的资格设定如果门槛过高，势必会在司法实践中遭遇与鉴定人制度类似的因采取严格审查而导致严重限缩可选任专家范围的问题；但专家辅助人的资格限定门槛也不宜过低，避免不具有相应专业技术要求的“水专家”进入专家辅助人队伍，影响协助法院认定案件事实功能和协助当事人进行诉讼的效果，从而影响民事公益诉讼案件的公正审判。[1]与此同时，在资格设定上，应汲取在普通民事诉讼中专家辅助人适用率偏低[2]和大多数专家辅助人未能很好地协助法院认定案件事实所涉专业性问题的教训。[3]因此，建议我国检察民事公益诉讼专家辅助人的资质条件为：第一，拥有专业资格证书；第二，相关领域从业5年以上；第三，无职业不良记录和其他违反职业道德的行为；第四，虽不具有专业资格证书，但拥有全日制本科及以上学历，满足第二、三

〔1〕 参见邵子婕、包建明：《民事诉讼中专家辅助人问题研究》，载《中国司法鉴定》2020年第2期。

〔2〕 参见王栋、倪子昊、张涛：《价值、现状与重构：民事诉讼专家辅助人制度之探讨》，载《中国司法鉴定》2017年第4期。

〔3〕 参见戴昌昆、吴正鑫：《民事诉讼中专家辅助人制度实证研究》，载《中国司法鉴定》2021年第3期。

条规定的。

2. 明确启动程序。检察民事公益诉讼专家辅助人程序的启动，建议设计为“当事人申请+法院形式审查”模式。检察机关和被告人在检察民事公益诉讼中，认为有关专业性问题需要申请专家辅助人参与诉讼的，可以向人民法院申请专家辅助人。在收到当事人的专家辅助人申请后，经法院形式审查其资质后通知方可进入诉讼。有关人数和时限，检察民事公益诉讼中的原被告双方均可在各自的举证期限内申请一至两名专家辅助人。

3. 要求出庭参与质证。检察民事公益诉讼最大的特征在于其案件的公益性，案涉的专业性问题的鉴定意见和专家辅助人意见更是关乎公共利益的维护和救济。检察民事公益诉讼专家辅助人的首要功能是协助法院认定案涉专门性问题，尤其是协助法院完成对鉴定人提出的鉴定意见的认定，因此有必要设定专家辅助人的出庭义务和对鉴定意见或专业性问题的质证程序。在专家辅助人出庭质证程序的设计中，交叉询问程序应处于核心地位。〔1〕主询问、反询问、再询问和补充询问等程序，构成了质证交叉询问程序。

四、检察民事公益诉讼证据保全制度

证据保全，指的是在民事诉讼启动之前或民事诉讼进行中，根据当事人或利害关系人的申请，或依职权由人民法院在证据存在灭失可能或日后难以获得的情形下，固定和保护证据的制度。〔2〕按照诉讼阶段的不同，可将其分为诉前证据保全和诉讼中证据保全。

当事人申请是诉前保全程序的启动方式，而诉讼中的证据保全启动方式，既可以是当事人申请，也可以是法院依职权裁定。根据我国《民事诉讼法》第 84 条第 2 款的规定，证据保全适用于紧急情况下证据存在灭失可能，或者日后难以获得的情形。此外，根据《民事诉讼法》第 103 条第 2 款和第 104 条第 1 款规定，诉讼中证据保全，人民法院可以要求提出申请的当事人提供担保；诉前证据保全，提出申请的当事人则应当提供担保。无论是诉讼中法

〔1〕 参见赵丹：《论英国专家证言的采信规则》，载《中国司法鉴定》2019 年第 2 期。

〔2〕 参见江伟、肖建国主编：《民事诉讼法》（第八版），中国人民大学出版社 2018 年版，第 196 页。

院要求提供担保，还是诉前程序当事人应当提供担保，当事人不提供担保的，人民法院依法裁定驳回其证据保全申请。

（一）检察民事公益诉讼证据保全制度建构的必要性

我国民事公益诉讼的原告人均为与案件无利害关系的形式起诉人（法律规定的机关、有关组织和人民检察院），是我国民事公益诉讼证据保全面临的首要问题。依据前述《民事诉讼法》及相关司法解释有关普通民事诉讼证据保全制度的规定，我国民事公益诉讼的原告人不具备提出诉前证据保全申请的资格。

证据收集对于涉及公益受损的案件事实认定至关重要，按有关证据保全的法律规定，由于民事公益诉讼的提起主体与案件无直接利害关系而被排除在申请证据保全的主体资格之外，这势必对公共利益的保护不利，难以实现民事公益诉讼对公共利益之维护和救济的制度设计初衷。以消费者民事公益诉讼为例，无论是消费者协会还是检察机关等适格原告人，在证据的收集上都将面临如下现实困境：首先，因为适格原告人并非消费民事公益诉讼的直接利害关系人，所以其直接掌握的与案件相关的证据材料和案件事实必然有限；其次，通常经营者是消费民事公益诉讼的被告，其出于自身利益之维护往往很难愿意提供自己掌握的有关证据，致使原告获取证据困难；再次，消费民事公益诉讼的争议焦点通常为被告人是否实施了不正当的经营行为，诸如违反法律规定销售不符合标准的食品等行为，但经营者的违法经营行为通常具有隐蔽性，并且具有较强的专业技术性，这使得适格原告人获得证据难上加难；最后，民事公益诉讼的目的不仅在于对已经受损的公共利益进行救济，还在于对潜在或将来的公益受损情形进行预防，诉讼一旦启动，被告人往往会对自己的违法行为进行暂停或隐蔽，甚至转移有害产品，这在现实上也给适格原告人的证据调查增加了难度。随着社会生活中公害事件频发，出于对公共利益维护和救济的迫切需要，证据保全制度亟待拓展至民事公益诉讼起诉人。[1]

---

[1] 参见柯阳友：《民事公益诉讼重要疑难问题研究》，法律出版社 2017 年版，第 191～193 页。

于是，为了解决立法上对于公益诉讼的“考虑不周”，司法解释对消费民事公益诉讼的主体进行了扩张。《消费民事公益诉讼解释》第 8 条规定，被赋予消费民事公益诉讼起诉主体资格的有关机关或社会组织可以依据《民事诉讼法》第 84 条规定向人民法院申请证据保全。《消费民事公益诉讼解释》在《民事诉讼法》第 84 条的基础上允许有资格提起消费民事公益诉讼的主体作为“非利害关系人”，在诉前阶段如遇紧急情况下向人民法院申请证据保全，在消费民事公益诉讼的诉讼过程中，人民法院可依当事人申请或依职权采取证据保全措施。诉前证据保全的提起条件是“紧急情况”，具体是指在提起诉讼之前，消费民事公益诉讼的原告人，认为证据存在灭失或者日后难以取得的可能性时，向证据所在地、被申请人住所地或者对案件有管辖权的人民法院申请证据保全措施。诉讼中的证据保全启动方式有消费民事公益诉讼原告申请，或法院依职权启动。此外，法院有权要求提供证据保全担保，否则申请人将面临证据保全申请被法院裁定驳回的法律后果。目前，我国仅在消费民事公益诉讼案件领域，司法解释对《民事诉讼法》进行了扩张解释和适用。

（二）检察民事公益诉讼证据保全制度存在的问题

根据《检察公益诉讼解释》第 6 条的规定，检察机关提起民事公益诉讼，当发现确有必要进行证据保全时，可以按照《民事诉讼法》的相关规定，向人民法院提起诉前或诉讼中的证据保全。这体现了该制度在检察民事公益诉讼中的扩张适用，也是检察民事公益诉讼证据保全制度正式确立的标志。

然而《检察公益诉讼解释》关于检察民事公益诉讼证据保全制度的规定不仅过于原则和笼统，其中规定了“引用性法条”的《民事诉讼法》第84 条第 3 款本身在立法论上也存在质疑。《民事诉讼法》第 84 条第 3 款规定，“证据保全的其他程序，参照适用本法第九章保全的有关规定。”从立法论角度而言，唯有性质相似的两种制度才具有参照适用的可能性，而证据保全程序与保全程序虽然在名称上有近似之处，但两者是性质迥异的不同诉讼程序。两者在目的、要件和具体方法上均大不相同。首先，两者的目的不同，证据保全的目的关乎证据的灭失或难以取得的情形，保全的目的则关注日后的强制执行。证据保全的目的在于面临证据灭失或日后难以获得的情况，在诉讼前或诉讼进行中保存证据资料为法院审理查明和认定事实做好准备，如若任由证据灭失或将来难以获得的情况发生，则会影响法院认定案件事实的证据范围，导致法院认定案件事实的基础受损，从而对法院裁判的公正性产生不利影响，在公益诉讼中更不利于公共利益之维护与救济；而保全制度的目的在于确保将来进行的强制执行，为避免债务人逃避强制执行而转移或隐匿财产，国家立法设立相应的保全制度，从而限制民事诉讼债务人对财产的处分来维持其财产现有状况，保障裁判债权的实现。其次，两者的要件不同，证据保全以保全的必要性为要件，即证据具有灭失或将来难以获取的现实紧迫性，而保全则以日后强制执行之进行困难为要件。最后，两者的保全方法不同，证据保全的具体方法依正式的证据调查程序、根据证据种类不同而有所不同，如对物证的证据保全采取勘验的证据调查方法；保全程序的方法则以私权之保障和强制执行的实现为目的，根据被保全的具体权利类型不同设置不同的保全方法，如对金钱债权的保全采取查封、扣押、冻结等禁止债务人处分财产的方法。[1]

(三) 检察民事公益诉讼证据保全制度的改革进路

随着现代社会现代型纠纷和诉讼的不断增长，现代型诉讼对证据收集和事实主张客观性的需要也随之增长。域外两大法系的主要国家为了有效预防诉讼、促进诉讼进行、加强集中化审理和纠纷解决多元化目标的实现，都对证据保全制度不断进行完善与改革。[2]针对检察民事公益诉讼证据保全制度规定的过于原则性以及引用性法条在立法方法论上的缺陷，有必要在现有检察民事公益诉讼证据保全制度的基础上进一步改革，构建兼具科学性、完整性和操作性的诉讼证据保全制度。检察民事公益诉讼证据保全制度，是完整的诉讼程序，同时附随于民事公益诉讼程序。证据保全的先行证据调查程序之目的在于保存证据调查的结果以备将来的法庭审理之用，因此证据保全程序只是附随于公益诉讼程序，而绝非独立于公益诉讼案件的程序。[3]根据检

[1] 参见占善刚：《证据保全程序参照适用保全程序质疑——〈中华人民共和国民事诉讼法〉第81条第3款检讨》，载《法商研究》2015年第6期。

[2] 参见许少波：《证据保全制度的功能及其扩大化》，载《法学研究》2009年第1期。

[3] 参见占善刚：《证据保全程序参照适用保全程序质疑——〈中华人民共和国民事诉讼法〉第81条第3款检讨》，载《法商研究》2015年第6期。

察民事公益诉讼独具的特征和证据保全制度在诉讼中的作用，完备的检察民事公益诉讼证据保全制度应明确以下几方面内容：

1. 检察民事公益诉讼证据保全的启动条件。针对《民事诉讼法》规定诉前证据保全启动条件的单一化（“情况紧急”）情况，有必要对诉前证据保全的启动条件进行适当的扩充。建议将诉前证据保全的启动条件规定为以下三个：证据灭失或日后难以取得、对方当事人同意、[1]人民检察院认为有救济公共利益之必要。除此之外，在诉前证据保全和诉讼中证据保全的启动前，还需基于当事人“两造对抗”的程序构造，满足明确的被申请人条件，即人民检察院申请或法院依职权决定启动证据保全需指明被申请人。[2]

2. 检察民事公益诉讼证据保全的管辖。由于诉讼中的证据保全的管辖法院只能是受理检察民事公益诉讼案件的法院，因此不涉及管辖问题。有必要进行规定的是诉前证据保全的管辖问题。除规定诉前证据保全的管辖法院为被保全证据所在地或者对案件有管辖权的人民法院之外，建议增设检察民事公益诉讼诉前证据保全紧急管辖制度。[3]紧急管辖制度设立的主要目的在于应对一旦出现证据所在地法院或其他有管辖权法院怠于进行证据保全的情况发生，为了及时固定和保存用以维护和救济公共利益的证据材料，可以规定人民检察院向就近的人民法院提出证据保全的申请。建议诉前证据保全的管辖规定为：“紧急情况下，如发生证据灭失或日后难以获取的情况，人民检察院在起诉前可以向证据所在地或其他有管辖权的人民法院申请证据保全措施；如果提出申请的法院不采取诉前证据保全措施的，人民检察院可以向就近人民法院申请证据保全措施，人民法院应当支持。”

3. 检察民事公益诉讼中的证据保全担保。检察机关有效履行法律监督职能，能更好地维护国家和社会公共利益。普通民事诉讼证据保全的担保制度的目的在于防止因当事人随意提出证据保全，从而导致被申请人的财产损

---

〔1〕 参见丁朋超：《试论我国民事诉前证据保全制度的完善》，载《河南财经政法大学学报》2015 年第 6 期。

〔2〕 参见占善刚：《证据保全程序参照适用保全程序质疑——〈中华人民共和国民事诉讼法〉第 81 条第 3 款检讨》，载《法商研究》2015 年第 6 期。

〔3〕 参见丁朋超：《试论我国民事诉前证据保全制度的完善》，载《河南财经政法大学学报》2015 年第 6 期。

失。而在检察民事公益诉讼中，检察机关是民事公益诉讼的原告人，其依据自身职权、基于维护公共利益的目的认定需要进行证据保全的，无须提供担保。〔1〕

4. 检察民事公益诉讼证据保全的效力。证据保全的法律效力应与正式的证据调查产生相同的法律效力。出于将证据放在正式诉讼中进行调查恐难以获得或存在灭失风险的考虑，才通过诉前证据保全的方式固定和获取证据，但证据保全所采取的措施和诉讼中正式的证据调查并无差别。出于实现证据保全便于诉讼中法院认定案件事实、实现公正裁判目的之考虑，同时基于司法成本的考虑，在进行了证据保全程序的随后检察民事公益诉讼中，当事人只需要对证据保全过程中的证据调查结果进行陈述，或者宣读证据保全笔录，就可以取得与诉讼中通过正式证据调查获得的证据同样的法律效果。

五、检察民事公益诉讼证据开示制度

证据开示，英文术语为 discovery 或 disclosure，是指双方当事人在庭审之前通过展示自己掌握的证据的方式，从而获得对方当事人已获取的证据材料的制度。〔2〕广义的证据开示包括主动开示和被动开示两种方式。〔3〕证据开示制度作为英美法系一项重要的诉讼制度可以追溯到英国 16 世纪的衡平法实践中，该制度设立的初衷是为了避免当事人将证据突袭作为诉讼技巧，致使法庭作出不公正的判决。具体而言，在传统民事诉讼中证据开示的目的主要表现为以下五个方面：第一，有效避免利用证据突袭的诉讼技巧，从而致使法庭审理的延误；第二，有利于确定当事人之间的争论焦点；第三，去除非争议事实，有助于法庭集中审理案件争议焦点；第四，有助于发现与争议点相关的证据信息；第五，在法庭开庭审理前保全相关证据，便于庭审需要。〔4〕随着英国法律制度被美国移植并进一步发展，形成了具有美国特色的法律制

〔1〕 参见翁如强：《环境公益诉讼证据保全研究》，载《中国环境管理干部学院学报》2016 年第 5 期。

〔2〕 参见张卫平主编：《外国民事证据制度研究》，清华大学出版社 2003 年版，第 171 页。

〔3〕 参见时建中、袁晓磊：《我国反垄断民事诉讼证据开示制度的构建：理据与路径》，载《法学杂志》2021 年第 1 期。

〔4〕 参见杜闻：《英美民事证据开示若干问题研析》，载《证据科学》2008 年第 6 期。

度，证据开示制度作为一项颇具对抗性的制度，成为美国民事诉讼中最特别的制度之一。通常认为美国的证据开示制度适用范围广且成本高，因此证据开示制度并不受大陆法系国家欢迎。[1]但在美国，整个纠纷争议的解决过程基本上是由证据开示及其相关申请支撑而起。绝大部分案件的事实查明和法律适用都是通过证据开示程序实现的，只有不到2%的案件最终进入审判阶段。不仅如此，绝大部分的未撤诉案件或者被驳回的案件，当事人也通过和解方式结案。这些都有赖于证据开示制度作用的发挥。[2]

(一) 检察民事公益诉讼证据开示制度的必要性

检察民事公益诉讼相较于传统民事诉讼而言，无论是在诉讼中当事人的诉讼请求上还是案件争议点的确定上，都已远远超出传统民事诉讼的难度。[3]在民事公益诉讼中，突出存在的证据偏在问题，对证据制度及程序设计提出了更高的需求，[4]检察民事公益诉讼也不例外。在检察民事公益诉讼中，对认定案件主要事实至关重要的证据往往存在于侵权人场域，证据均衡的期待状态被打破，证据偏在导致的司法证明困境成为新常态。掌握在侵权人（被告）一方的证据，侵权人出于利己的考虑，会拒绝主动出示证据甚至作出妨碍证明的行为。此时，负有证明责任的当事人，在收集证据时极易遭致持有证据一方当事人的拒绝，从而导致负有证明责任的一方当事人难以证明其提出的主张，在程序中处于不利局面。正是由于民事公益诉讼常常会出现证据偏在的问题，如依照传统民事诉讼"谁主张，谁举证"的证明责任分配规则，会导致大量的民事公益诉讼案件败诉，难以达到其维护和救济公共利益之初衷。例如，证据偏在问题在检察环境民事公益诉讼中尤为突出，证据偏在导致当事人的证明责任难以实现，使得检察民事公益诉讼无法有效实现维护公共利益

---

[1] See David W. Ogden & Sarah G. Rapawy, "Discovery in Transnational Litigation: Procedures and Procedural Issues", *ABA BUSINESS LAW SPRING SECTIONMEETING*, Mar. 16, 2007.

[2] 参见［美］雷·沃西·坎贝尔、埃伦·克莱尔·坎贝尔：《美国民事诉讼之证据开示制度》，张凤鸣、沈橦、曹潜译，载《中国应用法学》2020 年第 3 期。

[3] 参见张艳蕊：《民事公益诉讼制度研究——兼论民事诉讼机能的扩大》，北京大学出版社 2007 年版，第 159 页。

[4] 参见张卫平：《当事人文书提出义务的制度建构》，载《法学家》2017 年第 3 期。

的使命。[1]在检察环境民事公益诉讼中，大量的环境污染要件事实的证据掌握在环境侵权人场域里，侵权人一旦拒绝出示这些证据材料或者发生妨害证明的行为，将导致提起环境民事公益诉讼的检察机关陷入其提出的维护公共利益的诉讼请求难以得到法院支持的困境。不仅如此，环境污染问题往往涉及专业性、技术性问题，对于污染物的成分、来源以及可能造成何种程度的危害，只有拥有专业技术知识的专业人士才能掌握。通常情况下，检察机关的办案人员并不具备这些专业知识，因此很难在短时间内进行判断。如果检察机关的办案人员在对定案至关重要的专业技术知识准备不足的情况下进入案件审理阶段，往往会因为争议点不明确或证据不充分的情况发生而导致庭审拖沓，甚至会发生检察机关的诉讼主张无法得到法院判决支持的情况，致使其难以达到诉讼目的。因此，在检察民事公益诉讼证据制度的设计上，不宜简单适用传统民事诉讼证明规则进行裁判，而是需要从公共利益之维护与救济的价值目标出发，综合评判民事诉讼的正义价值，基于诚实信用原则引入新的证据收集手段和方式。

（二）检察民事公益诉讼证据开示制度的具体构建

英美的证据开示制度较为成熟，主动开示证据的一方当事人有权要求对方当事人进行证据开示，若对方当事人拒绝，有权向法院申请“强制开示令”。[2]德、日等大陆法系国家建立了“文书提出命令制度”，拒绝履行的当事人将面临法官对其事实主张的不利认定，拒绝提出法院文书命令的第三人则将受到罚款处罚。[3]域外的有关证据开示制度可以为我们提供很好的借鉴，对构建具有中国特色的检察民事公益诉讼证据开示制度十分必要。

1. 立法赋予当事人从对方当事人或案外人获取与案件有关证据的能力。根据目前我国检察民事公益诉讼的调查取证模式和前文有关检察机关调查核实权的完善构想，在以“当事人取证为主+法院调查取证为辅+检察机关调查

[1] 参见纪格非、陈嘉帝：《证据法视角下环境民事公益诉讼难题之破解》，载《理论探索》2022年第3期。

[2] 参见张卫平主编：《外国民事证据制度研究》，清华大学出版社2003年版，第180~182页。

[3] 参见陶建国：《消费者公益诉讼研究》，人民出版社2013年版，第333~334页。

核实权为补充”的检察民事公益诉讼取证模式基础之上，确立包括主动开示和被动开示两种方式的证据开示制度。法院受理检察民事公益诉讼案件后，证据开示程序启动，双方当事人均应主动履行证据开示的法定义务；若发生一方当事人拒绝全部或部分履行证据开示义务的，相对方当事人有权向法院申请让其强制开示证据。因此，本书主张构建“当事人主动履行+申请法院强制履行”的检察民事公益诉讼证据开示制度。

2. 明确证据开示的适用条件。建立证据开示制度的核心目的是防止证据突袭，但同时还应该防止由于不合理的制度设计，导致当事人为了拖延时间或者为了谋取其他非法利益（如获取商业秘密）而滥用证据开示程序，因此有必要对证据开示的程序启动设置必要的条件。首先，证据开示程序的启动需由检察机关提供初步的证明材料，证明被告人的行为损害了公共利益；其次，主张对方进行证据开示的当事人，应当提供想要获取的证据材料，并初步证明想要获得的证据材料与案件待证事实相关；最后，主张进行证据开示程序的当事人应提供自己一方已穷尽其他获取证据的方式。最终是否符合启动证据开示程序的条件，由法院在听取当事人的初步证明陈述与相对方的申辩的基础上作出判定。[1]

3. 规范证据开示的范围和对象。在检察民事公益诉讼中，证据开示的范围应为与涉及公共利益受损的诉讼请求或抗辩相关的证据材料。具体为与构成侵害公共利益的要件事实相关的证据，主要包括侵害公共利益行为事实证据、公共利益受损害程度事实证据、公共利益潜在的损害风险证据和因果关系证据等。证据开示的对象是证据开示范围内民事诉讼法规定的所有证据种类。

4. 制定开示证据的数量和期限。证据开示制度设立的目的之一就是防止庭审的拖沓，因此对于开示证据的数量和开示时间应予以必要的限制。[2]开示证据的数量由法官根据开示证据的方式、案件事实情况、证据材料所在场

---

〔1〕 参见时建中、袁晓磊：《我国反垄断民事诉讼证据开示制度的构建：理据与路径》，载《法学杂志》2021年第1期。

〔2〕 参见［美］雷·沃西·坎贝尔、埃伦·克莱尔·坎贝尔：《美国民事诉讼之证据开示制度》，张凤鸣、沈橦、曹潜译，载《中国应用法学》2020年第3期。

域、当事人的证明能力等综合因素，在证据开示程序启动3日内予以确定并送达双方当事人。证据开示的时间以7日为限，有特殊情况需要延长期限的，经当事人申请由法院酌情决定。超过法庭指定数量和法定期限的证据开示行为均无效，当事人承担不利于己方所主张事实认定的结果。在法定时限内，一方当事人若不能完成相关证据开示义务，将承担法庭免除对方当事人有关证据的证明责任；法院可根据当事人违反证据开示数量和时限的情况，作出驳回起诉或者驳回诉讼请求的裁判；法院对于违反强制开示证据命令的当事人或第三人，可以酌情作出罚款、拘留等处罚判定。

5. 增加证据开示制度的例外规定。首先，借鉴美国证据开示制度中的“律师工作成果保护原则”，设置我国检察民事公益诉讼证据开示制度的“律师特殊保护规则”。律师特殊保护规则设置的理论基础在于，每位律师受当事人之委托进行诉讼，都应当积极进行调查、收集有利于己方证据的工作，而不可消极等待、坐享其成。为防止律师消极应对诉讼中的证明责任协助义务，等待最后一刻依靠证据开示制度获取对方证据而谋求己方利益，有必要在证据开示规则中设置有关律师工作特殊保护的例外规则。律师特殊保护规则，允许律师在对方当事人没有证明其对自己工作已掌握的证据材料确有“披露”（开示）必要时，拒绝对方当事人的证据开示要求。当然，律师特殊保护规则的适用不是绝对的，当事人不能适用这一例外规则来规避或隐藏案件事实，该例外规则的适用由法官在案件审理过程中根据实际情况综合判定。其次，隐私保护规则。证据开示制度的适用，不应开示涉及国家利益、商业秘密和个人隐私等证据材料。在检察民事公益诉讼中，一旦法庭判定某些当事人主张适用证据开示的证据材料涉及军事、国防等国家利益，或者涉及被告或案外第三人的商业秘密或个人隐私，则证据开示程序的适用应将其排除在外。

六、检察民事公益诉讼自认制度

在传统民事诉讼理论中，一般认为自认是在诉讼中的口头辩论阶段或准备程序中，当事人作出的对己不利的、与对方当事人主张相一致的陈述，或是一方当事人表示放弃陈述对己不利的事实争辩。自认的成立要件包括：当事人对于案件事实的陈述、当事人在口头辩论程序或辩论准备阶段所作的陈述、与对方当事人的主张相一致的陈述和于己不利的陈述。[1]简言之，自认是承认对自己不利的事实。诉讼外的自认与案件证明责任无关，因此不是证据法意义上的自认。[2]

（一）自认制度的基本理论

诉讼上的自认制度的法理基础在于辩论主义原则的贯彻、程序正义理念的树立和诉讼经济主义价值目标的确立。首先，自认制度建立的现实基础是辩论主义。辩论主义是与职权探知主义相对称的概念，一般情况下，是指法院作出判决要以诉讼中的当事人提出并经辩论程序事实主张为依据。辩论主义是大陆法系国家民事诉讼的基本理念，最根本的意思是，对于当事人之间不存在争议的主要案件事实，法官可直接用以作为判决依据。可以理解为，当事人的自认对法官的裁判具有拘束力。因此，诉讼上的自认是辩论主义的应有之义。我国经过审判方式改革之后，民事诉讼中的辩论原则开始逐步向辩论主义回归，因此自认制度的建立在我国目前已具有现实基础。其次，程序正义理念是自认制度建立的正当性基础。司法公正的获得离不开实体正义和程序正义的双重作用，通常认为，英美法系国家的诉讼价值取向更倾向于程序正义的实现，而大陆法系国家的诉讼价值取向则更倾向于实体正义的实现。英美法系推崇程序正义价值的实现，在诉讼模式的选择上是当事人主义，大陆法系更注重实体正义价值的实现，职权主义诉讼模式成为其选择。随着两大法系的彼此借鉴与不断融合，采用职权主义模式的大陆法系国家民事诉讼法和受其影响较大具有明显职权主义特征的我国民事诉讼法，逐渐开始接受和融合“程序的独立价值”。“实体正义”通常追求“客观真实”，要求案件的认定必须符合客观真实的要求，与之相适应的职权主义诉讼模式。在职权主义诉讼模式中，法官根据其职权主动调查案件事实，从而实现对案件事实的认定，这无疑否定了自认的法律效力。而“程序正义”则通常追求“法律事实”，强调据以定案的事实达到法律要求和法官认可的证明标准即可，与此对应的是当事人主义诉讼模式。在当事人主义诉讼模式中，双方当事人认

---

〔1〕 参见［日］高桥宏志：《民事诉讼法制度与理论的深层分析》，林剑锋译，法律出版社2003年版，第383~390页。

〔2〕 参见柯阳友：《民事公益诉讼重要疑难问题研究》，法律出版社2017年版，第195页。

可的案件事实即被认定为法律事实，可以作为定案的依据。因此，民事诉讼中程序正义理念的树立是自认制度构建的正当性基础。〔1〕最后，诉讼经济主义是自认制度构建的理论基础。从诉讼成本和诉讼效率角度而言，诉讼经济主义是自认制度在民事诉讼中得以确立的理论基础。承认自认的法律效力，一方面免除了对方当事人的举证责任而减少了诉讼时间的消耗，另一方面也减轻了法院调查证据的责任或成本投入，由此大大缩短了诉讼需要的时间，同时降低了当事人和法院的人、财、物等综合成本的投入，达到诉讼经济之目的。〔2〕

关于自认的性质有诉讼契约行为说、完善证据方式说、效果意思说和事实陈述说等。诉讼契约行为说主张诉讼上的自认是一种债权性质的诉讼契约行为，是当事人基于其处分权和诉讼义务的履行，由双方共同进行的契约行为。完善证据方式说则认为，诉讼上的自认是完善的证据方式，属于证据方式的一种，法院可依据当事人的自认进行案件判定，该自认的事实对法院具有约束力。〔3〕效果意思说认为，自认是一种意思表示，是诉讼中一方当事人在明确自认的法律效果前提下，对对方当事人的主张表示认可。一旦作出诉讼上的自认，无论自认的事实是否为真，都会被赋予法律效力，产生自认的法律后果。事实陈述说认为，基于自认方不会作出对自己不利的事实陈述，因此推定自认的事实是真实的，故而法律赋予自认事实免证的法律上的便利。〔4〕本书赞同自认性质的完善证据方式说，即诉讼上的自认属于证据方式的范畴。经过当事人承认的对方当事人提出的案件主要事实主张即产生证据效力且具有较强的证明力，当事人的自认对法院产生约束力。在域外，法国在其国内民事诉讼法中明确将自认规定为“完善的证据方式”，而美国则在民事诉讼法中规定自认是法庭在审理前通过证据开示程序获取证据的重要方式。〔5〕

〔1〕 参见严培成、张杰：《论民事诉讼中自认制度的价值及其法理基础》，载《兰州学刊》2005 年第 6 期。

〔2〕 参见赵钢、刘学在：《试论民事诉讼中的自认》，载《中外法学》1999 年第 3 期。

〔3〕 参见宋朝武：《论民事诉讼中的自认》，载《中国法学》2003 年第 2 期。

〔4〕 参见杜闻：《民事诉讼自认若干问题研究》，载《河北法学》2003 年第 6 期。

〔5〕 参见宋朝武：《论民事诉讼中的自认》，载《中国法学》2003 年第 2 期。

（二）现行立法对检察民事公益诉讼自认制度的态度

根据《民诉法解释》第92条和《最高人民法院关于修改〈关于民事诉讼证据的若干规定〉的决定》（以下简称《民事证据规定》）第9条关于我国对普通民事诉讼的自认的规定，主要包括自认的要件、类型、效力和撤回等内容，同时也对有关民事公益诉讼的自认有所规定。其中涉及对于民事公益诉讼自认限制规定的，根据《民事证据规定》第9条和《民诉法解释》第96条第1款的规定，人民法院对民事公益诉讼案件均不适用自认。根据《最高法证据规定》第9条的规定，凡是规定于《民诉法解释》第96条第1款所列的事实均不适用自认，而《民诉法解释》第96条第1款第3项的规定为“涉及民事诉讼法第58条规定诉讼的”，而我国《民事诉讼法》第58条是关于民事公益诉讼和检察民事公益诉讼的规定。因此，在立法上，我国民事公益诉讼不适用自认规则。尽管《环境民事公益诉讼解释》第16条和《消费民事公益解释》第12条都有关于自认的限制规定，能说明在这两部有关民事公益诉讼的司法解释是认可自认制度的，只是对某些情形下自认制度的适用进行了限制。但由于《环境民事公益诉讼解释》的施行时间是2015年1月7日，《消费民事公益诉讼解释》的施行时间是2016年5月1日，均早于2020年5月1日起实施的《民事证据规定》。因此，根据“新法优于旧法”的原则，应以最新修订实施的《民事证据规定》为准，即目前我国在立法上不支持在民事公益诉讼中适用自认制度。

（三）构建检察民事公益诉讼自认制度的理由和具体程序

我国已具备在检察民事公益诉讼中构建自认制度的理论基础。单纯地出于存在有损国家利益和社会公共利益的可能性出发，就将包括检察民事公益诉讼在内的民事公益诉讼中的自认制度全盘舍弃，未免失之偏颇。检察民事公益诉讼与其他主体提起的民事公益诉讼的最大区别是作为起诉主体的检察机关具有法律监督职能。衍生出民事检察公益诉权的法律监督权是程序性权利，正是由于监督者居于高度的“利益无涉”地位使得法律监督权及其权威得以有效行使。法律监督的正当性是基于监督者几乎以至高标准和至严规格保持“利益无涉”的原则，在这一点上，其他民事公益诉讼的适格原告均无法与检察机关相比拟。[1]如果是基于担心包括其他法定机关或社会组织在内的适格原告有可能基于自身利益的考虑而在诉讼中通过自认的方式达成自己的目的而在客观上损害公共利益的话，在检察机关作为公益起诉人的检察民事公益诉讼中则完全不需要有如此顾虑。

因此，本书支持构建我国检察民事公益诉讼的自认制度，具体程序构建如下：(1) 自认的对象仅为案件的主要事实；(2) 自认的作出时间应在举证期限内；(3) 自认的效力应为免除自认对方当事人的证明责任；(4) 自认的限制，低于人民检察院主张的损害公共利益标准的事实应被限制，而被告人对于高于人民检察院主张的损害公共利益赔偿标准的事实应适用自认规则；(5) 自认的撤回，当事人在自认后如果能够提出充分、正当的理由申请撤回自认的，人民法院应当允许。

[1] 参见韩波：《论民事检察公益诉权的本质》，载《国家检察官学院学报》2020年第2期。

第六章

检察民事公益诉讼之惩罚性赔偿制度

惩罚性赔偿，是指侵权人在赔偿侵权人填平补偿的基础上，承担的超过被侵权人实际损失的赔偿数额，以实现对侵权人的侵权行为进行惩罚为目的的赔偿制度。[1]惩罚性赔偿与补偿性赔偿相对称，两者相比较，前者通常由"赔偿"和"惩罚"两部分组成。换言之，惩罚性赔偿既有补偿性部分，又有惩罚性部分。[2]惩罚性赔偿的目的在于对故意、甚至恶意实施的侵权行为进行惩罚，从而遏制和预防不法行为发生，同时在道德上对该行为进行谴责。

"惩罚性权力"在传统的权力与权利的划分中属于公法权力，刑罚权被认为具有惩罚性权力的垄断地位。从我国立法体系的考察亦不难发现，惩罚性赔偿仅适用于刑法领域，私益被侵权人仅能提出与其实际损害相当的赔偿请求，但不可否认的是在刑事处罚与民事责任之间存在责任的空白地带。随着20世纪后半叶以来社会的急剧发展，诸多的社会、经济等问题需要通过民事诉讼加以解决，人们对之前认为是"高成本"的诉讼寄予了过高的期望和更多的要求。社会生活中出现大量的"现代型纠纷"，即有损公益的民事纠纷，进入民事诉讼领域成为"现代型诉讼"。由此，民事诉讼的司法社会功能和社会治理功能逐渐凸显并不断拓展。[3]现代型纠纷与诉讼使得刑事处罚与民事责任之间的空白地带更加凸显，亟需新的理论与制度的保障与规制。既有的传统民事诉讼理论不再能满足新的现代型诉讼的需要，现代型纠纷案件的涌

〔1〕参见王利明：《惩罚性赔偿研究》，载《中国社会科学》2000年第4期。

〔2〕参见最高人民法院民法典贯彻实施工作领导小组主编：《中华人民共和国民法典侵权责任编理解与适用》，人民法院出版社2020年版，第191、532页。

〔3〕参见邵明：《现代民事诉讼基础理论：以现代正当程序和现代诉讼观为研究视角》，法律出版社2011年版，第41页。

现与快速发展在给传统民事诉讼理论带来冲击与挑战的同时，也给新的民事诉讼理论的生成与发展创造了新的机遇。惩罚性赔偿从公法到私法的引入，恰好可以填补传统民事法律责任所不能涵盖的利益损害，尤其在涉及公共利益受损的民事公益诉讼领域，能够起到对尚未达到刑事责任标准的民事违法行为的遏制、预防与震慑作用。

一、惩罚性赔偿适用于检察民事公益诉讼的理论基础

惩罚性赔偿是一项古老的法律制度，可以追溯到《汉穆拉比法典》（The Code of Hammurabi）、《十二铜表法》（Law of the Twelve Tables）等古代法典中；而近代意义上的惩罚性赔偿出现在英国，1763 年由英国法院在维尔克斯（Wilkes）诉伍德（Wood）一案中确立。但惩罚性赔偿的不断发展以及对世界的影响却多是美国的贡献。[1]有学者甚至认为，惩罚性赔偿的发源地是美国。[2]英美法系和大陆法系的国家都受到了惩罚性赔偿的极大影响，只是在对该制度的接受和实践程度上，两大法系国家有着明显的不同。英美法系国家惩罚性赔偿制度基于法律功利主义理论，发源于司法实践；而大陆法系国家的惩罚性赔偿制度则基于公法私法二元分割理论，在理论层面天然地对惩罚性赔偿进入民事责任领域有着抵触情绪。大陆法系许多国家，因为不认可惩罚性赔偿制度的性质，致使其没有在国内建立该制度，但在司法实践中该制度却有逐渐被接受的趋势。2021 年 1 月中共中央印发的《法治中国建设规划（2020-2025 年）》，明确提出“探索建立民事公益诉讼惩罚性赔偿制度”，这是中共中央从国家发展规划和治理能力提升的高度作出的制度顶层设计。惩罚性赔偿在民事诉讼领域的运用，尤其是在检察民事公益诉讼中的引入，不但是解决现代型纠纷的现实需求，更有其理论上的必然性与正当性。检察民事公益诉讼引入惩罚性赔偿在理论上的正当性不但体现在惩罚性赔偿与传统民事责任有着天然联系上，还体现在惩罚性赔偿是对作为民法核心的权利

---

〔1〕 参见阙占文、黄笑翀：《论惩罚性赔偿在环境诉讼中的适用》，载《河南财经政法大学学报》2019 年第 4 期。

〔2〕 参见［德］格哈德·瓦格纳：《损害赔偿法的未来——商业化、惩罚性赔偿、集体性损害》，王程芳译，中国法制出版社 2012 年版，第 112 页。

本位的新发展，以及体现在惩罚性赔偿和检察民事公益诉讼在性质与功能上的契合性、检察权理论和诉的利益理论。

（一）检察民事公益诉讼引入惩罚性赔偿具有理论上的正当性

1. 惩罚性赔偿与传统民事责任有着天然联系。传统民事责任主要体现为补偿责任，但并不表示其对惩罚性赔偿责任的完全排除。惩罚性赔偿责任与传统民法责任中的过错责任原则有着天然的联系。我国古代并无独立的民法，直到清朝末年才开始引鉴大陆法系国家民法典的相关规定，并沿袭了大陆法系国家民法的立法模式。我国民事责任采用“侵权——契约”两分法体系，是对大陆法系民事责任制度的继承和发展，同时也借鉴了英美法系国家的一些规定。很多反对在民事领域引入惩罚性赔偿制度的学者都认为，民事责任不应该体现惩罚，但是他们忽视了一个根本的事实，也就是，作为民事责任归责原则的过错责任原则，其自身就蕴含着惩罚的含义。在刑事责任领域中衡量责任轻重的基本依据是“过错”，民事责任领域虽无此要求，但民事责任领域的过错责任原则要求责任轻重的衡量要着重考量当事人对于后果的主观态度。所以，因过错而导致的民事责任，自然包含着惩罚性的因素。民事责任的目的不只是补偿，民事责任的表现形式也不仅仅是过错责任。在《民法典》颁布前相当长的一段时期内，在我国的民事责任体系中，并没有关于惩罚性赔偿责任的概念性规定，惩罚性赔偿责任的正当性一直饱受质疑。历史上，我国由《民法通则》确定的赔偿原则是填补损害，立法上并没对惩罚性赔偿这一例外制度作出规定，而是在单行法中予以直接规定。[1]我国于2021年1月1日正式实施的《民法典》第1232条规定，对于违反法律而进行的损害环境和生态的故意侵权行为，造成严重后果的，被侵权人可以提出惩罚性赔偿的诉讼请求。《民法典》首次将惩罚性赔偿引入民事责任领域，以基本法的形式对该制度作了总括性的规定，不得不说是我国民事立法的巨大突破。

2. 惩罚性赔偿是对作为民法核心的权利本位的新发展。民法的核心（也称“民法的本位”）是权利本位。所有权神圣不可侵犯原则、契约自由原则和过失责任原则是近代民法的三大原则，均体现了权利本位的理念。权利本

[1] 参见陈年冰：《中国惩罚性赔偿制度研究》，北京大学出版社2016年版，第92~93页。

位要求将民事权利作为法律制定的出发点和终点。在自由资本主义发展的背景下，以此为基础的民事法律强调的是个人的意思自治。然而，19 世纪中期以后，社会生活发生巨大变化，各种社会矛盾加剧。这就要求政府加大对经济的调控力度，并加大对经济的干预力度，作为调整社会关系主要工具的法律也必然对社会的变化进行呼应并作出调整。在这种情况下，民事法律制度也发生了一系列的变化，由对个人自由的绝对尊重转向注重社会公共利益，兼顾民事法律体系的自由性和妥当性。其中最具代表性的是在法律保护上偏向于弱势群体，注重个体和社会两方面的利益均衡。这种改变是由权力对权利进行调整而产生的，它是在新的时代背景下，立法者对权力的分配所作的一种积极的调整。近代民法三大原则被修正，由契约绝对自由转向契约相对自由，从绝对所有权转换至限制所有权，引入无过错责任原则，丰富了民事归责原则。〔1〕传统民事责任制度以“主体平等”和“同质补偿”为两大基本原则。我国民事法律理论深受大陆法系民事法律理论影响。惩罚性赔偿制度源于英美法，对其性质的界定并不拘泥于公法，私法二元划分的逻辑体系，而是以社会现实为基础，以问题为导向进行立法。〔2〕

随着时代的变迁，我国民事立法的观念也应该与时俱进，在立法中要考虑到社会的利益，对个体的自由和个体的权利进行适度的约束。从某种角度而言，惩罚性赔偿是一种对公共利益进行调整的方法，它是一种对损害赔偿请求权行使不足的补偿。通过威慑潜在行为人，惩罚性赔偿可以起到预防侵权行为发生的功效。刑罚对于尚达不到犯罪程度的违法行为显得无能为力。因此，惩罚性赔偿存在制度适用的空间。传统民法中的责任承担方式，已无法满足日益发展的社会之需要，无法满足特定领域规范市场秩序的需求，因此，亟需突破填平损害责任的限制，借鉴惩罚性赔偿制度。这也体现了在协调社会利益和个人利益之间关系上立法者的考量与期待。〔3〕

---

〔1〕 参见陈年冰：《中国惩罚性赔偿制度研究》，北京大学出版社 2016 年版，第 68~69 页。

〔2〕 参见江帆、朱战威：《惩罚性赔偿：规范演进、社会机理与未来趋势》，载《学术论坛》2019 年第 3 期。

〔3〕 参见陈年冰：《中国惩罚性赔偿制度研究》，北京大学出版社 2016 年版，第 70~73 页。

（二）惩罚性赔偿与检察民事公益诉讼在性质上相契合

一直以来，对于惩罚性赔偿的性质争议不断。对此，大体有私法性质说、公法性质说和经济法性质说。[1]有学者认为，惩罚性赔偿的性质学说，除了私法性质说、公法性质说之外，还有准刑法性质说。[2]亦有学者对其主张公私法混合性质说。[3]

1. 私法性质说。英美法系国家通常把惩罚性赔偿看作是私法性的责任，即民事责任。研究显示，美国的惩罚性赔偿在合同领域中的适用要远高于其在侵权领域中的适用，但美国侵权法还是被惩罚性赔偿改变。惩罚性赔偿在《保护贸易及商业免受非法限制及垄断法》（An Act to Protect Trade and Commerce against Unlowful Restraints and Monopolies）、《克莱顿反托拉斯法》（Clayton Antitrust Act）等均有相关规定。美国对惩罚性赔偿的适用不仅体现在消费者保护方面，还体现在职业安全与健康等领域。[4]美国的惩罚性赔偿对大陆法国家的影响不容小觑，虽然其适用在大陆法系国家的学理中存在较大争议，但已在判例中有所体现。[5]德国法院开始将刑事赔偿金应用到民事诉讼中。有德国学者的研究表明，反对惩罚性赔偿的呼声正在消失。[6]

2. 公法性质说。大陆法系国家基本上将惩罚性赔偿列为公法性质的刑事责任或行政责任，因此在民事法律中拒绝承认惩罚性赔偿。大陆法系将惩罚性赔偿的本质认定为公法责任。大陆法系普遍认为，国家的职责是惩罚违法行为，若将惩罚性赔偿适用于民事领域，便是对民法的补偿功能和刑法的惩戒功能的混同，有违传统民法关于损害赔偿的基本原则——补偿原则和"禁止得利"原则，从而损害了私法的统一性。[7]迄今为止，惩罚性赔偿因其与

---

〔1〕 参见张晓梅：《中国惩罚性赔偿制度的反思与重构》，上海交通大学出版社 2015 年版，第 7~10 页。

〔2〕 参见陈年冰：《中国惩罚性赔偿制度研究》，北京大学出版社 2016 年版，第 20~22 页。

〔3〕 参见杨立新：《侵权责任法》（第四版），法律出版社 2020 年版，第 160 页。

〔4〕 参见王利明：《美国惩罚性赔偿制度研究》，载《比较法研究》2003 年第 5 期。

〔5〕 参见王利明：《惩罚性赔偿研究》，载《中国社会科学》2000 年第 4 期。

〔6〕 参见董春华：《各国有关惩罚性赔偿制度的比较研究》，载《东方论坛》2008 年第 1 期。

〔7〕 参见［奥］赫尔穆特·考茨欧、瓦内萨·威尔科克斯主编：《惩罚性赔偿金：普通法与大陆法的视角》，窦海阳译，中国法制出版社 2012 年版，第 35 页。

大陆法系补偿性赔偿理论相冲突，因而遭到大多数大陆法系国家的排斥。[1]

3. 经济法性质说。惩罚性赔偿的本质是公法责任，形式又是私法责任，这种混淆了公私法界限的特殊制度，导致大陆法系国家始终无法从理论上将其接纳。而英美法系对惩罚性赔偿也存在争议，有学者认为它既非民事责任，亦非刑事责任，体现出民事、刑事责任兼而有之的双重属性责任，即经济法责任。[2]

4. 准刑法性质说。对惩罚性赔偿持该学说观点的学者认为，惩罚性赔偿既非纯粹的民事责任，也非单纯的刑事责任，是介乎两者之间的准刑法性质责任。惩罚性赔偿的目的和功能主要在于惩罚违法行为人和遏制违法行为。这种融合了公法与私法性质的特殊责任被认为具有准刑罚的性质。惩罚性赔偿恰恰处于刑法与民事侵权法之间，它不仅将刑法与侵权法联系在一起，又将两者进行了区分。[3]

5. 公私混合法性质说。惩罚性赔偿的公法性质体现在，国家为了保护公共利益而进行强制性干预，其结果是对违法行为的处罚；而其私法性主要表现为对受害者的抚慰和救济。[4]

我国大多数学者将惩罚性赔偿归为民事责任，立法也一直将惩罚性赔偿作为民事责任加以规定。主流观点认为，惩罚性赔偿制度有助于完善我国的民事责任理论，弥补了补偿性赔偿责任的缺陷，可以减少对行政、刑事责任的过度依赖性，使民事责任得到最大程度的发挥，从而抑制违法行为。本书赞同惩罚性赔偿具有公私混合性质的主张，这种特殊的损害赔偿责任，打破了公法、私法这一源于古罗马法的最基本的法律分类。惩罚功能是公法独有的特质，而补偿功能则是私法的特质。显然，惩罚性赔偿无法在这两者中的任何一个领域内实现逻辑的自洽与合理的理论解释。惩罚性赔偿打破了原来的公法与私法二分格局，对弥补传统私法赔偿责任、制裁和遏制不法行为、

---

[1] 参见［德］格哈德·瓦格纳：《损害赔偿法的未来——商业化、惩罚性赔偿、集体性损害》，王程芳译，中国法制出版社2012年版，第17页。

[2] 参见张晓梅：《中国惩罚性赔偿制度的反思与重构》，上海交通大学出版社2015年版，第8页。

[3] 参见陈年冰：《中国惩罚性赔偿制度研究》，北京大学出版社2016年版，第22页。

[4] 参见杨立新：《侵权责任法》（第四版），法律出版社2020年版，第160页。

维护公共利益和社会秩序具有不可忽视的积极意义。

对公共利益的维护，既是检察民事公益诉讼的起点，又是其终点。从本质角度而言，检察民事公益诉讼是对国家和社会公共利益的保护，实现公平正义。[1]检察民事公益诉讼在制度属性上和惩罚性赔偿是一致的，它们都属于运用私法手段来达到公法目的的制度范畴，检察公益诉讼与惩罚性赔偿具有天然的契合性，两者结合有利于发挥其制度优势，有利于解决普遍性侵权和分散性损害的难题。结合我国法律体系来看，我国刑法自成一体，几乎垄断了惩罚性的刑罚权，私法上的受害人仅能依据私法中的“同质补偿”原则请求侵权人赔偿损失，这就决定了惩罚性赔偿是迥异于传统的损害赔偿概念，因为其是平等地位的当事人向对方当事人所施加的一种惩罚，而非私法上损害赔偿制度中的平等权利义务关系。截止到目前，我国在保护消费者、保护食品安全、保护环境、保护知识产权等方面都确立了惩罚性赔偿条款，其目的在于通过惩罚性赔偿的适用保障私益诉讼未涵盖的受损的那部分利益，从而弥补刑法规制不到的不当行为所造成的损失。从本质角度而言，惩罚性赔偿是一种通过私法机制来实现由公法担当的、具有惩罚与威慑目的的特殊惩罚制度，它虽是一种私法制度，但其目的和功能均指向公法，而实施方式和程序又偏向于私法。例如，环境民事公益诉讼虽以民事诉讼为程序框架，但在诉讼启动主体和诉讼标的方面，均与传统民事诉讼有明显区别。检察机关作为适格原告，在起诉主体上脱离了与私益诉讼相联系的直接利害关系人这一要素，通常是由法律确定其享有诉讼实施权。检察民事公益诉讼的诉讼标的指向涉及公共利益的侵权法律关系，所涉价值目标以公共利益为核心。因此，检察民事公益诉讼显然已经突破传统民事诉讼框架，围绕公共利益和公共事务而展开，具备公法属性特征，是公私混合性质的、利用私人诉讼来实现公共政策和维护公共利益的特殊诉讼，是“公法私法化”的具体体现。因此本书认为，惩罚性赔偿与检察民事公益诉讼在维护公益的性质上相契合。

（三）惩罚性赔偿在功能维度上与检察民事公益诉讼具有一致性

按照传统民法有关损害赔偿的理念，损害赔偿的实质是以补偿为中心，

[1] 参见柯阳友：《起诉权研究——以解决“起诉难”为中心》，北京大学出版社 2012 年版，第 170 页。

其核心作用是填补损害。惩罚性赔偿制度的本质是损害赔偿，其作为补偿性赔偿制度之外的一种制度，不但天然地具备补偿功能，也呈现出不同于普通民事赔偿责任的、具有自身特点的特殊功能。惩罚性赔偿不仅将对受害人的实际损失进行补偿作为内在要求，还将超出实际损害的赔偿作为必要。因此，惩罚性赔偿还具有制裁功能（或称惩罚功能）。除了上述两种功能之外，惩罚性赔偿还具对加害人的威慑功能（或称预防功能），以及对受害人的激励功能。

1. 补偿功能。按照传统民法学观点，补偿功能是损害赔偿的基础功能，也是核心功能。损害赔偿的补偿功能与损害赔偿的“禁止得利”原则相呼应，依据该原则，受害者得到的补偿不应多于他所受到的损失。惩罚性赔偿制度并非否认了补偿性制度的正当性，它是一种在一般损害赔偿制度以外发展出来的特殊的赔偿制度。在对“过错责任”的理解上，惩罚性赔偿责任与传统民法责任有着天然联系。大陆法系的民事责任体系对我国影响巨大，我国民事责任体系的构建逻辑延续了大陆法系民事责任体系之逻辑，即传统民事责任遵循同质补偿原则（又称“填平责任原则”），并不体现民事责任的惩罚性。然而，传统民事责任的过错责任的归责原则其实包含了“惩罚”的意味。〔1〕过错责任原则以行为人的主观过错为其构成要件，要求行为人实施一定违法行为的同时必须具有主观上的过错。由此判定，基于过错而导致的民事责任必然隐藏“惩罚”的因素。传统民事责任的目的及其表现形式并不是严格、单纯地遵循“同质补偿原则”，而是在以“同质补偿”为绝对重点的同时兼具“惩罚”之成分。因此，在传统民事责任中，责任的重心绝对地偏向补偿责任，但也并非对惩罚性赔偿责任完全排斥。传统民事责任的基础是以一般损害赔偿为表现的补偿制度，其适用原则是以“同质补偿”为普遍原则而将惩罚性赔偿作为例外原则。换言之，在民事责任体系中对于“一般损害赔偿”与“惩罚性赔偿”之间的关系，更应理解为一般与特殊的关系，而非对立关系。

在功能方面，惩罚性赔偿已超越传统民法补偿原则之功效，可以使民事

〔1〕参见杨立新：《侵权责任法》（第四版），法律出版社 2020 年版，第 52 页。

责任的履行在补偿被害人实际损失的基础上能够发挥出更有利于救济受害人的功效。此外，需要考虑的是侵害行为不仅会给被害人带来实际物质损失，还可能给被害人造成持续的人身伤害以及精神损害。但对于这些尚未发生的、但确实是由侵权行为引发的持续损害和精神损害，传统民事责任中以同质补偿为原则的一般补偿将无法实现。而惩罚性赔偿可以有效弥补一般补偿制度的不足，惩罚性赔偿可以配合一般补偿制度在必要费用的赔偿的基础上，完成精神损害赔偿的替代和对人身伤害赔偿的及时补救。在侵权案件中被害人的精神损害，通常因其无形的超物质属性而难以计算明确的赔偿标准。精神损失赔偿标准的确定困难，使受害人的精神损失无法得到补偿，通过惩罚性赔偿来代替精神损害赔偿也未尝不是一种对被害人有效救济的手段。不仅如此，由于侵权人的侵权行为极有可能给受害人的身体机能造成潜在的伤害，对于这种难以一次性做出准确判断的潜在损害，相较于一般补偿，惩罚性赔偿更能有效实现对受害人人身损害的补偿与救济。

2. 制裁功能。制裁功能，也称惩罚功能，是指可以起到维护和恢复社会秩序的功能，针对主观恶性大的侵权人实施惩罚，从而起到制裁侵权人和遏制不法行为的作用。〔1〕有学者评价惩罚性赔偿是惩罚“准犯罪行为”的私法制度，是一种借道私法机制来实现公法上惩罚与威慑目的之“特殊惩罚制度”。〔2〕从我国立法体系的历史发展中不难看出，刑罚权长期居于惩罚性权力的霸主地位，刑法居于适用惩罚性赔偿的垄断地位。民事领域的侵权受害人在民事诉讼中仅能依据以同质补偿为基本原则的一般赔偿制度获得不超过实际损害的赔偿。立法必须回应社会现实。随着社会的急剧发展，涉及侵害公共利益的侵权事件的发生越来越频繁，对社会公众的影响范围也越来越大，立法也应随之不断调整与发展。我国先后将惩罚性赔偿制度引入到多个司法领域，如消费者保护领域、食品安全领域、产品责任领域和环境保护领域等。原本属于公法范畴的惩罚性赔偿在社会现实的需求下，借道私法制度的设计，有效填补了刑事处罚与传统民事责任之间的空白领地。制裁功能是惩罚性损

---

〔1〕 See Stephen D. Sugarman, *Doing Away with Tort law*, 73Gal Rev. 555, 660 (1985).

〔2〕 参见吴汉东：《知识产权惩罚性赔偿的私法基础与司法适用》，载《法学评论》2021年第3期。

害赔偿制度区别于传统民事责任领域补偿性损害赔偿制度的重要特征。传统民法中的补偿性损害赔偿制度以受害人的实际损害为出发点，目的在于填平受害人的实际损害；惩罚性赔偿制度的目的则是基于侵权行为人违法行为的"可责难性"给予其制裁。〔1〕超过被害人实际损害的惩罚性赔偿所追求的目标不再是单纯地对被害人进行补偿式救济，而是通过制裁达到对不法行为人进行惩罚、对不法行为进行遏制的功效。〔2〕检察机关作为我国法定民事公益诉讼的提起主体，其捍卫公共利益的正当性毋庸置疑，惩罚性赔偿制度在检察民事公益诉讼中的引入可以有效地维护传统民事责任所不能包含的公益损害，从而对尚达不到刑事制裁标准的公害民事违法行为进行有效规制。

3. 威慑功能。威慑功能，也称预防功能，根据对象不同，分为一般威慑功能和特别威慑功能。一般威慑功能的对象是社会中的一般人，而特别威慑功能的对象则是侵权行为人。在有关侵权责任制度的设计上，除了对已发生的损失作出补偿和赔偿的作用之外，还应当有对未发生的损害行为进行预防的功能。对于任何侵害合法利益的行为，事后的补偿或赔偿远不如事先的预防。惩罚性赔偿通过其预防功能，可以客观上起到对即将发生的损害结果的转移和分散作用，它使行为人在实施一定不法行为之前可以预见自己行为可能产生的后果，从而起到对行为人内心的震慑效果，以及避免损害行为发生的预防性效果。传统民事损害赔偿责任由于缺少惩罚性赔偿，故而无法体现威慑功能。传统的损害赔偿责任以同质补偿（填平赔偿）为原则，讲求"禁止得利"，不要求侵权人对受害人给予超过实际损害的赔偿。但这样会带来侵权人利用损害赔偿制度"禁止得利"的可能性，侵权人可能会将自身侵权行为发生后依传统补偿责任对被害人给予不超过实际损害的赔偿作为其付出的必要成本，甚至利用自己经济上的优势期待牟取更大的利益。这一点在以"普遍性侵权"为代表的涉及公共利益损害的现代型纠纷诉讼中尤其明显。而惩罚性赔偿由于其数额远超侵权损害实际数额，这种赔偿数额的潜在性和不确定性会给侵权行为人造成极大的心理压力，迫使其在为侵权行为前审慎衡

〔1〕参见陈年冰：《中国惩罚性赔偿制度研究》，北京大学出版社 2016 年版，第 27 页。

〔2〕参见王利明：《侵权责任法研究》（下卷），中国人民大学出版社 2016 年版，第 278 页。

量其行为成本，从而减少甚至避免侵权行为的发生。[1]

普遍性侵权也被称为分散性损害。[2]市场领域的“普遍性侵权”现象普遍，极易造成消费者的“分散性损害”，这通常涉及公益诉讼。社会的极速变化带来其结构性问题，由此产生的侵权行为具有明显的分散性。惩罚性赔偿和民事公益诉讼的制度结合，能够共同面对和解决上述现代型纠纷和新型诉讼。传统民事理论并未能关注损害赔偿的预防性功能，这为惩罚性赔偿在民事领域的适用提供了可能。[3]

4. 激励功能。一般情况下，涉及惩罚性赔偿的检察民事案件，不仅仅关系到受害人自身的权益保护和利益救济，还关系到公众利益的维护和社会秩序的稳定。公共利益的保护原本是政府的责任。然而，侵害公共利益的现象不断出现且屡禁不止，究其原因，这与公权力监督的缺失不无关系。检察民事公益诉讼制度的建立是中国基层司法实践与中央司法制度顶层设计的双向奔赴，共同致力于解决中国公共利益之维护问题。惩罚性赔偿制度对于社会公众维护公共利益的内心呼声所具有的激励作用不可忽视。我国法律尚未赋予普通公民以公益诉权，现阶段社会组织尚羸弱，所以检察机关作为公益诉讼的原告人，获得公民的支持尤为重要。面对“分散性利益损害”，如果受害人本人没有提起民事公益诉讼的资格，而社会组织又没有提起民事公益诉讼的能力，在客观上会导致公共利益的损害和社会秩序的不安定。因此，检察机关如果能够作为兜底和补充力量积极进行诉讼，那么在维护了直接利害关系人权益的同时，更为重要的是客观上起到了保护社会公共利益和维护社会秩序安定的作用，有利于遏制侵权行为的继续发生。惩罚性赔偿的激励功能对于维护公益具有深远而积极的意义。

（四）社会治理型民事检察权是引入惩罚性赔偿的理论支撑

在现代社会中，环境污染公害纠纷、消费者保护纠纷、食品药品安全纠

---

[1] See Nancy K. Kubasek & Gary S. Silverman, *Environmental Law*, Pearson, 2002.

[2] 参见江帆、朱战威：《惩罚性赔偿：规范演进、社会机理与未来趋势》，载《学术论坛》2019年第3期。

[3] [德]格哈德·瓦格纳：《损害赔偿法的未来——商业化、惩罚性赔偿、集体性损害》，王程芳译，中国法制出版社2012年版，第130页。

纷等各类涉及公共利益的纠纷大量涌现。由于受传统民事诉讼理论的限制，这些现代型纠纷往往难以实现实体法对其保护的目的，使得这类纠纷难以得到合理的解决。正是在此背景下，赋予检察机关和其他社会主体以公益诉权成为各国解决上述现代型纠纷的重要渠道，公益诉讼理论和制度应运而生。[1]现代型纠纷的不断增多催生了民事诉讼社会治理功能的发展和不断拓展，在社会治理中检察机关发挥着不可替代的重要作用。检察民事公益诉讼不仅是国家治理体系的重要内容，同时也是国家治理体系的有力保障。检察民事公益诉讼参与国家治理体系的理论基础是民事检察权的社会治理功能，这也是引入惩罚性赔偿制度的理论基础。

在我国，检察权在本质上属于法律监督权。《宪法》第134条规定，人民检察院是我国的法律监督机关。我国检察机关代表国家行使法律监督权具有宪法基础。法律监督权不但包括公权制约型的执法监督权，也包括社会治理型的守法监督权。以此为依据，我国民事检察权包括两种类型，一是公权制约型民事检察权，二是社会治理型民事检察权。社会治理型民事检察权监督的客体是社会事务，当社会公共利益等受到侵害时检察机关通过提起诉讼、支持起诉等途径体现和实现其社会治理型民事检察权。我国检察机关授权于《宪法》的法律监督权具体以四种民事检察权权能呈现，即审判监督权、民事公诉权（民事公益诉权）、执行监督权和执行协助权。[2]检察民事公益诉讼即检察机关社会治理权能的体现，可以基于守法监督权对损害公共利益的违法行为提起民事公益诉讼。检察机关的守法监督权是检察机关可以进行民事公益诉讼的先决条件和依据。检察机关以原告人的身份参加民事公益诉讼，是其法律监督权实施的形式。当公共利益遭到损害或存在重大风险时，检察机关通过对侵权人行使其守法监督权提起检察民事公益诉讼，从而实现其民事检察权对社会治理的作用。检察机关始终秉持其法律监督的根本属性，并以此为基础在民事检察监督领域不断调整其民事执法监督权能与民事守法监

---

〔1〕参见柯阳友：《起诉权研究——以解决"起诉难"为中心》，北京大学出版社2012年版，第170页。

〔2〕参见傅郁林：《我国民事检察权的权能与程序配置》，载《法律科学（西北政法大学学报）》2012年第6期。

督权能之间的侧重方向。我国民事检察权在侧重方向上几经变化，依次经历了从民事守法监督到民事执行监督、再由民事监督执行到兼顾执法监督与守法监督平衡的变化过程。[1]

检察民事公益诉讼制度引入惩罚性赔偿制度，以民事检察权之守法监督职能为理论支撑。检察民事公益诉讼是惩罚性赔偿制度运行的载体，惩罚性赔偿则是检察机关对损害社会公共利益的侵权行为进行民事规制的有效手段和途径。两者共同实现宪法赋予检察机关的社会治理型守法监督权。

（五）诉的利益理论之发展是引入惩罚性赔偿的理论保障

"诉的利益"是大陆法系国家民事诉讼中的重要概念和理论。诉的利益是民事诉讼要件或诉权要件之一，通常情况下是法院作出实体判决的前提之一。[2]在传统民事诉讼法学研究中，诉的利益分为狭义的诉的利益和广义的诉的利益两种。狭义的诉的利益，是从诉讼客体角度出发，考量当事人提出的诉讼请求是否具有通过民事诉讼程序进行救济的必要性和实效性，也成为"权利保护利益"；广义的诉的利益是指除了狭义的诉的利益考量之外，还要对提起诉讼的人是否具备原告资格进行必要的考量，以及考量提起的诉讼是否属于法院受案范围，即是否拥有权利保护资格。[3]本书的这部分内容从广义的诉的利益进行探讨，即诉的利益既包括权利保护利益，也包括权利保护资格。按照传统民事诉讼理论，诉的利益是现实存在的、直接的个人利益。[4]换言之，诉的利益应该是当事人提出诉讼请求时已经存在的利益，而并非预想的利益，并且不能以自己名义向法院提起涉及他人利益的诉讼。

但随着20世纪以后，社会中涌现出大量的现代型纠纷和诉讼使得民事诉讼所保护的权益有不断扩大的需求，同时使得民事诉讼解决纠纷的功能有不

---

〔1〕参见韩静茹：《民事检察权的基本规律和正当性基础》，载《湖北社会科学》2018年第4期。

〔2〕参见江伟、邵明、陈刚：《民事诉权研究》，法律出版社2002年版，第215页。

〔3〕参见黄忠顺：《论诉的利益理论在公益诉讼制度中的运用——兼评〈关于检察公益诉讼案件适用法律若干问题的解释〉第19、21、24条》，载《浙江工商大学学报》2018年第4期。

〔4〕参见孟穗、柯阳友：《论检察机关环境民事公益诉讼适用惩罚性赔偿的正当性》，载《河北法学》2022年第7期。

断被扩充的要求，由此促成了民事诉讼在解决纠纷之外的政策形成功能。新型纠纷体现出扩散性利益的损害，大量损害国家利益和社会不特定公众的分散性利益纠纷不断发生，而这些导致新型纠纷的侵害事实无法从既有法律所承认的框架中得以解决。据此，社会生活的剧变继续扩大诉的利益之范围和诉的利益之功能，诉的理论在社会现实的推动下有了新的发展。诉的利益应当扩充至“非直接利害关系人”和“非现实利益”，应当承认公益诉讼具有诉的利益。随着诉的利益理论的发展与演变，使其既包含既有的“直接利益”又包含“间接利益”，不仅包括“现实利益”也包括“将来利益”。不仅如此，从程序角度出发，诉的利益不要求当时主张时已具有实体法的权利依据，而可以由法院在诉讼中予以确认，诉的利益可以是任何“当事人主张的利益”。概言之，“既成权利”是诉的利益，“形成中的权利”经法院裁判认可也可以成为新的权利，被认为具有诉的利益。〔1〕

目前，我国现有法律尚无“诉的利益”之规定，但不乏持续的学理上的探讨。对于诉的利益应从多层面进行综合考量与权衡。〔2〕诉的利益之理论发展，对新型民事权利之形成有积极促进作用，从更广泛意义上赋予诉讼请求提起人以当事人资格。诉的利益是民事实体法和程序法的连接枢纽，在程序意义上不断促进新的民事权利形成。〔3〕正是由于诉的利益理论之发展，使得诉讼对权利救济的范围从“固态”的法律文本中的权利拓展到“动态”的可以随着社会发展而不断变化的权利。〔4〕在诉的利益的理论发展的基础上，检察机关在民事公益诉讼中提出惩罚性赔偿的诉讼请求，人民法院可以在诉讼中经审查确认符合诉的利益并通过判决予以支持。

二、惩罚性赔偿制度在检察环境民事公益诉讼中的适用

（一）检察环境民事公益诉讼适用惩罚性赔偿的理论争议

我国《民法典》于2021年1月1日正式实施，其中“第七编侵权责任”

〔1〕 参见江伟、邵明、陈刚：《民事诉权研究》，法律出版社2002年版，第166~248页。

〔2〕 参见廖永安：《论诉的利益》，载《法学家》2005年第6期。

〔3〕 参见王福华：《两大法系中诉之利益理论的程序价值》，载《法律科学（西北政法大学学报）》2000年第5期。

〔4〕 参见肖建华、柯阳友：《论公益诉讼之诉的利益》，载《河北学刊》2011年第2期。

之“第七章环境污染和生态破坏责任”中第1232条规定了惩罚性赔偿。根据该条款，针对侵权人违反法律而故意实施的损害环境和生态的侵权行为，造成严重后果的，被侵权人可以向人民法院提起惩罚性赔偿诉讼请求。这是《民法典》继第1185条知识产权侵权行为和1207条产品侵权行为中规定被侵权人有权提起惩罚性赔偿请求之后，在环境侵权领域中，对惩罚性赔偿请求进行了规定，这也是我国在基本法层次上首次支持环境侵权领域中的惩罚性赔偿请求权。在环境侵权中引入惩罚性赔偿，既是《民法典》对当前环保问题的积极回应，又是《民法典》中“绿色”原则的一种具体表现。〔1〕这是《民法典》对环境公益诉讼赔偿范围的第三次扩张，其中最大的亮点在于创设惩罚性赔偿制度，从而确立了我国惩罚与补偿相结合的生态赔偿体系。〔2〕惩罚性赔偿请求权在私益诉讼中的适用并无争议。《民法典》所规定的环境侵权惩罚性赔偿，是否能在检察环境民事公益诉讼中适用，是目前我国理论界和实务界的争议焦点。

1. 支持惩罚性赔偿适用于检察环境民事公益诉讼的观点。生态环境损害赔偿之诉是一种特殊的环境民事公益之诉，两诉具有诉权上的冲突性、诉讼程序上的衔接性，同时两诉具有既判力上的牵连性。关于生态环境损害赔偿诉讼适用惩罚性赔偿的观点，能够为环境民事公益诉讼适用惩罚性赔偿提供有益的参考和借鉴。〔3〕支持惩罚性赔偿可以适用于生态环境损害赔偿诉讼的学者主要认为，正是由于我国采用传统民法损害赔偿制度的同质补偿逻辑，导致我国既往的生态环境损害赔偿之适用呈现出“舍惩罚性赔偿而求完全赔偿”的特征；正是惩罚性赔偿制度在环境公害领域的缺失，导致我国司法实践中面临诸如高昂的赔偿金、生态环境价值损失难以合理评估、不能有效遏制环境公害行为等一系列困境。因此，有学者主张对于生态环境损害赔偿之制度建立及其原则确立，应以生态环境属于“公众共用物”为出发点进行。

〔1〕参见梁勇、朱烨：《环境侵权惩罚性赔偿构成要件法律适用研究》，载《法律适用》2020年第23期。

〔2〕参见丁晓华：《〈民法典〉与环境民事公益诉讼赔偿范围的扩张与完善》，载《法律适用》2020年第23期。

〔3〕参见潘牧天：《生态环境损害赔偿诉讼与环境民事公益诉讼的诉权冲突与有效衔接》，载《法学论坛》2020年第6期。

基于此，应将生态环境侵权人的主观过错、生态环境公共利益受保护程度、侵权行为造成的生态环境损害后果及其持续影响等均作为考量民事赔偿责任构成要件的综合要素，以此构建包含生态环境承受及修复能力、兼顾生态环境损害补偿与惩罚性赔偿在内的生态环境损害赔偿一体化原则。〔1〕此外，关于《民法典》1232条中的“被侵权人”究竟应当理解为私益的自然人，还是应该包括私益的自然人和维护环境公共利益的有关机关或组织，目前还尚未达成一致的认识。〔2〕有学者认为，法律规定的机关和社会组织是经《民事诉讼法》授权的以公益维护和救济为其宗旨的法定民事公益诉讼主体，其代表不特定社会大众的环境权益提起环境民事公益诉讼。惩罚性赔偿请求权之主体“被侵权人”必然应当包括作为不特定社会公众诉讼代表人的法定主体，检察机关作为民事公益诉讼的法定国家机关，也必然包括在“法律规定的机关”之内。〔3〕既然我国立法已将环境公益诉讼人的身份和地位赋予法律规定的机关和有关社会组织，对于“被侵权人”理应作扩大化的解释。在此意义上，被侵权人不仅包括“直接利害关系人”，还应包括被赋予环境公益诉讼实施权的“公益起诉人”。〔4〕

2. 反对惩罚性赔偿适用于检察环境民事公益诉讼的观点。持反对观点的学者认为，根据《民法典》的条文布局和内容理解，我国《民法典》对侵权责任做了私益侵权责任和公益侵权责任的区分。从《民法典》的条文布局来看，第1229条、第1230条、第1231条、第1232条和第1233条是有关私益损害侵权责任的规定，而第1234条和第1235条是有关公益损害侵权责任的规定。环境侵权责任不但涉及私益之保护与救济，更关乎不特定公众的环境公共利益之保护与救济，因此环境侵权责任之诉兼具私益与公益的双重利益

〔1〕 参见蔡守秋、张毅：《我国生态环境损害赔偿原则及其改进》，载《中州学刊》2018年第10期。

〔2〕 参见黄忠顺：《惩罚性赔偿请求权的程序法解读》，载《检察日报》2020年11月9日，第3版。

〔3〕 参见申进忠：《惩罚性赔偿在我国环境侵权中的适用》，载《天津法学》2020年第3期。

〔4〕 参见谢海波：《环境侵权惩罚性赔偿责任条款的构造性解释及其分析——以〈民法典〉第1232条规定为中心》，载《法律适用》2020年第23期。

维护，这与纯粹意义上的私益侵权责任有明显的区别。从条文布局来看，《民法典》将公益诉讼规定在环境侵权的惩罚性赔偿规则之后，表明了立法者明确的意图即是惩罚性赔偿主要是针对私益损害之侵权责任承担。[1]从条文的安排顺序上看，我国《民法典》在关于公益诉讼的两条特别规定之前的法律条文（第1232条）中规定“惩罚性赔偿”，就表明了仅是私益诉讼适用惩罚性赔偿的态度。由此，目前在立法尚未明确规定的情况下，贸然将本属于私益侵权责任范畴的惩罚性赔偿“改嫁”到环境民事公益诉讼中的做法显然缺乏法理上的正当性。[2]再者，惩罚性赔偿在环境民事公益诉讼中的适用，还容易导致不良的激励效果，这也是有学者反对的理由。[3]基于上述观点，惩罚性赔偿不适合被引入环境民事公益诉讼，当然其也不适合被引入以检察机关为起诉主体的检察环境民事公益诉讼。

本书赞同《民法典》第1232条规定的惩罚性赔偿可以适用于环境公益侵权，“被侵权人”也应作扩大至环境公益起诉人的理解与适用。

（二）惩罚性赔偿制度在立法和司法实践中的认同

1. 惩罚性赔偿制度适用于检察环境民事公益诉讼在《民法典》上的认同。我国《民法典》第179条2款规定了惩罚性赔偿可以根据法律规定进行适用。如前所述，《民法典》在侵权责任编中分三个条文，分别在第1185条、第1207条和第1232条分别规定了侵害知识产权、产品责任和环境污染责任的惩罚性损害赔偿。目前为止，我国已在消费者权益保护、食品安全和知识产权保护等领域建立了惩罚性赔偿法律体系。2018年10月修订的《人民检察院组织法》将检察权的内涵拓展至“公益诉权”，从而形成了我国独具特色的、包括刑事检察、民事检察、行政检察和公益诉讼检察在内的四大检察格局。因此，根据检察权提起公益诉讼成为我国检察机关的法定职能

---

〔1〕参见王利明：《〈民法典〉中环境污染和生态破坏责任的亮点》，载《广东社会科学》2021年第1期。

〔2〕参见王树义、龚雄艳：《环境侵权惩罚性赔偿争议问题研究》，载《河北法学》2021年第10期。

〔3〕参见申进忠：《惩罚性赔偿在我国环境侵权中的适用》，载《天津法学》2020年第3期。

之一。[1]《民法典》明确规定了“污染环境、破坏生态”的侵权责任，建立了我国有关环境公益侵权责任的具体规则，明确了国家机关或法定组织可以成为环境公益起诉主体，对环境侵权责任的特殊要件等进行了具体规定。我国《民法典》里程碑式地奠定了我国环境民事公益诉讼实体法基础，[2]其中新增的第1234条和1235条分别规定了侵害生态环境的修复责任及承担方式和生态环境损害赔偿的具体范围。

2. 惩罚性赔偿制度适用于检察环境民事公益诉讼在司法解释上的认同。《中华人民共和国民法典侵权责任编理解与适用》对此给出了权威释法观点，明确表示环境侵权领域的惩罚性赔偿制度的适用范围不局限于环境私益侵权，根据《民法典》的立法宗旨，惩罚性赔偿制度在环境侵权领域的确立反而更多是出于对生态环境公共利益之保护目的。关于《民法典》第1234条和第1235条的适用范围，最高人民法院在该司法解释释明中也明确表示，这两条是《民法典》对“第七章环境污染和生态破坏责任”的特殊规定，不但适用于该章关于环境私益侵权的规定，同样适用于环境公益侵权。[3]据此，《民法典》第1232条规定的惩罚性赔偿适用于环境公益侵权诉讼，进而适用于检察环境民事公益诉讼。此外，关于《民法典》第1232条中“被侵权人”范围的理解，本书认为应包括检察机关，理由如下：我国现行《民事诉讼法》第58条第2款给检察机关作为环境民事公益诉讼的起诉主体提起惩罚性赔偿请求权提供了程序法依据。依据该条款，当有损害环境公益之侵权行为发生时，检察机关在其他适格主体不提起诉讼的情况下，有权提起民事公益诉讼。环境民事公益诉讼的法定主体包括检察机关在内，根据前述司法解释规定，环境公益侵权责任之诉适用惩罚性赔偿。因此，在检察环境民事公益诉讼中，检察机关拥有惩罚性赔偿请求权。此外，《民法典》新增的第1234条、1235条明确将我国环境公益侵权责任请求权的行使主体规定为“国家规定的机关

[1] 参见王译：《“提起公益诉讼”职能视域下检察机关调查核实权研究》，载《河北法学》2021年第11期。

[2] 参见最高人民法院民法典贯彻实施工作领导小组主编：《中华人民共和国民法典侵权责任编理解与适用》，人民法院出版社2020年版，第548页。

[3] 参见最高人民法院民法典贯彻实施工作领导小组主编：《中华人民共和国民法典侵权责任编理解与适用》，人民法院出版社2020年版，第539、548页。

或者法律规定的组织”。这里的“国家规定的机关”可根据其授权来源不同分为根据现有法律授权的国家机关和根据国家权力授权的国家机关两类。前者主要表现为经《民事诉讼法》第58条第1款和单行法授权的“法律规定的机关”，以及《民事诉讼法》第58条第2款授权的检察机关；后者主要表现为2017年印发的《生态环境损害赔偿制度改革方案》中的规定，即国务院授权的省级、市地级人民政府，以及它们指定的部门和机构，都可以成为生态环境损害赔偿的权利人，行使环境公益侵权请求权。

不仅如此，持续颁布的司法解释也为在检察机关环境民事公益诉讼中运用惩罚性赔偿制度提供了新的法律依据。2021年7月1日起施行的《公益诉讼办案规则》第98条明确规定，在可以提出惩罚性赔偿请求权的民事公益诉讼案件领域，其中就包括“故意污染环境、破坏生态造成严重后果”的环境公益损害案件。2022年1月20日最高人民法院实施的《最高人民法院关于审理生态环境侵权纠纷案件适用惩罚性赔偿的解释》（以下简称《生态环境惩罚性赔偿解释》）第12条规定，国家规定的机关作为被侵权人代表提出侵权人承担惩罚性赔偿请求权的，人民法院参照前述规定审理，并具体规定了惩罚性赔偿金数额的判定方法。

3. 司法实践对惩罚性赔偿制度适用于检察环境民事公益诉讼的支持。现阶段，有我国《民法典》第1232条作为实体法依据和《民事诉讼法》第58条第2款作为程序法依据。司法实践中，对于检察机关在其提起的环境民事公益诉讼中提出的惩罚性赔偿诉讼请求，均获得人民法院的判决支持。例如，2021年1月4日，全国首例适用惩罚性赔偿的环境民事公益诉讼案件由江西省景德镇浮梁县人民法院依法公开开庭审理。这起案件不但是我国《民法典》颁布以来，人民法院适用其中第1232条规定的惩罚性赔偿制度审理的首例案件，也是全国适用惩罚性赔偿制度的首例检察环境民事公益诉讼案件。法院判决环境公益侵权人浙江海蓝化工公司赔偿共计285万余元人民币，其中就包括惩罚性赔偿费用，判决同时要求其就实施的环境污染侵权行为在国家级新闻媒体上赔礼道歉。[1]又如2021年3月河北省检察院在开展河北省长城保

---

〔1〕参见谢君宜、董瑞：《民法典实施之后全国首例污染环境惩罚性赔偿案》，载《环境》2021年第4期。

护专项行动中发现，保定市易县某石料加工厂对受文物保护和建设控制范围内的“明长城-紫荆关段”存在严重破坏长城历史及环境风貌、生态环境的行为，遂将案件线索交由保定市人民检察院。同年4月2日，保定市人民检察院决定立案，经公告期满无其他相关机关和社会组织提起环境民事公益诉讼。同年6月23日，保定市人民检察院依法向保定市中级人民法院提起包括惩罚性赔偿请求权在内的侵害环境民事公益诉讼。保定市中级人民法院经过审理，于2021年9月29日判决支持了检察机关提起的全部诉讼请求。[1]

（三）惩罚性赔偿制度在检察环境民事公益诉讼中的具体程序构建

生态环境惩罚性赔偿制度是具有鲜明中国特色、兼具实践特征和时代特点的赔偿制度。惩罚性赔偿制度在生态环境民事领域的建立是我国立法对目前日渐严峻的环境问题作出的有力回应。惩罚性赔偿制度在检察民事公益诉讼中的引入，其目的是更有效地惩治环境公益侵权行为。根据《生态环境惩罚性赔偿解释》第1条规定，检察环境民事公益诉讼适用惩罚性赔偿应遵循“严格审慎”的原则。惩罚性赔偿是以损害赔偿填平责任为基础，同时也是损害赔偿填平原则的突破。惩罚性赔偿要求的是对侵犯环境公共利益的人进行超越其所产生的实际损害的赔偿，检察机关在环境民事公益诉讼中对其适用应格外严格和慎重。因此，惩罚性赔偿在检察民事公益诉讼中的制度构建和程序规范十分重要。

1. 惩罚性赔偿制度的适用条件。根据我国《民法典》第1232条的规定，以及《生态环境惩罚性赔偿解释》的规定，检察环境民事公益诉讼适用惩罚性赔偿的条件包括：（1）侵害环境公益的行为具有违法性；（2）环境公益侵权行为人具有主观故意；（3）侵害环境公益的行为造成严重损害后果；（4）检察机关负举证证明责任。

首先，侵害环境公益的行为具有违法性。《民法典》第1232条中的“违反法律规定”就是惩罚性赔偿适用的前提条件，即在检察环境民事公益诉讼中要求适用惩罚性赔偿的先决条件就是损害环境公益的行为需具有违法性。

---

〔1〕参见肖俊林：《在长城保护地带加工石料——河北保定：检察机关提起公益诉讼　涉案企业被判惩罚性赔偿》，载《检察日报》2021年10月11日，第1版。

《生态环境惩罚性赔偿解释》第4条关于被侵权人应当负举证证明责任并提供证据加以证明的第一项事实就是环境公益侵权人的行为违反法律规定，即违反有关环境保护的相关规定，主要涉及侵权行为人违反环境保护法律法规造成环境污染和生态破坏的严重后果，并且在被有关机关责令停止或改正后拒不执行的情形。确立侵权行为人“行为违法性”要件的主要目的在于契合惩罚性赔偿的“惩罚”性质。具体而言，若企业已经依法取得排污许可证，且在法定范围内排污，虽造成环境污染的后果，也无需承担惩罚性赔偿责任。〔1〕

其次，环境公益侵权行为人具有主观故意。我国一般环境侵权案件适用无过错原则，该原则不要求侵权人有过错即承担补偿性赔偿责任为归责原则。但惩罚性赔偿是在补偿性赔偿的基础上，要求侵权人承担超出侵权实际损失的惩罚性赔偿，是补偿性赔偿责任的例外，因此在适用上应作相对“限缩”的规范。《民法典》和《生态环境惩罚性赔偿解释》均要求环境侵权行为人在主观上具有“故意”，是适用惩罚性赔偿的条件之一。因此，排污者将达标的污水进行排放，一旦造成环境侵害的后果，即使其在主观上不具有“故意”仍需要承担补偿性损害赔偿责任。惩罚性赔偿则以行为人具有道德和法律上的“可苛责性”为前提，如果法律对没有主观恶意的行为进行惩罚，那么就会造成遵纪守法和违法“成本”一样，甚至守法成本更高的情况。〔2〕因此，我国现行立法对环境侵权民事领域采取的是“无故意不惩罚”的态度，即环境侵权人若主观上不存在故意则不承担惩罚性赔偿责任。然而，本书认为，环境公益侵权行为的后果对社会环境公共利益造成更大的损害，因此在责任承担上应较环境私益侵权责任更为严格，本书主张将“重大过失”的主观形态加入惩罚性赔偿的主观规范要素之中。〔3〕

再次，侵害环境公益的行为造成严重损害后果。生态环境的“损害后果”

---

〔1〕参见李华琪、潘元志：《环境民事公益诉讼中惩罚性赔偿的适用问题研究》，载《法律适用》2020年第23期。

〔2〕参见梁勇、朱烨：《环境侵权惩罚性赔偿构成要件法律适用研究》，载《法律适用》2020年第23期。

〔3〕参见杨立新、李怡雯：《生态环境侵权惩罚性赔偿责任之构建——〈民法典侵权责任编（草案二审稿）〉第一千零八条的立法意见及完善》，载《河南财经政法大学学报》2019年第3期。

可依照《民法典》第1235条规定，对于违法造成生态环境损害的行为，法定机关和组织有权请求侵权行为人应赔偿的具体事项，其中列举了侵权行为造成生态环境的损害包括服务功能丧失和功能永久性损害。关于如何把握“生态环境严重损害后果”的“严重”程度，本书认为侵权行为给生态环境“造成严重损害”应在民法典规定的损害范围内，依据损害程度和其他因素综合予以判定是否达到“严重”的程度。具体应包括以下情形：第一，发生在全国范围内有较大及以上影响的突发环境事件的情形；第二，在划定的省级以上重点生态功能区、禁止开发区内发生较为严重的污染环境和破坏生态的情形；第三，造成具有稀缺性环境资源损害、濒危野生动植物资源毁坏或严重破坏生物多样性的情形；第四，造成生态环境的破坏达到难以恢复到毁坏前状态或基本正常允许状态的情形；第五，倾倒排放放射性等有毒物质致使人类生态环境发生不可逆转的损害的情形。

最后，检察机关负担举证证明责任。相较于补偿性赔偿，惩罚性赔偿具有制裁和威慑功能，因此在举证责任的分配上也不同于补偿性赔偿的“举证责任倒置”，而是要求“主张者举证”，这与惩罚性赔偿的功能和目的是一致的。根据《民法典》1232条之规定，被侵权人享有提起惩罚性赔偿的请求权，前述观点阐明，惩罚性赔偿制度的适用范围应包括环境公益民事诉讼，“被侵权人”应作扩大解释至检察机关的理解。依据《生态环境惩罚性赔偿解释》第4条规定，被侵权人对其主张的惩罚性赔偿请求所依据的事实（即惩罚性赔偿的构成要件事实）应当提供证据加以证明。因此，检察机关在环境民事公益诉讼行使惩罚性赔偿请求权，要求其必须对惩罚性赔偿请求权成立的构成要件事实负担举证责任，既有行为意义上的举证责任，也有结果上的举证责任。具体而言，检察机关不但负有对其提起的环境民事公益诉讼之惩罚性赔偿请求权所构成的要件事实提供证据的责任，还要承担举证不能或证据达不到法定标准时提出的惩罚性赔偿请求败诉的风险。

2. 惩罚性赔偿金的计算。首先，“比例原则”应是计算惩罚性赔偿金计算遵循的基本原则。具体而言，即在检察环境民事公益诉讼中的惩罚性赔偿金数额的确定应与侵害环境生态公共利益行为的主观恶性、损害结果严重程度、侵权人赔偿能力以及刑事罚金、行政罚金等综合必要因素“相称”。在价值取向上，比例原则与惩罚性赔偿相契合。[1]确定惩罚性赔偿金的数额遵循比例原则，以补偿性赔偿的数额作为惩罚性赔偿的“基数”，再综合考量其他必要因素来确定“倍数”，是具有确定性和相对稳定性的做法。根据我国《民法典》第1235条关于生态环境损害事项的规定，补偿性赔偿的标准应是功能损失和功能永久性损害的费用，应以此作为惩罚性赔偿金额的基数。这一点在《生态环境惩罚性赔偿解释》第12条中得到进一步明确。该司法解释第10条规定了惩罚性赔偿金的倍数，通常情况下，不应超过实际发生的人身及财产损害数额的两倍。具体需要将侵权人的主观恶意程度、侵权后果的严重程度、侵权人获利以及修复效果等因素进行综合考虑。此外，本书主张在惩罚性赔偿金额的具体确定上，为保证个案数额确定的科学性和公平性，建议增设公开的论证、听证程序。公开的论证程序可由环境行业专家组成，具体成员可以是环保部门资深工作人员、鉴定机构工作人员和环境研究工作者等。公开的听证程序可在论证专家人员的基础上，邀请社会各界人士参与，以确保惩罚性赔偿金数额的客观、公正、科学、合理。

在惩罚性赔偿具体罚金数额的确定上，还应考虑刑事罚金和行政罚款的抵扣问题。理由有三：一是该制度建立除了实现对侵害环境公益行为进行民事惩罚、制裁之外，还应兼顾“统筹生态环境保护和经济社会发展”。[2]因此，单纯的处罚与制裁不是唯一目的，遏制侵害环境公益之行为，还要兼顾保障企业等市场主体的生存能力。二是刑事处罚、行政处罚和环境民事公益诉讼中的惩罚性赔偿虽互相独立，但在制裁、威慑和预防功能上，它们是相同的。惩罚性赔偿在环境民事公益诉讼中，与刑事处罚、行政处罚等公法责任具有性质上的共同性，因此重复适用有违“一事不再罚”和加重侵权人的赔偿责任之嫌。[3]三是惩罚性赔偿金额的判定，也需要考虑环境公益侵权人

---

〔1〕参见杜伟伟：《环境民事公益诉讼适用惩罚性赔偿研究》，载《长江大学学报（社会科学版）》2019年第6期。

〔2〕参见《生态环境惩罚性赔偿解释》第1条规定，“人民法院审理生态侵权环境纠纷案件适用惩罚性赔偿，应当严格审慎，注重公平公正，依法保护民事主体合法权益，统筹生态环境保护和经济社会发展。”

〔3〕参见秦天宝、袁野阳光：《论惩罚性赔偿在环境民事公益诉讼中的限制适用》，载《南京工业大学学报（社会科学版）》2022年第1期。

的实际履行能力，否则再多金额的判罚也会因难以执行而陷入尴尬境地。因此，本书主张惩罚性赔偿金具体数额的最终确定，还需考虑与环境公益侵权人因同一侵权行为导致的刑事罚金和行政罚款的抵扣问题。在对环境公益侵权人的主观恶意程度、侵权后果严重程度和民事惩罚性赔偿能力等进行综合评估基础上，酌情将其刑事罚金、行政罚款予以全部或部分抵扣。《生态环境惩罚性赔偿解释》第 10 条第 2 款规定，人民法院虽不支持环境公益侵权人关于因同一污染行为已经被判处刑事罚金或行政罚款而主张惩罚性赔偿责任的免除，但在具体惩罚性赔偿金数额的确定上“可以综合考虑”。〔1〕

3. 惩罚性赔偿金的管理与使用。检察机关与环境公益并不具有“直接利害关系”。虽然在检察环境民事公益诉讼中，检察机关有权提出惩罚性赔偿的诉讼请求，但其并非享有惩罚性赔偿金的所有权。检察机关在环境民事公益诉讼中仅仅是形式上惩罚性赔偿请求权的实施主体，建立惩罚性赔偿金的管理和使用方法及程序具有学理上的正当性意义和司法实践意义。对于惩罚性赔偿金的管理和使用，学者们建议存入环境公益诉讼基金或采取公益信托方式。〔2〕2020 年 3 月九部门联合印发的《财政部、自然资源部、生态环境部等关于印发〈生态环境损害赔偿资金管理办法（试行）〉的通知》第 6 条规定，生态环境损害赔偿金是政府的非税收收入，应由国库集中收缴。具体做法是，应由赔偿权利人指定的部门和机构的本级国库全额收缴，按照一般公共预算进行管理。关于惩罚性赔偿金收取后的使用问题，该通知也有相应规定。具体为当损害结果涉及多地且无法对赔偿金使用分配达成一致时，需报共同上级人民政府决定；惩罚性赔偿金主要统筹用于在侵权行为导致的环境生态损害的修复工作；将生态环境修复费用按照本级一般公共预算进行管理等。此外，本书建议，为确保惩罚性赔偿金管理和使用的规范，应当建立相应的监督机制，设置针对惩罚性赔偿金管理与使用的公开程序、举报途径等，最终实现惩罚性赔偿制度建立的目的。

---

〔1〕 参见《生态环境惩罚性赔偿解释》第 11 条第 2 款规定，“侵权人因同一污染环境、破坏生态行为，应当承担包括惩罚性赔偿在内的民事责任，其财产不足以支付的，应当优先用于承担惩罚性赔偿以外的其他责任。”

〔2〕 参见杜伟伟：《环境民事公益诉讼适用惩罚性赔偿研究》，载《长江大学学报（社会科学版）》2019 年第 6 期。

三、惩罚性赔偿制度在检察消费民事公益诉讼中的适用

食品药品安全领域民事公益诉讼案件，属于人民法院受理的消费民事公益诉讼，根据《民事诉讼法》第58条第2款规定，目前法律授权检察机关提起的消费民事公益诉讼所保护的对象特定为食品、药品领域的消费者权益。我国关于惩罚性赔偿在消费民事公益诉讼领域中的适用最早规定于2014年施行的《最高人民法院关于审理食品药品纠纷案件适用法律若干问题的规定》（以下简称《最高院食品药品案件若干规定》）。现行《最高院食品药品案件若干规定》第15条规定，对于明知是不符合安全标准而生产或销售的侵权人，消费者除有权请求赔偿实际损失之外，还有权提出惩罚性赔偿的诉讼请求。根据2014年施行的《最高院食品药品案件若干规定》第17条规定，消费者协会提起消费民事公益诉讼“参照适用”上述规定。最初《最高院食品药品案件若干规定》通过“参照适用”的方式将适用于消费者的“惩罚性赔偿”扩充至消费者协会，并于2021年修正时，进一步将“参照适用”的范围扩展至“法律规定的机关和有关组织”。依据该规定检察机关享有在食品药品领域消费民事诉讼案件中提起惩罚性赔偿请求权的权利。

最高人民检察院发布的《关于加大食药领域公益诉讼案件办理力度的通知》指出，可以探索在食品药品领域的民事公益诉讼中提出惩罚性赔偿诉讼请求。2019年5月9日，中共中央、国务院发布的《中共中央、国务院关于深化改革加强食品安全工作的意见》指出，对于危害食品安全的违法犯罪行为“实行最严厉的处罚”，在食品民事公益诉讼案件中探索确立惩罚性赔偿制度。2021年3月30日最高人民检察院、最高人民法院、国家粮食和物资储备局、中国消费者协会等部门联合印发的《探索建立食品安全民事公益诉讼惩罚性赔偿制度座谈会会议纪要》（以下简称《会议纪要》）指出，在给予危害食品安全犯罪刑事打击和行政处罚的同时，应当利用民事公益诉讼发挥其民事追责作用，通过对造成食品安全侵权行为人提起民事公益诉讼惩罚性赔偿来加大其违法成本的投入，以此对食品安全侵权行为人和潜在违法者起到“震慑与警示”作用。2021年7月1日《公益诉讼办案规则》施行，其中第98条第2款明确规定，人民检察院在食品药品安全领域案件可以提出惩罚性

赔偿的诉讼请求。

经过近几年不断的实践探索，人民检察院通过民事公益诉讼惩罚性赔偿对消费公共利益进行了有效的维护和救济，但惩罚性赔偿制度在检察消费民事公益诉讼的构建仍然存在立法效力层次过低、制度适用条件不够具体、惩罚性赔偿金与刑事罚金和行政罚款关系不明、惩罚性赔偿金的归属与管理不明等问题。

（一）检察消费民事公益诉讼亟需统一的高阶立法规范

1. 司法实践整体情况。随着《民事诉讼法》赋予检察机关作为民事公益诉讼适格原告主体地位的确立，以及近几年出台的各类司法解释都明确规定了检察机关在该案件领域的惩罚性赔偿请求权。虽然目前在立法层面上尚无检察民事公益诉讼适用惩罚性赔偿的统一法律规定，但司法实践中相关案例不断增多，通过梳理大量法院判决发现其中既有相当数量支持惩罚性赔偿的判决案例，也有不少不支持的判决案例。有学者通过分析大量的司法裁判文书发现，我国消费民事公益诉讼主张惩罚性赔偿体现出如下几个特点：第一，检察机关是消费民事公益诉讼案件中主张惩罚性赔偿的“主力军”，在所有消费民事公益诉讼主张惩罚性赔偿的案件中，检察消费民事公益诉讼案件占绝大多数，且法院支持了大多数检察机关提出的惩罚性赔偿请求；第二，在检察机关主张适用惩罚性赔偿的消费民事公益诉讼的案件中，以刑事附带民事公益诉讼案件为主；第三，法院判决刑事罚金与惩罚性赔偿金并用的案件居多；第四，惩罚性赔偿金的具体收缴和管理机构不统一；第五，惩罚性赔偿金的倍数多以“三倍”或“十倍”为标准。[1]

2. 法院支持与否的主要判决理由。在司法实践中，有的法院认为，检察机关提起的消费民事公益诉讼针对不特定消费者的保护，维护的是公共利益和公共秩序。惩罚性赔偿作为防止市场失灵和制裁、震慑以及预防侵害不特定消费者公共利益的有效司法救济方法，法院应该予以支持。法院认为《消费民事公益诉讼解释》第 13 条虽没有明确规定“惩罚性赔偿诉讼请求”，但

---

〔1〕 参见杨雅妮、刘磊：《消费民事公益诉讼惩罚性赔偿的实践与反思——以 776 份判决书为基础的分析》，载《南海法学》2022 年第 3 期。

出于保护公共利益的必要性考虑，针对该条款中的“等”字可作“目的性的扩张解释”，认为检察机关可以探索性地在消费民事公益诉讼中提出惩罚性赔偿的诉讼请求。在实践中对于生产和销售不符合食品安全标准产品的侵害行为，对公共利益的损害常常是很难量化确定和计算，通过适用惩罚性赔偿的途径可以有效实现对违法生产者、经营者的民事惩戒与震慑，可以使得受损害的公共利益在得到及时救济的同时还能有效预防潜在危害的发生。有些法院在目前尚无立法规定的情况下，通过目的解释、体系解释和扩张解释等方法支持检察消费民事公益诉讼适用惩罚性赔偿，认为惩罚性赔偿的适用更有利于提升侵权者的违法成本、威慑现有或潜在侵权者，更有利于维护社会公共利益。

在不支持惩罚性赔偿的法院判决中，法院认为，《食品安全法》第 148 规定的惩罚性赔偿主体为“消费者”，而检察机关并不属于消费者，所以没有资格要求惩罚性损害赔偿。法院认为检察机关并非生产和经营者违法行为的直接受害者，其与损害后果亦无直接利害关系，根据《食品安全法》及相关司法解释规定，消费者有权提起惩罚性赔偿请求，而检察机关提出惩罚性赔偿的诉讼请求于法无据，因此法院不予支持。法院不支持适用惩罚性赔偿的理由总结如下：第一是检察机关并非消费者，提起惩罚性赔偿主体不适格；第二是检察机关作为公益起诉人与案涉损害后果无直接利害关系；第三是目前立法并无明确规定。[1]以上看似三个独立的理由，审慎分析会发现，在我国民事公益诉讼理论上已经认可检察机关作为法律赋权的公益起诉人，虽与案涉利益无直接关系，但检察机关是提起民事公益诉讼的法定主体。因此上述三个“不支持”的理由归根到底都源于立法规定的缺乏。

通过分析法院支持与否的裁判理由不难发现，支持检察消费民事公益诉讼主张惩罚性赔偿是突破现有立法规定的实践做法，而反对惩罚性赔偿适用于检察消费民事公益诉讼的理由主要是“于法无据”。因此，司法实践的混乱与尴尬亟待立法上的回应。如前所述，虽然我国在《最高院食品药品案件若干规定》《会议纪要》和《公益诉讼办案规则》等司法解释和法规中，或通过“参照适用”或通过直接规定的方式赋予检察机关在消费民事公益诉讼中

[1] 参见张嘉军：《消费民事公益诉讼惩罚性赔偿司法适用研究》，载《河南财经政法大学学报》2022 年第 6 期。

有权提起惩罚性赔偿的诉讼请求，但在《最高院食品药品案件若干规定》中采用的是“参照适用”，而非直接、明确的规定；而《公益诉讼办案规则》从严格意义上讲仅是最高人民检察院单独制定的司法解释，更多是对检察系统办理公益诉讼案件的规定；而《会议纪要》则仅属于法规而非统一适用的司法解释，更不是全国人大或其常委会制定的法律规范。按照《立法法》的规定，有关诉讼制度的规定应由全国人大及其常委会制定。尽管现阶段我国尚不具备再次修改《民事诉讼法》的时机，无法实现从基本法层面将惩罚性赔偿制度在检察消费民事公益诉讼中予以确立和明确规定，但至少可以从统一适用的司法解释层面对惩罚性赔偿制度予以明确规定。例如，有关环境民事公益诉讼领域案件的办理，最高人民法院就在《生态环境惩罚性赔偿解释》中明确规定了惩罚性赔偿的诉讼请求可以在环境民事公益诉讼中提出，并明确规定检察机关作为被侵权人代表包括在有权提起惩罚性赔偿的国家规定的机关或者法律规定的组织之内。

（二）惩罚性赔偿在检察消费民事公益诉讼中的制度定位和适用条件

惩罚性赔偿在检察消费民事公益诉讼中的适用应遵循“司法谦抑性”的基本原则。检察民事公益诉讼的制度定位应是维护公共利益的补充力量和“后备军”，而不应是维护公益的“急先锋”和“主力军”。但从民事公益诉讼制度在2012年修正的《民事诉讼法》第55条中确立到2020年底，经“中国裁判文书网”搜索，全国共计约1992份一审消费民事公益诉讼裁判文书，其中由检察机关提起的消费民事公益诉讼案件有1900件之多，而在全部的一审案件中提出惩罚性赔偿诉讼请求的案件约占54%、共1033件。[1]这种检察消费民事公益诉讼惩罚性赔偿的“民事公诉化”趋势，是与检察民事公益诉讼的制度定位相背离的。如我们在“检察民事公益诉讼之诉前程序”一章中所述，检察机关应更多地通过诉前程序和支持起诉方式参与民事公益诉讼，非必要不应冲在维护公益的第一线做“急先锋”和“主力军”。目前存在的突出问题在于惩罚性赔偿的适用呈泛化之势，惩罚性赔偿金走向愈发高额，以及

---

〔1〕 参见黄忠顺、刘宏林：《论检察机关提起惩罚性赔偿消费公益诉讼的谦抑性——基于990份惩罚性赔偿检察消费公益诉讼一审判决的分析》，载《河北法学》2021年第9期。

对侵权人责任认定过于宽泛等。这种宽泛的适用趋势和严苛的责任承担趋势，不但有违检察民事公益诉讼所应具有的“司法谦抑性”，也必然对经济发展产生不利影响，因此需要我们从制度功能定位和制度适用条件角度进行重新审视。

1. 惩罚性赔偿制度在检察消费民事公益诉讼中的定位。在食药领域检察消费民事公益诉讼中探索建立惩罚性赔偿制度，对于保障市场公共秩序、保护消费者的合法权益以及有效维护公益意义重大。惩罚性赔偿制度在检察消费民事公益诉讼中的确立和适用，可以使我们对该领域侵权行为进行刑事制裁、行政处罚和民事制裁，从而在起到在加大侵权违法成本的同时，对现有的和潜在的侵权人起到震慑、警示和预防危害行为发生的作用。在食品、药品领域检察消费民事公益诉讼中适用惩罚性赔偿的，应将惩罚性赔偿制度的功能定位于“惩罚、遏制和预防严重不法行为”。

2. 惩罚性赔偿制度在检察消费民事公益诉讼中的适用条件。惩罚性赔偿是否可以适用于食药安全领域检察消费民事公益诉讼，首先应先判定损害的社会公共利益是否涉及侵害众多不特定消费者的合法权益，这里包括实际发生的损害，也包括重大损害的风险。根据《会议纪要》精神，对于该问题应当综合考虑侵权行为人在主观上的过错程度、违法数量、违法持续时间、经营财产状况，以及是否因该侵权行为已经受过行政处罚或刑事处罚等因素。根据我国《民法典》《食品安全法》《消费者权益保护法》等法律规定，提出惩罚性赔偿诉讼请求需满足以下情形之一：第一，侵权人具有严重的主观过错；第二，侵权人违法行为次数多、持续时间长；第三，侵权人违法销售金额大、获利数额大、受害人不特定且覆盖面大；第四，侵权人违法行为造成社会公共利益严重损害后果，或者造成恶劣社会影响；第五，其他具有严重侵害社会公共利益的情形。

（三）惩罚性赔偿金与刑事罚金、行政罚款的关系问题

1. 学术界的不同态度。学者们基于对“惩罚性赔偿”公私性质界定的不同，对惩罚性赔偿是否可以与刑事罚金、行政罚款之间存在“抵扣”关系持不同意见。有学者认为，惩罚性赔偿具有“双重属性”，在某些以消费民事公益诉讼的方式主张惩罚性赔偿的案件领域，惩罚性赔偿的民事责任属性与刑事责任的区分并不是清晰可辨的。此时，惩罚性赔偿呈现出具有刑法意义或

犯罪意义上的公法属性与具有民法意义的私人属性相混同的“双重属性”。并且，惩罚性赔偿的这种“双重属性”源于该制度特有的域外制度变迁逻辑。惩罚性赔偿的这一性质，使其区别于刑事罚金的公法属性，故而不受刑事责任领域“一事不再罚原则”的制约，但刑事罚金可作为民事惩罚性赔偿的“减轻因素”，因而两者之间可以予以“抵扣”。〔1〕有学者从惩罚性赔偿金的目的与功能角度进行分析，认为惩罚性赔偿金、刑事罚金、行政罚款，三者的目的与功能相同，均具有惩罚、震慑的目的和功能，因此三者之间具有互相“抵扣”的正当性基础；再根据“惩罚”应当具有“谦抑性”，以及“惩罚”应当遵守“比例原则”，三者之间应当进行必要的“抵扣”。〔2〕还有学者则认为，从本质角度考量，食品安全领域的惩罚性赔偿属于民事责任，根据“请求权聚合”理论对行为人的一个违法行为同时处以刑事罚金和民事惩罚性赔偿不违反“一事不再罚原则”，但应当受“过罚相当原则”的制约，两类责任的适用情形与受罚比例值得进一步研究。〔3〕也有学者认为，惩罚性赔偿具有的责任性质是公法性质，本质是对刑事责任、行政责任等公法责任不足的补充，因此惩罚性赔偿金的判罚多少必须要考虑是否已经承担了公法上的其他责任。根据“公平原则”，这种以补充形式存在的惩罚性赔偿金数额应当是减去刑事罚金或行政罚款之后的。〔4〕

2. 法院做法的不一致。司法实践中，大多数提起惩罚性赔偿的检察消费民事公益诉讼是以刑事附带民事公益诉讼的诉讼形式提起的。在这些案件中，被告人在承担刑事罚金或行政罚款的同时还需要承担惩罚性赔偿，并且从实际情况来看，很少发生刑事罚金或行政罚款的“抵扣”情况；而在占少数的单独提起的检察消费民事公益诉讼案件中，被告人往往已经在被提出惩罚性赔偿前，被先行判定了刑事罚金或行政罚款。因此，在我国现阶段的司法实践中，多数法院不支持刑事罚金、行政罚款与惩罚性赔偿之间存在“抵扣”

〔1〕 参见王承堂：《论惩罚性赔偿与罚金的司法适用关系》，载《法学》2021年第9期。

〔2〕 参见张嘉军：《消费民事公益诉讼惩罚性赔偿司法适用研究》，载《河南财经政法大学学报》2022年第6期。

〔3〕 参见刘艺：《刑事附带民事公益诉讼的协同问题研究》，载《中国刑事法杂志》2019年第5期。

〔4〕 参见刘水林：《消费者公益诉讼中的惩罚性赔偿问题》，载《法学》2019年第8期。

关系。不支持的理由在于两者法律责任性质不同：行政罚款、刑事罚金属于公法责任，而惩罚性赔偿属于民事责任的承担方式，不具备相互“抵扣”的法理基础。本书认为，三者都属于“惩罚性债权”，可按照行政罚款与刑事罚金竞合的处理原则可以进行“抵扣”。[1]

3. 惩罚性赔偿是具有公法性质的责任，在性质相同的“金钱罚”中应适用“轻罚折抵于重罚”的处理原则。因为惩罚赔偿在功能上具有类似公法性质的功能，所以为了体现公法性惩罚的谦抑性、避免“过罚不当”，在惩罚性赔偿的适用上可以采用将轻罚在重罚中予以折抵的处理原则，但在具体操作上还应该结合案件的具体情况而有所区别。首先，如果已经对侵权行为人的违法行为进行过刑事罚金或行政罚款的处罚，同时该处罚也足以起到惩罚、遏制和预防的作用，那么在此之后的检察消费民事公益诉讼中无须再提起惩罚性赔偿；其次，即使侵权行为人因同一违法行为已经先被处以刑事罚金或行政罚款，但并不足以惩罚、遏制和预防不法行为，那么在之后的检察消费民事公益诉讼中应当提起惩罚性赔偿。这时根据案件情况判定是否采用“抵扣”的做法：在惩罚性赔偿金确定时已经将先行作出的刑事罚金或行政罚款作为考量因素的，则确定的惩罚性赔偿金不再适用“抵扣”；在惩罚性赔偿金确定时并没有将先行作出的刑事罚金或行政罚款考虑在内的，则确定的惩罚性赔偿金应做“抵扣”处理。

（四）惩罚性赔偿金的归属管理和计算问题

1. 惩罚性赔偿金的归属和管理。关于检察消费民事公益诉讼惩罚赔偿金的归属和管理问题，学界分歧与实践中的多种做法并存。有学者认为，惩罚性赔偿金应由行政机关或社会组织等主体收取和管理，消费者并不具有领受惩罚性赔偿金的资格。[2]也有学者认为，在消费民事公益诉讼中，无论是消费者协会还是人民检察院，其获得的惩罚性赔偿金应属于消费者所有，消费者协会和人民检察院虽然是判决书确定的民事权利的名义上的所有者，但不

[1] 参见杨雅妮、刘磊：《消费民事公益诉讼惩罚性赔偿的实践与反思——以 776 份判决书为基础的分析》，载《南海法学》2022 年第 3 期。

[2] 参见苏伟康：《公害惩罚性赔偿及其请求权配置——兼论〈民法典〉第 1232 条的诉讼程序》，载《中国地质大学学报（社会科学版）》2021 年第 4 期。

能收取和管理惩罚性赔偿金，也不能将惩罚性赔偿金直接上缴国库，而应当将惩罚性赔偿金归入公益诉讼基金进行管理。[1]司法实践中，各地对于惩罚性赔偿金的归属和管理的做法不一，有的缴纳给检察机关，有的直接上缴国库，有的缴纳给法院，有的则存入公益基金账号，还有的缴纳给地方财政机关、市场监督管理局等。总体而言，在司法实践中对于惩罚性赔偿金的归属和管理主要存在三种模式，即由被告人先行缴纳给人民检察院、人民法院或行政机关等国家账户后再上缴国库，被告人缴纳给消费者保护组织设立的专用账户，被告人缴纳到生态环境损害赔偿金的资金账户。[2]

有学者建议，目前可供惩罚性赔偿金缴纳的模式选择有三个：一是司法机关设立的独立账户；二是社会组织设立的管理赔偿金机构；三是消费民事公益诉讼基金会。[3]本书认为，看似做法种类繁多的惩罚性赔偿金归属和管理方法，既无法体现惩罚性赔偿的公益性问题，也无法满足消费领域公共利益保护之需要。[4]目前阶段，惩罚性赔偿金适宜上缴国库或由地方设立的专门公益基金管理。这是因为，惩罚性赔偿在公益诉讼中的目的是补充既有刑事罚金（刑事责任）和行政罚款（行政责任）的不足，从而有效维护公益的，而非消费者个人惩罚性赔偿请求权的简单相加。因此，在惩罚性赔偿金的归属和管理问题上，应本着惩罚性赔偿金最终用之于公益使用的目的来考量。《会议纪要》指出，食品安全领域的民事公益诉讼的惩罚性赔偿金，在管理和使用问题上，应遵循“用于公益”的原则，并提出各地在惩罚性赔偿金的管理问题上可以探索使用专门的公益基金账户进行统一管理，依据有关法律将其用于消费者合法权益的保护中。在消费民事公益诉讼惩罚性赔偿金具体归属、管理和使用问题的探索上，可以考虑将惩罚性赔偿金缴纳至公益基金专门账户，与环境民事公益诉讼惩罚性赔偿金一并管理、统筹使用，在基

[1] 参见黄忠顺：《惩罚性赔偿消费公益诉讼研究》，载《中国法学》2020年第1期。

[2] 参见杨雅妮、刘磊：《消费民事公益诉讼惩罚性赔偿的实践与反思——以776份判决书为基础的分析》，载《南海法学》2022年第3期。

[3] 参见张嘉军：《消费民事公益诉讼惩罚性赔偿司法适用研究》，载《河南财经政法大学学报》2022年第6期。

[4] 参见张旭东、颜文彩：《消费民事公益诉讼惩罚性赔偿制度研究》，载《华北电力大学学报（社会科学版）》2022年第2期。

金的使用、分配上由消费者协会具体执行，由检察机关负责监督基金的使用情况。

2. 惩罚性赔偿金的计算。关于食品药品领域的惩罚性赔偿规定主要见于《食品安全法》《药品管理法》和《消费者权益保护法》等法律条款中。《食品安全法》第 148 条规定，生产或明知而经营不符合食品安全标准的食品的，除了对实际损失的损害赔偿，消费者还可以要求侵权人支付价款 10 倍或者是消费者实际损失 3 倍的惩罚性赔偿金。《药品管理法》第 144 条规定，生产或明知假药或劣药而仍然销售、使用的，受害者本人及其近亲属除可以主张赔偿实际损失外，还可以主张支付价款 10 倍或者实际损失 3 倍的惩罚性赔偿金。《消费者权益保护法》第 55 条规定，如果经营者提供虚假的商品或服务，惩罚性赔偿金为商品销售价款或者接受服务费用的 3 倍。上述有关惩罚性赔偿金计算的规定均为消费私益诉讼的规定，其请求权人均为消费者，但对于消费者民事公益诉讼中的惩罚性赔偿的计算仍然没有立法规定，实践中的做法也并不一致。因此，实践中多数案件将食品药品价款作为计算消费民事公益诉讼惩罚性赔偿金具体数额的“基数”，同时将 10 作为其“倍数”。但也有法院不以上述私益诉讼规定为参照，而是将被告人的行为方式、欺诈情节、销售金额等作为考量因素对消费民事公益诉讼的惩罚性赔偿金进行判定。〔1〕

本书认为，实践中这种将消费私益诉讼惩罚性赔偿金的计算方法“嫁接”到消费民事公益诉讼领域中的做法，不仅会造成数额认定的困难，还可能因“一刀切”的 10 倍或 3 倍的倍数适用造成被告人经济负担过重无法履行，甚至出现有失公平的现象。首先，消费民事公益诉讼不同于私益诉讼，其受害人是不特定的多数人，以消费者支付的价款作为惩罚性赔偿金基数的算法并不适用，甚至根本无法计算出总价款；其次，不考虑其他相关因素，而“一刀切”的适用 10 倍或 3 倍的计算倍数，特别是在被告已经支付了刑事或者行政罚款的情况下，仍然按照这种方式来计算惩罚性赔偿金，会给被告人造成实际履行的困难，也有失客观和公平。因此，在消费民事公益诉讼惩罚性赔偿金的计算问题上，“基数”的选择应更符合消费民事公益诉讼被害人不特定

〔1〕 参见张雪樵、万春主编：《公益诉讼检察业务》，中国检察出版社 2022 版，第 420 页。

等特点，应根据不同的案件选择诸如商品销售价款、服务费用、违法所得等作为“基数”标准。与此同时，在“倍数”的选择上，也不宜采用“一刀切”的做法，而应综合考虑被告人主观恶性程度、造成损害程度、已被采取刑事罚金或行政罚款情况等因素来确定不同案件中的惩罚性赔偿金“倍数”问题。

结语

2012年我国《民事诉讼法》确立了“民事公益诉讼制度”，经历5年的实践探索和理论创新，又在2015年开始对全国部分地区检察系统进行2年的公益诉讼试点工作，于2017年6月在《民事诉讼法》第55条中增加第2款正式确立了“检察机关提起公益诉讼制度”。目前我国检察民事公益诉讼已进入到质量效益优先的高质量发展阶段。[1]但由于检察民事公益诉讼规定于《民事诉讼法》，而我国现行《民事诉讼法》是基于私权保障而建立的传统私益诉讼模式的民事诉讼法，这种依托私益诉讼程序和私权体系来实现公益保护诉讼目的之设计，[2]使得以保护公共利益为目的之检察民事公益诉讼必然出现在其应有的理念和制度设计层面与传统民事诉讼相冲突的尴尬境遇。到现在为止，我国还没有形成相对独立的、完整的民事公益诉讼理论与制度体系。检察民事公益诉讼基础理论的薄弱和制度规则的不完备，不仅导致审理规则的缺乏，也导致制度运行和公共利益维护受到严重抑制。因此，检察民事公益诉讼理论亟待发展，检察民事公益诉讼立法亟需出台单独的、具有中国特色的检察民事公益诉讼法或检察公益诉讼法，相应的检察民事公益诉讼制度也有待进一步改革完善。如何使检察民事公益诉讼制度与传统民事诉讼制度不但在理论上融通且在制度上逻辑有序，依旧是摆在我们面前亟待思考和解决的问题。

检察民事公益诉讼的理论发展与制度完善应秉持维护公益的理念、检察

〔1〕 参见闫晶晶：《公益诉讼检察迈向高质量发展阶段——专访最高人民检察院第八检察厅厅长胡卫列》，载《检察日报》2023年2月21日，第2版。

〔2〕 参见段厚省：《检察民事公益诉讼的内在张力》，载《郑州大学学报（哲学社会科学版）》2020年第4期。

权谦抑理念、权利救济理念和双赢多赢共赢理念，检察民事公益诉讼应清晰地定位于公共利益的兜底性司法救济保障地位。检察机关民事公益诉讼通过诉前程序鼓励其他适格主体提起民事公益诉讼，并在其明确表示不提起民事公益诉讼的情况下，再依据法律监督权自行提起民事公益诉讼，最终实现对公共利益进行的司法救济。然而，司法实践中的情况却是检察机关诉前程序的履行效果并不理想。绝大多数的民事公益诉讼仍是以检察民事公益诉讼的形式提起，其他适格主体提起民事公益诉讼的积极性始终不高。这与现阶段我国社会组织数量不足且诉讼能力欠缺不无关系，检察机关迫于公益保护的无奈而被迫充当了“急先锋”。但这也不得不让我们继续思考，在检察民事公益诉讼的制度改革上，如何保障其补充性和兜底性的制度定位？如何在实现对公共利益进行有效司法救济的同时，也能更好地培育和扶持社会组织提起民事公益诉讼，使其起到更好的作用。社会组织的培育和发展，尤其是诉讼能力的提升不是一朝一夕、一蹴而就的事业，检察机关诉前程序改革和相关配套制度的建立有助于检察机关诉前程序履行效果的改善，检察机关支持起诉制度的进一步完善必然将有助于提升社会组织提起民事公益诉讼的积极性和胜诉率。此外，维护公共利益的出发点和终点都是公民权利，公民也应成为民事公益诉讼的起诉主体。民事公益诉讼制度建立的初衷是及时、有效地维护和救济公共利益，未来应将民事公益诉讼提起的权利“回归”社会组织和公民个人，检察机关应作为民事公益诉讼的“后备军”。

现阶段，我们已经建立起行政公益诉讼制度和民事公益诉讼制度，并形成以行政公益诉讼为主、民事公益诉讼为辅的诉讼格局。涉及公共利益受损的案件，诸如国有资产流失、环境污染、生态资源破坏和食品药品安全问题等，大都与行政机关不作为或违法作为有关。公益诉讼的目的不是诉讼本身，而是更及时、有效地维护和救济公共利益。因此应探索建立行政附带民事公益诉讼制度。

目前，检察公益诉讼法定领域已形成“4+9”新格局，并正在形成“4+N”的开放式格局，[1]检察机关在“积极、稳妥”地拓展检察民事公益诉讼

[1] 参见李娜、郭琦：《公益之路，稳步走向宽广——2022 年检察公益诉讼大事记》，载《检察日报》2023 年 1 月 5 日，第 8 版。

适用范围时，应注重秉持检察权谦抑理念，切不可“为了拓展而拓展”。检察民事公益诉讼适用范围的拓展应关注重大民生问题，关注人民群众关注度高的热点问题和公共利益严重受损的领域。司法实践中，常常遇到有关机关和公民配合检察民事公益诉讼案件办理的积极性不高的问题，不仅挫败了检察人员的办案热情，同时也让有限的司法资源难以实现应有的效用。司法是有成本的，“好钢要用到刀刃上”，检察民事公益诉讼适用范围的拓展应在检察权谦抑理念的指导下，向重大民生领域、老百姓重点关注领域和公共利益严重受损领域有序拓展。

参考文献

中文期刊论文

1. 张卫平:《民事公益诉讼原则的制度化及实施研究》，载《清华法学》2013 年第 4 期。
2. 张卫平:《认识经验法则》，载《清华法学》2008 年第 6 期。
3. 张卫平:《当事人文书提出义务的制度建构》，载《法学家》2017 年第 3 期。
4. 汤维建、王德良、任靖:《检察民事公益诉讼请求之确定》，载《人民检察》2021 年第 5 期。
5. 汤维建:《拓展公益诉讼的案件范围势在必行》，载《团结》2021 年第 3 期。
6. 汤维建、王德良:《论公益诉讼中的支持起诉》，载《理论探索》2021 年第 2 期。
7. 汤维建:《检察机关支持公益诉讼的制度体系——东莞市人民检察院支持东莞市环境科学学会诉袁某某等三人环境污染民事公益诉讼案评析》，载《中国法律评论》2020 年第 5 期。
8. 汤维建:《刑事附带民事公益诉讼研究》，载《上海政法学院学报（法治论丛）》2022 年第 1 期。
9. 肖建国、丁金钰:《检察机关支持起诉的制度功能与程序构造——以最高人民检察院第三十一批指导性案例为中心》，载《人民检察》2022 年第 1 期。
10. 肖建国、蔡梦非:《环境公益诉讼诉前程序模式设计与路径选择》，载《人民司法（应用）》2017 年第 13 期。
11. 肖建国:《检察机关提起民事公益诉讼应注意两个问题》，载《人民检察》2015 年第 14 期。
12. 肖建国:《民事公益诉讼的基本模式研究——以中、美、德三国为中心的比较法考察》，载《中国法学》2007 年第 5 期。
13. 肖建国:《民事公益诉讼的类型化分析》，载《西南政法大学学报》2007 年第 1 期。
14. 江伟、段厚省:《论检察机关提起民事诉讼》，载《现代法学》2000 年第 6 期。

15. 段厚省：《检察民事公益诉讼的内在张力》，载《郑州大学学报（哲学社会科学版）》2020 年第 4 期。
16. 段厚省：《环境民事公益诉讼基本理论思考》，载《中外法学》2016 年第 4 期。
17. 段厚省：《民事诉讼目的：理论、立法和实践的背离与统一》，载《上海交通大学学报（哲学社会科学版）》2007 年第 4 期。
18. 颜运秋：《中国特色公益诉讼案件范围拓展的理由与方法》，载《深圳社会科学》2021 年第 1 期。
19. 颜运秋、罗卉、颜诚毅：《公益诉讼之诉、诉权与诉讼请求的特殊性探讨》，载《上西高等学校社会科学学报》2020 年第 9 期。
20. 颜运秋、冀天骄：《论民事公益诉讼既判力范围的扩张——以生态环境保护和食品药品安全消费维权为例》，载《常州大学学报（社会科学版）》2019 年第 2 期。
21. 颜运秋：《公益诉讼诉权的宪政解释》，载《河北法学》2007 年第 5 期。
22. 颜运秋：《论法律中的公共利益》，载《政法论丛》2004 年第 5 期。
23. 韩波：《论民事检察公益诉权的本质》，载《国家检察官学院学报》2020 年第 2 期。
24. 韩波：《公益诉讼制度的力量组合》，载《当代法学》2013 年第 1 期。
25. 黄忠顺、刘宏林：《论检察机关提起惩罚性赔偿消费公益诉讼的谦抑性——基于 990 份惩罚性赔偿检察消费公益诉讼一审判决的分析》，载《河北法学》2021 年第 9 期。
26. 黄忠顺：《惩罚性赔偿消费公益诉讼研究》，载《中国法学》2020 年第 1 期。
27. 黄忠顺：《论诉的利益理论在公益诉讼制度中的运用——兼评<关于检察公益诉讼案件适用法律若干问题的解释>第 19、21、24 条》，载《浙江工商大学学报》2018 年第 4 期。
28. 潘剑锋、牛正浩：《检察公益诉讼案件范围拓展研究》，载《湘潭大学学报（哲学社会科学版）》2021 年第 4 期。
29. 张雪樵：《检察公益诉讼比较研究》，载《国家检察官学院学报》2019 年第 1 期。
30. 庄永廉等：《深化研究积极稳妥拓展公益诉讼“等外”领域》，载《人民检察》2020 年第 1 期。
31. 刘加良：《检察公益诉讼调查核实权的规则优化》，载《政治与法律》2020 年第 10 期。
32. 刘加良：《刑事附带民事公益诉讼的困局与出路》，载《政治与法律》2019 年第 10 期。
33. 刘加良：《检察院提起民事公益诉讼诉前程序研究》，载《政治与法律》2017 年第 5 期。
34. 刘辉：《检察公益诉讼的目的与构造》，载《法学论坛》2019 年第 5 期。
35. 韩静茹：《公益诉讼领域民事检察权的运行现状及优化路径》，载《当代法学》2020 年第 1 期。
36. 陈刚、翁晓斌:《论民事诉讼制度的目的》，载《南京大学法律评论》1997 年第 1 期。
37. 徐以祥、周骁然:《论环境民事公益诉讼目的及其解释适用——以“常州毒地”公益诉讼案一审判决为切入点》，载《中国人口·资源与环境》2017 年第 12 期。
38. 段文波:《美国民事诉讼标的内涵的变迁——以诉讼方式的发展为主线》，载《学海》2009 年第 2 期。
39. 单锋:《公益诉权论》，载《河北法学》2007 年第 3 期。
40. 何文燕:《检察机关民事公诉权的法理分析》，载《人民检察》2005 年第 18 期。
41. 刘子辉:《检察公益诉讼研究视角之公益诉权》，载《四川文理学院学报》2021 年第 3 期。
42. 齐树洁:《诉权保障与公益诉讼制度的构建》，载《法治论丛（上海政法学院学报）》2005 年第 6 期。
43. 王敏、余贵忠:《环境民事公益诉讼的诉讼请求类型化实证研究》，载《荆楚学刊》2022 年第 2 期。
44. 郑若颖、张和林:《论检察民事公益诉讼请求的精准化》，载《华南师范大学学报（社会科学版）》2022 年第 6 期。
45. 张辉:《论环境民事公益诉讼的责任承担方式》，载《法学论坛》2014 年第 6 期。
46. 周翠:《民事公益诉讼的功能承担与程序设计》，载《北方法学》2014 年第 5 期。
47. 颜卉:《检察机关在消费民事公益诉讼中提出惩罚性赔偿诉讼请求的规范化路径——（2017）粤 01 民初 383 号民事判决的启示》，载《兰州学刊》2018 年第 12 期。
48. 刘俊海:《完善司法解释制度 激活消费公益诉讼》，载《中国工商管理研究》2015 年第 8 期。
49. 姚敏:《消费民事公益诉讼请求的类型化分析》，载《国家检察官学院学报》2019 年第 3 期。
50. 江伟、韩英波:《论诉讼标的》，载《法学家》1997 年第 2 期。
51. 曹志勋:《德国诉讼标的诉讼法说的传承与发展》，载《交大法学》2022 年第 3 期。
52. 严仁群:《诉讼标的之本土路径》，载《法学研究》2013 年第 3 期。
53. 陈杭平:《诉讼标的理论的新范式——“相对化”与我国民事审判实务》，载《法学研究》2016 年第 4 期。
54. 张忠民:《论环境公益诉讼的审判对象》，载《法律科学（西北政法大学学报）》2015 年第 4 期。
55. 冀宗儒:《论公益诉讼的诉讼标的》，载《甘肃理论学刊》2013 年第 6 期。

56. 张辉：《环境公益诉讼之“诉讼标的”辨析》，载《甘肃政法大学学报》2022 年第 4 期。
57. ［日］山本克己：《“第二次世界大战”后日本民事诉讼法学的诉讼标的论争》，史明洲译，载《清华法学》2019 年第 6 期。
58. 王福华：《两大法系中诉之利益理论的程序价值》，载《法律科学（西北政法大学学报）》2000 年第 5 期。
59. 廖永安：《论诉的利益》，载《法学家》2005 年第 6 期。
60. 肖建华、柯阳友：《论公益诉讼之诉的利益》，载《河北学刊》2011 年第 2 期。
61. 江国华、张彬：《检察机关民事公益诉权：关于公权介入私法自治范畴的探微》，载《广东行政学院学报》2017 年第 1 期。
62. 邓思清：《论检察机关的民事公诉权》，载《法商研究》2004 年第 5 期。
63. 安鹏、王宁海、廖静文：《从既判力角度探析民事公益诉讼与私益诉讼的衔接》，载《中国检察官》2020 年第 7 期。
64. 张宁宇、田东平：《未成年人检察公益诉讼的特点及案件范围》，载《中国检察官》2020 年第 12 期。
65. 梁曦、张洋：《未成年人检察公益诉讼的制度建构》，载《中国检察官》2022 年第 17 期。
66. 张建文：《个人信息保护民事公益诉讼的规范解读与司法实践》，载《郑州大学学报（哲学社会科学版）》2022 年第 3 期。
67. 张新宝、赖成宇：《个人信息保护公益诉讼制度的理解与适用》，载《国家检察官学院学报》2021 年第 5 期。
68. 胡卫列：《当前公益诉讼检察工作需要把握的若干重点问题》，载《人民检察》2021 年第 2 期。
69. 戴瑞君：《我国妇女权益公益诉讼刍议》，载《内蒙古社会科学》2022 年第 5 期。
70. 刘艺：《妇女权益保障领域检察公益诉讼机制的理论基础与实现路径》，载《重庆大学学报（社会科学版）》2022 年第 2 期。
71. 黄丁文：《妇女权益保护检察公益诉讼实践路径》，载《中国检察官》2022 年第 6 期。
72. 袁博：《“后疫情时代”公共卫生检察公益诉讼的展开》，载《中国检察官》2020 年第 17 期。
73. 唐守东、刘一晓：《后疫情时代公共卫生安全检察公益诉讼的实践反思》，载《中国检察官》2022 年第 9 期。
74. 刘晨霞、于静：《医疗器械管理使用应纳入检察公益诉讼范围——以制售假冒伪劣医用口罩为视角》，载《中国检察官》2020年第9期。
75. 李薇菡、龙云：《文物和文化遗产保护检察公益诉讼办案机制初探》，载《中国检察官》2021年第24期。
76. 陈诚、冯驿驭：《文化遗产检察官的“法与路”——解码文物和文化遗产保护领域公益诉讼》，载《当代党员》2022年第10期。
77. 孙立智、曾学斌：《检察公益诉讼受案范围拓展探讨》，载《广西警察学院学报》2021年第3期。
78. 王景斌：《论公共利益之界定——一个公法学基石性范畴的法理学分析》，载《法制与社会发展》2005年第1期。
79. 胡锦光、王锴：《论公共利益概念的界定》，载《法学论坛》2005年第1期。
80. 林莉红：《检察机关提起民事公益诉讼之制度空间再探——兼与行政公益诉讼范围比较》，载《行政法学研究》2022年第2期。
81. 孙笑侠：《论法律与社会利益——对市场经济中公平问题的另一种思考》，载《中国法学》1995年第4期。
82. 倪斐：《公共利益的法律类型化研究——规范目的标准的提出与展开》，载《法商研究》2010年第3期。
83. 李记：《为邓维捷1.5元一口的“螃蟹”喝彩》，载《观察与思考》2006年第14期。
84. 丁宝同：《民事公益之基本类型与程序路径》，载《法律科学（西北政法大学学报）》2014年第2期。
85. 毕玉谦、吐热尼萨·萨丁：《示范性诉讼：旅游消费者群体性纠纷救济的制度更新》，载《南京师大学报（社会科学版）》2019年第5期。
86. 谭清值：《人大授权改革试点制度的运作图式》，载《南大法学》2021年第3期。
87. 陈武等：《检察公益诉讼新领域探索若干问题研究》，载《人民检察》2022年第12期。
88. 程晓璐：《检察机关诉讼监督的谦抑性》，载《国家检察官学院学报》2012年第2期。
89. 廖中洪：《对我国〈民诉法〉确立公益诉讼制度的质疑》，载《法学评论》2012年第1期。
90. 傅郁林：《我国民事检察权的权能与程序配置》，载《法律科学（西北政法大学学报）》2012年第6期。
91. 刘辉：《检察机关提起公益诉讼诉前程序研究》，载《中国检察官》2017年第3期。
92. 周星星：《检察民事公益诉讼诉前程序之完善——以〈关于检察公益诉讼案件适用法律若干问题的解释〉为切入点》，载《湖南工程学院学报（社会科学版）》2020年第3期。

93. 高建伟、马晓锐:《检察机关提起公益诉讼诉前程序研究》，载《人民检察》2017 年第 19 期。
94. 邵世星:《当前检察机关提起公益诉讼工作面临的问题与对策》，载《人民检察》2018 年第 10 期。
95. 张嘉军、付翔宇:《检察民事公益诉讼管辖的困境及其未来走向》，载《郑州大学学报（哲学社会科学版）》2020 年第 4 期。
96. 张嘉军:《“结果型”检察民事公益诉讼地域管辖制度之建构》，载《地方立法研究》2022 年第 5 期。
97. 傅贤国:《对中级人民法院下移消费民事公益诉讼案件管辖权的反思》，载《广西社会科学》2022 年第 2 期。
98. 李浩:《检察机关支持起诉的角色与定位》，载《人民检察》2022 年第 4 期。
99. 江必新:《中国环境公益诉讼的实践发展及制度完善》，载《法律适用》2019 年第 1 期。
100. 张嘉军、武文浩:《异化与重塑：检察民事公益诉讼支持起诉制度研究》，载《中州学刊》2022 年第 9 期。
101. 姜昕等:《检察机关能动履职支持起诉的价值考量及法理内涵》，载《人民检察》2022 年第 4 期。
102. 梅宏:《由新〈民事诉讼法〉第 55 条反思检察机关公益诉讼的法律保障》，载《中国海洋大学学报（社会科学版）》2013 年第 2 期。
103. 范明志、韩建英、黄斌:《〈人民法院审理人民检察院提起公益诉讼案件试点工作实施办法〉的理解与适用》，载《法律适用》2016 年第 5 期。
104. 蔡彦敏:《中国环境民事公益诉讼的检察担当》，载《中外法学》2011 年第 1 期。
105. 戴书成:《推进民事司法现代化　完善公益诉讼制度——中国法学会民事诉讼学法研究会 2019 年年会观点述要》，载《人民检察》2019 年第 24 期。
106. 王春:《论民事公益诉讼程序制度之构建》，载《理论月刊》2009 年第 8 期。
107. 于朝印、赵明悦:《论检察机关提起民事公益诉讼的程序》，载《山东农业工程学院学报》2020 年第 7 期。
108. 廖中洪:《检察机关提起民事诉讼若干问题研究》，载《现代法学》2003 年第 3 期。
109. 张晋红:《对反诉理论与立法完善的思考》，载《法律科学（西北政法大学学报）》1995 年第 3 期。
110. 刘澜平、向亮:《环境民事公益诉讼被告反诉问题探讨》，载《法律适用》2013 年第 11 期。

111. 卞建林、谢澍:《刑事附带民事公益诉讼的实践探索——东乌珠穆沁旗人民检察院诉王某某等三人非法狩猎案评析》，载《中国法律评论》2020 年第 5 期。
112. 朱德安、张伦伦、杨飞:《刑事附带民事公益诉讼若干问题探讨——以 157 份判决书为样本》，载《贵州警察学院学报》2022 年第 1 期。
113. 杨雅妮:《刑事附带民事公益诉讼诉前程序研究》，载《青海社会科学》2019 年第 6 期。
114. 毋爱斌:《检察院提起刑事附带民事公益诉讼诸问题》，载《郑州大学学报（哲学社会科学版）》2020 年第 4 期。
115. 高星阁:《论刑事附带民事公益诉讼的程序实现》，载《新疆社会科学》2021 年第 3 期。
116. 俞蕾、黄潇筱:《生态环境刑事附带民事公益诉讼的证据规则与衔接机制研究——以上海地区检察公益诉讼为例》，载《中国检察官》2020 年第 16 期。
117. 毕玉谦:《民事公益诉讼中的证明责任问题》，载《法律适用》2013 年第 10 期。
118. 毕玉谦:《试论民事诉讼中的经验法则》，载《中国法学》2000 年第 6 期。
119. 蒋玮、李震、朱刚:《检察机关提起环境民事公益诉讼证明责任分配》，载《人民检察》2019 年第 21 期。
120. 王花想容:《论环境民事公益诉讼中检察机关的举证责任》，载《河北环境工程学院学报》2021 年第 6 期。
121. 王忠华、吴志朋:《环境民事公益诉讼举证责任探析——以最高检指导性案例 28 号为视角》，载《深化依法治国实践背景下的检察权运行——第十四届国家高级检察官论坛论文集》。
122. 罗翔宇:《论消费民事公益诉讼中不应适用举证责任倒置——兼谈原告举证能力的正确强化路径》，载《克拉玛依学刊》2022 年第 3 期。
123. 范卫国:《民事检察调查核实权运行机制研究》，载《北方法学》2015 年第 5 期。
124. 上海市杨浦区人民检察院课题组、王洋:《公益诉讼检察调查核实权优化路径》，载《中国检察官》2021 年第 13 期。
125. 储源、徐本鑫:《检察公益诉讼调查核实权的检视与完善》，载《浙江理工大学学报（社会科学版）》2022 年第 5 期。
126. 庄永廉等:《民事检察调查核实权运行机制探索》，载《人民检察》2019 年第 5 期。
127. 徐本鑫:《公益诉讼检察调查核实权的法理解析与规范路径——兼评最高人民检察院办案规则相关规定的合理性》，载《江汉学术》2022 年第 6 期。
128. 时建中、袁晓磊:《我国反垄断民事诉讼证据开示制度的构建：理据与路径》，载《法学杂志》2021 年第 1 期。
129. 杜闻:《英美民事证据开示若干问题研析》，载《证据科学》2008 年第 6 期。
130. [美] 雷·沃西·坎贝尔、埃伦·克莱尔·坎贝尔:《美国民事诉讼之证据开示制度》，张凤鸣、沈橦、曹潜译，载《中国应用法学》2020 年第 3 期。
131. 纪格非、陈嘉帝:《证据法视角下环境民事公益诉讼难题之破解》，载《理论探索》2022 年第 3 期。
132. 李清、文国云:《检视与破局：生态环境损害司法鉴定评估制度研究——基于全国 19 个环境民事公益诉讼典型案件的实证分析》，载《中国司法鉴定》2019 年第 6 期。
133. 姜红、赵莎莎:《环境损害鉴定评估制度的司法困境及破解路径——以 10 件环境民事公益诉讼案为例》，载《贵州大学学报（社会科学版）》2017 年第 4 期。
134. 毕玉谦:《辨识与解析：民事诉讼专家辅助人制度定位的经纬范畴》，载《比较法研究》2016 年第 2 期。
135. 洪冬英:《以审判为中心制度下的专家辅助人制度研究——以民事诉讼为视角》，载《中国司法鉴定》2015 年第 6 期。
136. 朱海标、刘穆新、王旭:《“鉴定人+专家辅助人”二元化专家证人制度的中国演变——以“民事诉讼证据规定”为切入点》，载《中国司法鉴定》2021 年第 2 期。
137. 王亚新、陈杭平:《论作为证据的当事人陈述》，载《政法论坛》2006 年第 6 期。
138. 邵子婕、包建明:《民事诉讼中专家辅助人问题研究》，载《中国司法鉴定》2020 年第 2 期。
139. 王栋、倪子昊、张涛:《价值、现状与重构：民事诉讼专家辅助人制度之探讨》，载《中国司法鉴定》2017 年第 4 期。
140. 戴昌昷、吴正鑫:《民事诉讼中专家辅助人制度实证研究》，载《中国司法鉴定》2021 年第 3 期。
141. 赵丹:《论英国专家证言的采信规则》，载《中国司法鉴定》2019 年第 2 期。
142. 占善刚:《证据保全程序参照适用保全程序质疑——〈中华人民共和国民事诉讼法〉第 81 条第 3 款检讨》，载《法商研究》2015 年第 6 期。
143. 许少波:《证据保全制度的功能及其扩大化》，载《法学研究》2009 年第 1 期。
144. 丁朋超:《试论我国民事诉前证据保全制度的完善》，载《河南财经政法大学学报》2015 年第 6 期。
145. 翁如强:《环境公益诉讼证据保全研究》，载《中国环境管理干部学院学报》2016 年第 5 期。
146. 严培成、张杰:《论民事诉讼中自认制度的价值及其法理基础》，载《兰州学刊》2005

年第6期。
147. 赵钢、刘学在:《试论民事诉讼中的自认》,载《中外法学》1999年第3期。
148. 宋朝武:《论民事诉讼中的自认》,载《中国法学》2003年第2期。
149. 杜闻:《民事诉讼自认若干问题研究》,载《河北法学》2003年第6期。
150. 王利明:《惩罚性赔偿研究》,载《中国社会科学》2000年第4期。
151. 阙占文、黄笑翀:《论惩罚性赔偿在环境诉讼中的适用》,载《河南财经政法大学学报》2019年第4期。
152. 江帆、朱战威:《惩罚性赔偿:规范演进、社会机理与未来趋势》,载《学术论坛》2019年第3期。
153. 王利明:《美国惩罚性赔偿制度研究》,载《比较法研究》2003年第5期。
154. 董春华:《各国有关惩罚性赔偿制度的比较研究》,载《东方论坛》2008年第1期。
155. 吴汉东:《知识产权惩罚性赔偿的私法基础与司法适用》,载《法学评论》2021年第3期。
156. 韩静茹:《民事检察权的基本规律和正当性基础》,载《湖北社会科学》2018年第4期。
157. 朱晋峰:《民事公益诉讼环境损害司法鉴定收费制度研究》,载《中国司法鉴定》2019年第2期。
158. 丁晓华:《〈民法典〉与环境民事公益诉讼赔偿范围的扩张与完善》,载《法律适用》2020年第23期。
159. 潘牧天:《生态环境损害赔偿诉讼与环境民事公益诉讼的诉权冲突与有效衔接》,载《法学论坛》2020年第6期。
160. 蔡守秋、张毅:《我国生态环境损害赔偿原则及其改进》,载《中州学刊》2018年第10期。
161. 申进忠:《惩罚性赔偿在我国环境侵权中的适用》,载《天津法学》2020年第3期。
162. 谢海波:《环境侵权惩罚性赔偿责任条款的构造性解释及其分析——以〈民法典〉第1232条规定为中心》,载《法律适用》2020年第23期。
163. 王利明:《〈民法典〉中环境污染和生态破坏责任的亮点》,载《广东社会科学》2021年第1期。
164. 王树义、龚雄艳:《环境侵权惩罚性赔偿争议问题研究》,载《河北法学》2021年第10期。
165. 王译:《"提起公益诉讼"职能视域下检察机关调查核实权研究》,载《河北法学》2021年第11期。

166. 李华琪、潘元志:《环境民事公益诉讼中惩罚性赔偿的适用问题研究》，载《法律适用》2020 年第 23 期。
167. 梁勇、朱烨:《环境侵权惩罚性赔偿构成要件法律适用研究》，载《法律适用》2020 年第 23 期。
168. 杨立新、李怡雯:《生态环境侵权惩罚性赔偿责任之构建——〈民法典侵权责任编(草案二审稿)〉第一千零八条的立法意义及完善》，载《河南财经政法大学学报》2019 年第 3 期。
169. 刘家璞、陈世莉、刘盼盼:《生态环境领域民事公益诉讼中惩罚性赔偿制度探析》，载《人民检察》2022 年第 11 期。
170. 杜伟伟:《环境民事公益诉讼适用惩罚性赔偿研究》，载《长江大学学报（社会科学版）》2019 年第 6 期。
171. 秦天宝、袁野阳光:《论惩罚性赔偿在环境民事公益诉讼中的限制适用》，载《南京工业大学学报（社会科学版）》2022 年第 1 期。
172. 杨雅妮、刘磊:《消费民事公益诉讼惩罚性赔偿的实践与反思——以 776 份判决书为基础的分析》，载《南海法学》2022 年第 3 期。
173. 张嘉军:《消费民事公益诉讼惩罚性赔偿司法适用研究》，载《河南财经政法大学学报》2022 年第 6 期。
174. 陈彦、戴晓华:《民事诉讼中司法鉴定问题研究》，载《中国司法鉴定》2022 年第 5 期。
175. 王承堂:《论惩罚性赔偿与罚金的司法适用关系》，载《法学》2021 年第 9 期。
176. 刘艺:《刑事附带民事公益诉讼的协同问题研究》，载《中国刑事法杂志》2019 年第 5 期。
177. 刘水林:《消费者公益诉讼中的惩罚性赔偿问题》，载《法学》2019 年第 8 期。
178. 苏伟康:《公害惩罚性赔偿及其请求权配置——兼论〈民法典〉第 1232 条的诉讼程序》，载《中国地质大学学报（社会科学版）》2021 年第 4 期。
179. 张旭东、颜文彩:《消费民事公益诉讼惩罚性赔偿制度研究》，载《华北电力大学学报(社会科学版)》2022 年第 2 期。
180. 孟穗、柯阳友:《论检察机关环境民事公益诉讼适用惩罚性赔偿的正当性》，载《河北法学》2022 年第 7 期。

中文著作

1. 张雪樵、万春主编:《公益诉讼检察业务》，中国检察出版社 2022 年版。

2. 江伟、邵明、陈刚:《民事诉权研究》,法律出版社 2002 年版。
3. 江伟、肖建国主编:《民事诉讼法》(第八版),中国人民大学出版社 2018 年版。
4. 江伟:《探索与构建——民事诉讼法学研究》(上卷),中国人民大学出版社 2008 年版。
5.《民事诉讼法学》编写组编:《民事诉讼法学》(第三版),高等教育出版社 2022 年版。
6. 柯阳友:《民事公益诉讼重要疑难问题研究》,法律出版社 2017 年版。
7. 柯阳友:《起诉权研究——以解决“起诉难”为中心》,北京大学出版社 2012 年版。
8. 汤欣主编:《公共利益与私人诉讼》,北京大学出版社 2009 年版。
9. 张卫平:《诉讼架构与程式——民事诉讼的法理分析》,清华大学出版社 2000 年版。
10. 张卫平主编:《外国民事证据制度研究》,清华大学出版社 2003 年版。
11. 颜运秋:《公益诉讼法律制度研究》,法律出版社 2008 年版。
12. 颜运秋等:《生态环境公益诉讼机制研究》,经济科学出版社 2019 年版。
13. 童建明、孙谦、万春主编:《中国特色社会主义检察制度》,中国检察出版社 2021 年版。
14. 杨万明主编:《最高人民法院审理使用人脸识别技术处理个人信息案件司法解释理解与适用》,人民法院出版社 2021 年版。
15. 吴景明等:《〈中华人民共和国消费者权益保护法〉修改建议——第三法域之理论视角》,中国法制出版社 2014 年版。
16. 杜万华主编:《最高人民法院消费民事公益诉讼司法解释理解与适用》,人民法院出版社 2016 年版。
17. 陶建国:《消费者公益诉讼研究》,人民出版社 2013 年版。
18. 邵明:《现代民事诉讼基础理论:以现代正当程序和现代诉讼观为研究视角》,法律出版社 2011 年版。
19. 徐卉:《通向社会正义之路:公益诉讼理论研究》,法律出版社 2009 年版。
20. 刘敏:《诉权保障研究——宪法与民事诉讼法视角的考察》,中国人民公安大学出版社 2014 年版。
21. 倪斐:《公共利益法律化研究》,人民出版社 2018 年版。
22. 韩大元主编:《中国检察制度宪法基础研究》,中国检察出版社 2007 年版。
23. 白彦:《民事公益诉讼理论问题研究》,北京大学出版社 2016 年版。
24. 樊纲:《渐进改革的政治经济学分析》,上海远东出版社 1996 年版。
25. 阎学通:《中国国家利益分析》,天津人民出版社 1997 年版。
26. 俞可平:《权利政治与公益政治》,社会科学文献出版社 2003 年版。
27. 杨立新:《侵权责任法》(第四版),法律出版社 2020 年版。

28. 陈新民:《德国公法学基础理论》(上),山东人民出版社2001年版。
29. 范愉编著:《集团诉讼问题研究》,北京大学出版社2005年版。
30. 韩静茹:《民事检察权研究》,北京大学出版社2018年版。
31. 潘申明:《比较法视野下的民事公益诉讼》,法律出版社2011年版。
32. 杨雅妮:《检察民事公益诉讼制度研究》,社会科学文献出版社2020年版。
33. 梅傲寒:《检察机关提起民事公益诉讼研究》,武汉大学出版社2022年版。
34. 王利明:《侵权责任法研究》(下卷),中国人民大学出版社2016年版。
35. 陈年冰:《中国惩罚性赔偿制度研究》,北京大学出版社2016年版。
36. 张晓梅:《中国惩罚性赔偿制度的反思与重构》,上海交通大学出版社2015年版。
37. 最高人民检察院民事行政检察厅编:《民事行政检察指导与研究》(总第14集),中国检察出版社2015年版。
38. 最高人民检察院民事行政检察厅编:《检察机关提起公益诉讼实践与探索》,中国检察出版社2017年版。
39. 最高人民检察院第八检察厅编:《〈人民检察院公益诉讼办案规则〉理解与适用》,中国检察出版社2022年版。
40. 汤维建:《民事检察法理研究》,中国检察出版社2014年版。
41. 最高人民法院环境资源审判庭编著:《最高人民法院　最高人民检察院检察公益诉讼司法解释理解与适用》,人民法院出版社2021年版。
42. 最高人民法院民法典贯彻实施工作领导小组主编:《中华人民共和国民法典侵权责任编理解与适用》,人民法院出版社2020年版。
43. 最高人民检察院第八检察厅编著:《最高人民检察院第十三批指导性案例适用指引(公益诉讼)》,中国检察出版社2019年版。
44. 陈荣宗、林庆苗:《民事诉讼法》,三民书局2020年版。
45. [日] 高桥宏志:《民事诉讼法制度与理论的深层分析》,林剑锋译,法律出版社2003年版。
46. [日] 新堂幸司:《新民事诉讼法》,林剑锋译,法律出版社2008年版。
47. [日] 中村宗雄、中村英郎:《诉讼法学方法论——中村民事诉讼理论精要》,陈刚、段文波译,中国法制出版社2009年版。
48. [日] 伊藤真:《民事诉讼法》(第四版补订版),曹云吉译,北京大学出版社2019年版。
49. [德] 格哈德·瓦格纳:《损害赔偿法的未来——商业化、惩罚性赔偿、集体性损害》,王程芳译,中国法制出版社2012年版。

50. [奥] 赫尔穆特·考茨欧、瓦内萨·威尔科克斯主编:《惩罚性赔偿金:普通法与大陆法的视角》,窦海阳译,中国法制出版社 2012 年版。
51. [美] 丹尼尔·贝尔:《社群主义及其批评者》,李琨译,生活·读书·新知三联书店 2002 年版。

中文报纸

1. 闫晶晶:《公益诉讼检察迈向高质量发展阶段——专访最高人民检察院第八检察厅厅长胡卫列》,载《检察日报》2023 年 2 月 21 日,第 2 版。
2. 李娜、郭琦:《公益之路,稳步走向宽广——2022 年检察公益诉讼大事记》,载《检察日报》2023 年 1 月 5 日,第 8 版。
3. 肖建国:《民事公益诉讼制度的具体适用》,载《人民法院报》2012 年 10 月 10 日,第 7 版。
4. 管莹、杨湘君、陈宏明:《明明存在重大隐患 还坚持带“病”生产——江苏:三级检察机关联动办理全省首例安全生产领域民事公益诉讼案》,载《检察日报》2022 年 8 月 12 日,第 4 版。
5. 吴怡:《对军人地位和权益保障法第 62 条的理解与适用》,载《检察日报》2021 年 7 月 29 日,第 7 版。
6. 张昊:《能动履职为强军事业提供坚实司法保障——最高检举行依法维护国防利益和军人军属合法权益新闻发布会》,载《法治日报》2022 年 8 月 1 日,第 3 版。
7. 胡卫列、宁中平:《准确把握公益诉讼职能定位为文物和文化遗产保护贡献检察力量》,载《检察日报》2020 年 9 月 17 日,第 5 版。
8. 《越是探索,越要稳妥》,载《检察日报》2022 年 9 月 19 日,第 1 版。
9. 吉树海:《重视构建民事公益诉讼诉前协调机制》,载《检察日报》2018 年 5 月 6 日,第 3 版。
10. 汪莉、杨学飞:《六个方面完善检察机关提起民事公益诉讼诉前程序》,载《检察日报》2017 年 3 月 20 日,第 3 版。
11. 徐艳红:《建议完善刑事附带民事公益诉讼制度》,载《人民政协报》2021 年 3 月 23 日,第 12 版。
12. 汤维建:《公益诉讼的四大取证模式》,载《检察日报》2019 年 1 月 21 日,第 3 版。
13. 江必新:《认真贯彻落实民事诉讼法、行政诉讼法规定全面推进检察公益诉讼审判工作——〈最高人民法院、最高人民检察院关于检察公益诉讼案件适用法律若干问题的解释〉的理解与适用》,载《人民法院报》2018 年 3 月 5 日,第 3 版。

14. 黄忠顺:《惩罚性赔偿请求权的程序法解读》，载《检察日报》2020 年 11 月 9 日，第 3 版。
15. 肖俊林:《在长城保护地带加工石料——河北保定：检察机关提起公益诉讼　涉案企业被判惩罚性赔偿》，载《检察日报》2021 年 10 月 11 日，第 1 版。

硕士、博士论文

1. 曹梦男:《未成年人保护民事公益诉讼问题研究》，河南大学 2022 年硕士学位论文。
2. 梅傲寒:《检察机关提起民事公益诉讼研究》，中南财经政法大学 2020 年博士学位论文。
3. 张乾:《我国检察民事公益诉讼制度完善研究》，华东政法大学 2020 年博士学位论文。
4. 彭燕辉:《环保组织提起民事公益诉讼实证研究》，湖南大学 2020 年博士学位论文。
5. 邓少旭:《我国环境民事公益诉讼构造研究》，武汉大学 2020 年博士学位论文。
6. 朱刚:《民事公益诉讼程序研究》，西南政法大学 2019 年博士学位论文。
7. 张旭东:《环境民事公益诉讼特别程序研究》，南京师范大学 2017 年博士学位论文。
8. 李征:《民事公诉之立法研究》，重庆大学 2014 年博士学位论文。
9. 关丽:《环境民事公益诉讼研究》，中国政法大学 2011 年博士学位论文。

网络文献

1. 中国人民大学诉讼制度与司法改革研究中心:《检察改革十年成就述评》，载司法大数据微信公众号，最后访问时间：2023 年 2 月 18 日。
2. 最高人民检察院:《2021 年全国检察机关主要办案数据》，载最高人民检察院官网，https://www.spp.gov.cn/xwfbh/wsfbt/202203/t20220308_547904.shtml#1，最后访问时间：2022 年 10 月 18 日。
3. 张军:《最高人民检察院工作报告——2022 年 3 月 8 日在第十三届全国人民代表大会第五次会议上》，载最高人民检察院官网，https://www.spp.gov.cn/spp/gzbg/202203/t20220315_549267.shtml，最后访问时间：2022 年 11 月 4 日。
4. 张军:《用法律捍卫英烈尊严》，载最高人民检察院官网，https://www.spp.gov.cn/spp/zdgz/201910/t20191023_435514.shtml，最后访问时间：2022 年 11 月 14 日。
5. 赵大为:《全国首例英烈保护公益诉讼案宣判：侮辱烈士者被判公开道歉》，载中国法院网，https://www.chinacourt.org/article/detoil/2018/06/id/3336193.shtml，最后访问时间：2022 年 10 月 22 日。
6. 崔丛丛:《河北检察：当好公共利益“守护人”》，载澎湃新闻网，https://www.thepaper.cn/newsDetail_forward_8626652，最后访问时间：2022 年 9 月 18 日。

7. 最高人民检察院：《最高检、应急管理部联合发布安全生产领域公益诉讼典型案例》，载最高人民检察院官网，https://www.spp.gov.cn/spp/xwfbh/wsfbt/202103/t20210323_513617.shtml#1，最后访问时间：2022 年 8 月 12 日。
8. 范跃红、朱兰兰：《活学活用 检察亮典 | 民法典实施后首例个人信息保护民事公益诉讼案当庭宣判》，载最高人民检察院官网，https://www.spp.gov.cn/spp/zdgz/202101/t20210117_506683.shtml，最后访问时间：2022 年 8 月 28 日。
9. 吉林省高级人民法院：《全省首例公民个人信息保护民事公益诉讼案件当庭宣判》，载吉林法院网，https://jlfy.e-court.gov.cn/article/detail/2022/07/id/6808178.shtml，最后访问时间：2022 年 7 月 30 日。
10. 谭燕：《公益诉讼：涉军维权的法治盾牌》，载光明网，https://m.gmw.cn/baijia/2021-10/27/35265402.html，最后访问时间：2022 年 10 月 4 日。
11. 张军：《最高人民检察院关于开展公益诉讼检察工作情况的报告——2019 年 10 月 23 日在第十三届全国人民代表大会常务委员会第十四次会议上》，http://www.npc.gov.cn/npc/c2/c30834/201910/t20191023_301564.shtml，最后访问时间：2022 年 10 月 16 日。
12. 闫晶晶：《积极稳妥拓展公益诉讼案件范围》，载最高人民检察院官网，https://www.spp.gov.cn/spp/zdgz/202202/t20220221_545179.shtml，最后访问时间：2022 年 9 月 13 日。
13. 最高人民检察院：《最高检印发〈通知〉要求充分认识反垄断法增设检察公益诉讼条款的重要意义 积极稳妥开展反垄断领域公益诉讼》，载最高人民检察院官网，https://www.spp.gov.cn/xwfbh/wsfbh/202208/t20220801_569635.shtml，最后访问时间：2022 年 9 月 18 日。
14. 最高人民检察院：《检察公益诉讼新领域重点：文物和文化遗产保护 最高检发布 10 起文物和文化遗产保护公益诉讼典型案例》，载最高人民检察院官网，https://www.spp.gov.cn/spp/xwfbh/wsfbt/202012/t20201202_487926.shtml#1，最后访问时间：2021 年 9 月 28 日。
15. 江西政法网：《全国首例可移动文物保护民事公益诉讼案开庭!》，载中国长安网，https://www.chinapeace.gov.cn/chinapeace/c100050/2022-08/31/content_12666190.shtml，最后访问时间：2022 年 9 月 1 日。
16. 于潇：《检察理论检察实务实现双向奔赴》，载最高人民检察院微信公众号，最后访问时间：2023 年 2 月 15 日。
17. 最高人民检察院：《最高检发布督促整治非法采矿公益诉讼典型案例 能动履职，破解矿产资源保护难题》，载最高人民检察院官网，https://www.spp.gov.cn/spp/xwfbh/

wsfbt/202209/t20220914_ 577177. shtml#1，最后访问时间：2022 年 9 月 20 日。

18. 盐城市人民检察院：《盐城市人民检察院支持公益组织起诉扬州市腾达化工厂、张某某等污染环境民事公益诉讼案》，载盐城市人民检察院官网，http://yc. jsjc. gov. cn/tslm/dxalfb/201809/t20180913_ 637678. shtml，最后访问时间：2022 年 10 月 26 日。
19. 最高人民检察院：《2022 年 1 至 9 月全国检察机关主要办案数据》，载最高人民检察院微信公众号，最后访问时间：2022 年 10 月 15 日。
20. 最高人民检察院：《最高检发布前三季度全国检察机关主要办案数据　依法能动履职，法律监督质效持续向好》，载最高人民检察院官网，https://www. spp. gov. cn//xwfbh/wsfbt/202210/t20221015_ 589129. shtml#1，最后访问时间：2022 年 10 月 22 日。
21. 曹建明：《最高人民检察院关于检察机关提起公益诉讼试点工作情况的中期报告——2016 年 11 月 5 日在第十二届全国人民代表大会常务委员会第二十四次会议上》，https://www. npc. gov. cn/zgrdw/npc/zxbg/lgzxbg/2016-11/05/content_ 2001282. htm，最后访问时间：2022 年 10 月 15 日。
22. 最高人民检察院：《第二十三批指导性案例》，载最高人民检察院官网，https://www. spp. gov. cn/spp/jczdal/202012/t20201214_ 488891. shtml，最后访问时间：2022 年 11 月 15 日。

外文文献

1. 兼子一：《実体法と訴訟法》，有斐閣 1957 年版です.
2. 三月章：《民事訴訟法》，弘文堂 1959 年版です.
3. 新堂幸司：《訴訟標的概念の機能》，载新堂幸司：《訴訟標的の競合効果》，日本有斐阁 1991 年版です.
4. 棚瀨たかお孝雄：《当事者本人一訴訟の審理構造》，弘文堂 1990 年版です.
5. 本城昇：《不公正な消費者取引規制：アメリカ、EU、韓国の法制を中心に》，日本評論社 2010 年版です.
6. 吉村徳重：《民事手続法の比較：民事手続法研究 3》，信山社 2011 年版です.
7. 中村英郎：《民事訴訟の2つのモデル》，成文堂 2009 年版です.
8. Ben McIntosh，"Standing Alone：The Fight to Get Citizen Suits under the Clean Water Act into the Courts"，*12 Mo. Envtl. Law & Politics Review*，2005.
9. Missouri，Kansas and Texas Ry. Co. v. Wulf，226U. S. 570（1913）.
10. David W. Ogden & Sarah G. Rapawy，"Discovery in Transnational Litigation：Procedures and Procedural Issues"，*ABA BUSINESS LAW SPRING SECTIONMEETING*，Mar. 16，2007.

11. Nancy K. Kubasek & Gary S. Silverman, *Environmental Law*, Pearson, 2002.

12 Stephen D. Sugarman, *Doing Away with Tort law*, 73Gal Rev. 555, 660 (1985).

13. Christopher Hodges, *The Reform of Class and Representative Actions in European Legal Systems: A New Framework for Collective Redress in Europe*, Hart Publishing, 2008.

14. Marcy Hogan Greer, *A Practitioner's Guide to Class Actions*, American Bar Association, 2010.

15. Richard L. Revesz, *Environmental Law and Policy Statutory and Regulatory Supplement*, Foundation Press, 2011.

16. Thomas Hetherington, *Procecution and Public Interest*, Waterlow Publishers, 1989.

17. Generally Stephen C. Yeazell, *From Medieval Group Litigation to the Modern Class Action*, Yale University Press, 1987.

18. Jayanth Kumar Krishnan, "Public Interest Litigation In A Comparative Context", *Buffalo Public Interest Law Journal*, 2001.

19. David Owen, *Punitive Damage In Product Liability Litigation*, 74 Mich. L. Rev. 1976.

20. Thomas, "Citizen Suits and the NPDES Program", *A Review of Clean Water Act Decisions*, 17 ELR, 1987.

21. Bose F. Parliament vs. Supreme court, "A Veto Player Framework of the Indian Constitutional Experiment in the Area of Economic and Civil Rights", *Constitutional Political Economy*, 2010, 21 (4).

22. JamesA. Goldston, "Public Interest Litigation in Central and Eastern Europe: Roots, Prospects, and Challenges", *Human Rights Quarterly*, Vol. 28, 2006.

23. HariBansh Tripathir, "Public Interest Litigation in Comparative Perspective, Stanford Law Review", *NJA Law Journal.*, Vol. 49, 2007.

24. Conor McCormick, "Public Interest Litigation in the United Kingdom: Enemy of the State?", *King's Inns Student Law Review*, Vol. 3, 2014.

25. Scott L. Cummings & Deborah L. Rhode, "Public Interest Litigation: Insights from Theory and Practice", *Fordham Urb. L. J*, Vol. 36, 2009.

26. Andrea Theresa Bibee, *litigation For Peace: The Impact Of Public Interest Litigation In Divided Societies*, thesis of Master degree of the Graduate School of the University of Oregon, 2013.

27. Helen Hershkoff, "Public Law Litigation: Lessons and Questions", *Hum Rights Rev*10, 2009.

28. Seong WookHeo, "The Concept of Public Interest Demonstrated in Korean Court Precedents", *Journal of Korean Law*, Vol. 6, 2006.

29. Forster C. M., Jivan V., "Public interest litigation and human rights implementation: The In-

dian and Australian experience", *Asian Journal of Comparative Law*, Vol. 3, 2008.

30. Russell III W B, Gregory P T, "Awards of Attorney's Fees in Environmental Litigation: Citizen Suits and the Appropriate Standard", *Ga. L. Rev.*, Vol. 18, 1983.